历史的选择

民盟上海市委理论研究文集

中国民主同盟上海市委员会　编

上海社会科学院出版社
SHANGHAI ACADEMY OF SOCIAL SCIENCES PRESS

坚守合作初心　继续携手前进

1941 年 3 月 19 日，中国民主同盟（以下简称“民盟”）在重庆成立。抗战期间，民盟与中国共产党亲密合作，增强了国内进步政治力量的团结，对推动和维护团结抗日的局面、促进抗日战争的最终胜利做出了历史贡献。抗战胜利后，民盟积极调停国共关系，以实现中国独立、和平、民主、统一为目标。从旧政协到新政协，面临政治环境的不断变化，民盟始终以人民的利益为根本出发点，不断调整自身的政治路线，放弃中间路线，转变为完全接受和认同中国共产党的新民主主义革命主张，肩负起共同建设新中国这一时代和形势赋予的历史使命。这也为最终建立中国共产党领导的多党合作和政治协商制度贡献了力量。

2021 年恰逢中国共产党成立 100 周年、民盟成立 80 周年和上海民盟地方组织建立 75 周年。当前，中国共产党领导的多党合作和政治协商制度日趋完善，统一战线和多党合作事业蓬勃发展，民盟与其他民主党派、工商联和无党派人士共同满怀信心地踏上了夺取新时代中国特色社会主义伟大胜利的新征程。在这样一个新的历史阶段，重温民盟与中国共产党的合作历史具有重要的理论价值和现实意义。

民盟十二大以来，在民盟中央和丁仲礼主席的直接关怀下，全盟的参政党理论与盟史研究进一步深入开展，理论研究的先导作用已初步显现，有力地推动了全盟的自身建设和多党合作实践向纵深发展。近年来，民盟上海市委举办了“纪念民盟一届二中全会召开 70 周年”“纪念民盟一届三中全会召开 70 周年”“纪念中共中央发布‘五一口号’70 周年”“民盟在 1949”等一系列高质量、有影响力的学术研讨会，不仅产生了一批具有重要学术价值和现实意义的研究成果，还培养锻炼了理论研究队伍，一支理论基础扎实、熟悉盟务、研究能力较强的专家队伍已经形成。这本《历史的选择——民盟上海市委理论研究文集》集合了上海民盟参政党理论与盟史研究的一系列成果，书中的论文以厚重翔实的历史资料剖析了民盟选择接受中国共产党领导的前因后果，比较系统地回答了统一战线和多党合作历史中的重大理论热点难点问题，对推动上海民盟的理论研究和理论创新，提高广大盟员的思想理论水平具有重要意义。

历史是最好的教科书。在革命、建设与改革的宏伟历史进程中，民盟与中国共产党共克时艰、共担风雨、共襄伟业。在新时代的历史起点上，上海民盟将切实践行新型政党制度的时代要求，不忘多党合作建立之初心，坚定不移走中国特色社会主义政治发展道路，做中国共产党的好参谋、好帮手、好同事，为实现中华民族的伟大复兴做出更卓越的贡献。

编者

目　录

坚守合作初心　继续携手前进……………………………………………… 001

信念的坚守

抗日战争胜利后中国中间党派的政治抉择…………………………… 汪朝光　003
从政治主张及其行动看抗战时期民盟与中共的协商合作………… 陈　俊　018
民盟先贤延安之行对我们的启示………………………………………… 王海波　025
解放战争时期民盟与中共在舆论宣传上的合作及启示…………… 方　宁　033
抗战期间中共统战工作经验的研究……………………………………… 周　忆　043
“政治联盟”性质下的组织建设
　　——中华人民共和国成立前民盟组织变迁初探……………… 束　赟　052
战争环境与民盟组织形态的变迁：从“联邦式政党”到“单一型
　　政党”…………………………………………………………………… 郝诗楠　064
山雨欲来风满楼
　　——民盟一届二中全会前后………………………………………… 罗涵先　073
民国报刊中的中国民主同盟一届二中全会…………………………… 田　润　077

路线的转折

民盟被迫解散的前前后后………………………………………………… 叶笃义　091
缘由、经过及意义：民盟关键抉择的三维透视 ………… 邵　伟　杜玉华　095

从中立走向团结
——张澜在民盟解散至一届三中全会期间救国策略的变迁 …… 唐 静 107
沈钧儒与中国民主同盟转向 …… 侯定凯 118
从“中间道路”到“人民道路”
——民盟作出历史性选择的原因及其启示 …… 吴原元 125

历史的选择

民盟响应“五一口号”的历史与展望 …… 马 驰 135
“五一口号”与多党合作和政治协商制度的建立 …… 廖大伟 孙菲菲 139
从《共同纲领》看民主党派与中共多党合作协商建国的历史和现实意义 …… 商志刚 148
民盟与中共合作方式的演变与启示 …… 王云飞 155
从“初心”走向“使命”：民盟与中共的合作建国之路(1946—1949) …… 王同彤 166
再谈“合作初心，政治同心，领导核心”
——重温民盟领袖张澜在中华人民共和国成立前后的若干事迹 …… 齐 越 177
风雨如晦 鸡鸣不已
——记1949年前上海民盟的战斗 …… 尚 丁 187
追忆民盟华东区执行部的工作 …… 苏延宾 申葆文 时宜新 209
民盟一届四中全会和周恩来的谈话 …… 章义和 217

信念的坚守

抗日战争胜利后中国中间党派的政治抉择

汪朝光

1945年8月,历经艰难困苦的中国抗日战争终获胜利,从而为中国政治局势的演进打开了新的局面。然而,抗日战争的胜利,亦使过往八年建立在一致对外、共同御侮、挽救民族危亡、维护国家主权基础上的国内各党派政治力量的大团结面临分化之局。国共两大政治力量以其不同的政治理念与利益诉求,形成对立的两极,即通常所谓的"左"与"右",并表现为全方位的竞争格局,尤其是战场上的军事相争。而由于中国地域之广、人口之多、形势之复杂、政治之微妙,在国共两大政治力量之间实际还存在着不"左"不"右"之广大人群及其政治代表,亦即通常所谓的中间派及其政党。在战后中国的特殊环境下,中间党派的政治力量曾经兴盛一时,在以国共相争为主角的中国政治舞台上,一度扮演了颇为吃重的角色。当历史迅速翻过这一页,中间党派曾经的高声喧哗旋归沉寂之后,探究其兴衰历程,评判其成败得失,以为战后中国历史的演进寻求合理的解释,便成为后人的兴趣与责任,此亦为本文写作之出发点。[①]

一

中间党派通常被认为是中间派的政治代表,何为中间派?据理论家施复亮的解释:"中国是一个落后的、农业手工业占优势的小生产制的社会,阶级分化还不十分尖锐,中间阶层还占着全中国人口的绝大多数。民族企业家、手工业者、

① 有关战后中间党派研究的论著数量甚多,此处不一一列举,但多为通论性叙述,缺少专题性研究,研究取向亦较为单一,以论述其对国民党的政治抗争为主,而对其间情势复杂多变之认识尚有欠缺,此当为本文着力之所在。

工商业从业员、知识分子(公教人员及自由职业者)、小地主、富农、中农(自耕农和一部分佃农)等,都是今天的中间阶层。简单说,民族资产阶级和小资产阶级,都是今天中国的中间阶层。这些中间阶层,都是中间派的社会基础。”[①]他进而解释中间派是:“在思想上,各色各样的自由主义者(包括具有社会主义倾向的自由主义者);在政治上,一切不满意国民党统治而又不愿意共产党取而代之的要求民主进步的人士;在组织上,国民党统治集团及共产党以外的一切代表中间阶层的党派,都可以叫作中间派”。[②] 这样的解释比较接近于马克思主义阶级论,即将中间派定位于代表大地主大资产阶级的右翼——国民党和代表无产阶级(工人阶级和贫雇农)的左翼——中共之间的社会阶级和阶层。不过,据史学家胡绳晚近的解释,中间派的含义更为宽泛,即便是中共依靠的革命基础——工人和农民,也只是“革命的可能的基础。就阶级说,它们是革命的,就具体的人说,它们当中大多数在政治上是处于中间状态,不可能一开始就都自动跟共产党走”[③]。胡绳的解释自有其深意所在,也更接近于当时中国的政治实际,不过就政治代表性而言,中间派及其代表性政党未必是完全合一的概念。战后一度兴盛的中间党派,其社会基础实际更多依赖于如施复亮所言之工商企业界和知识界(即所谓民族资产阶级和小资产阶级),因为只有他们因其经济和文化的背景,才有表白其政治性诉求的内在冲动与现实可能。因此,中间党派公之于众的诉求目标,政治上实现英美式民主政治,经济上发展民族资本主义,思想上应是自由主义,行动上应是和平的改良的,解决问题的方式是民主的,[④]实际更多地代表了上述阶级和阶层的特定利益,亦即本文所谓中间党派的政治定位。

中间党派在战后中国一度发展与兴盛,是在战后美苏相争的国际背景和国共相争的国内背景下出现的。因为国共两党在军事相争的同时,都希望通过争取中间党派的支持,获取较对手更多的政治砝码,以壮大自身的政治实力,确立自身的政治优势;而美国出于其控制远东、与苏联争夺势力范围的战略目标,要求当政的国民党实行民主改革,建立美式民主政体,容纳反对党,亦对中间党派的兴起起到了相当的鼓舞作用。因此,战后中国一时党派纷立,颇有政党政治的

① 施复亮:《何谓中间派》,《文汇报》1946 年 7 月 14 日。

② 施复亮:《再论中间派的政治路线》,《文汇报》1947 年 4 月 13 日。

③ “从五四运动到人民共和国成立”课题组:《胡绳论“从五四运动到人民共和国成立”》,社会科学文献出版社 2001 年版,第 4 页。

④ 施复亮:《何谓中间派》,《文汇报》1946 年 7 月 14 日。

声势，形成继民初之后的又一党派政治高峰期。据不完全统计，战后初期涌现出了105个大小不一的党派，一般统称为中间党派。[①] 这些中间党派既包括北洋时期（1923年）就已成立的老牌政党——中国青年党、战前（1934年）成立的国家社会党（1946年改名为中国民主社会党，即民社党），也包括战时（1941年）成立的中国民主同盟（民盟），还包括战后不久成立的民主建国会（民建）、民主促进会（民进）、九三学社等。他们的政治诉求以追求自由、民主、法治、和平为主轴，如民盟提出："我们当前唯一的责任是实现中国的民主，是把中国造成一个十足道地的民主国家"[②]；青年党提出："本国家主义之精神民主政治之原则，内求统一与自由，外保安全与独立，以建设全民福利的现代国家，并促进平等合作的世界为宗旨"[③]；民社党主张，奠定和平，拥护统一，要求民主，实现社会主义，为此应该实行政争决于选举，不决于疆场[④]；民建主张："不右倾，不左袒，替中国建立起来一个政治上和平奋斗的典型"[⑤]；民进"以发扬民主精神推进中国民主政治之实践为宗旨"[⑥]；九三学社提出，"促进民主政治之实现，争取人民之基本自由"[⑦]。

在上述背景下兴起的中间党派，其政治路线在战后中国主要表现在以和平方式调和国共关系，在国共和美苏相争中保持中立，希冀以此为中国打开新的和平、独立、自由、民主的发展道路。中间党派的代表——中国民主同盟即自称是"一个具有独立性与中立性的民主大集团。所谓独立性，是说它有独立的政纲，独立的政策，更有独立自主的行动。所谓中立性，是说它介于中国两大政党对峙的局面中，是两大对峙力量组织中间的一种，要求它保持不偏不倚的谨严态度，不苟同也不立异，以期达到国家的和平、统一、团结、民主"[⑧]。民社党的张东荪对中间党派的这种立场作了更为详尽的解释。他认为，因为国际存在美苏对立，

---

① 《中国党派》，中联出版社1948年版。

② 《中国民主同盟临时全国代表大会政治报告》，中国民主同盟总部编：《民主同盟文献》1946年版，第50—57页。

③ 中国第二历史档案馆编：《中国青年党》，档案出版社1988年版，第243页。

④ 中国第二历史档案馆编：《中国民主社会党》，档案出版社1988年版，第167—172页。

⑤ 中国民主建国会中央委员会宣传部编：《中国民主建国会历史文献选编》，书目文献出版社1992年版，第6—9页。

⑥ 中国民主促进会中央宣传部编：《中国民主促进会四十年》，上海人民出版社1985年版，第157—162页。

⑦ 九三学社中央社史办公室编：《九三学社历史资料选辑》，学苑出版社1991年版，第11—12页。

⑧ 《中国民主同盟临时全国代表大会政治报告》，中国民主同盟总部编：《民主同盟文献》1946年版，第63—64页。

反映到国内即存在国共对立，中间党派的责任就是调和折中，使两者之间的对立趋于软化。他提出：“中国必须于内政上建立一个资本主义与共产主义中间的政治制度，虽名为政治制度，当然亦包括经济教育以及全体文化在内，自不待言。这个中间性的政制在实际上就是调和他们两者，亦就是，在政治方面比较上多采取英美式的自由主义与民主主义，同时在经济方面比较上多采取苏联式的计划经济与社会主义。从消极方面来说，即采取民主主义而不要资本主义，同时采取社会主义而不要无产专政的革命。我们要自由而不要放任，要合作而不要斗争，不要放任故不要资本家垄断，不要斗争故不要阶级斗争。”对于国共对立，他希望将“偏右者稍稍拉到左转，偏左者稍稍拉到右转，在这样右派向左，左派向右的情形下，使中国得到一个和谐与团结，并由团结得到统一。……我们以极诚恳尊重的态度来劝国民党，请其抛弃那个偏右的作风来稍稍转向于中间，同时亦极亲热极虚心的态度来劝共产党，请其把一些过火的地方与所谓幼稚病都矫正过来，而亦转向于中间的一条道路”；“这条唯一的路可泛名之曰民主，但不是纯粹英美式的，至于苏联式的，当然更不必说了”①。总之，战后中国中间党派的政治倾向，基本上是在“左”与“右”之间保持中立，以和平改良的立场，主张国共两党协商谈判，不搞暴力革命，其思想主旨和来源虽然是多元化的，诸如和平主义、改良主义、理性主义、保守主义，甚而是社会主义，都在中间党派的主张中有所反映，但自由主义和民主主义可谓其基本主旨。不过，此等自由主义亦具有相当的中国特色，如时论所言：“在政治在文化上，自由主义者尊重个人，因而也可以说带了颇浓的个人主义色彩，在经济上，鉴于贫富悬殊的必然恶果，自由主义者赞成合理的统制，因而社会主义的色彩也不淡。自由主义不过是个通用的代名词，它可以换成进步主义，可以换为民主社会”。②

二

在抗战胜利后中国的现实环境中，中间党派对于国内外形势尤其是中国国内形势的看法，无论在理论还是在实践层面都在不同程度上脱离了实际。理论

① 张东荪：《一个中间性的政治路线》，《再生》，1946 年 5 月 22 日，第 3—4 页。
② 《自由主义者的信念》，《大公报》1948 年 1 月 8 日。

上，他们对西式和苏式制度的本质及其优劣的理解是非常肤浅的，以为西式民主加苏式计划经济，就可为政治民主和经济平等搭上过桥，这只能说是空想。苏式计划经济实现的前提就是政治集权，换言之，在西式民主制度下难以出现实行苏式计划经济的必要条件。中间党派在政治上追求西式民主与其在经济上主张苏式计划经济，本身就构成了无解的矛盾。至于实践，中间党派企图以调和国共而争取自身地位以至规划中国的发展道路，或许在当时情况下他们只能如此作为，然而调和国共的事实本身就说明了国共力量的强大与中间党派的无奈，更不必说中间党派坚持的自由主义理念与国共武力相争现实之间的巨大反差。在中国特定的政治环境下，无论中间党派的理想多么高远，事实是中国政治已经被国共两大党的武力争夺所笼罩，留给其他党派的活动空间非常有限，而且中国当时缺乏引进西方政党民主制度的环境与条件。中国的党派政治奉行的是实力原则，只有国共两党有组织、有武装、有各自的群众基础与动员力，中间党派则缺乏真正群众基础和组织，难与国共两党的强势相抗衡，这是中国的客观现实所决定，而非一时可以改变。中间党派实际上只能周旋于国共两党之间，并受到国共政治斗争的强烈影响，在国共之间保持完全的中立诚非易事，并为过后的事实证明几乎是不可能的。

实际上，中间党派的作用只有在国共两党争执不下时才显得更大一些。从中间党派最为活跃的三件事——参加政协会议、调停东北问题和制宪国大，均为国共两党在争执不下中需要盟友的相助，即可知中间党派的地位和处境。即便如此，他们在调停过程中仍然面临着政治亲疏之尴尬，因为他们的提议经常被国共两方作出完全不同的解读，一方满意者他方即未必满意，此等亲疏之判，对于缺乏政治实力而又离不开国共支持与理解的中间党派而言实在是颇为无奈。国共两党因为长期对立而互信基础薄弱，他们实际需要的是全力支持自己的政治盟友，而不是绝对中立的调停者。而当国共两党关系破裂，战火燃起，中间党派则势必在国共两党中作出抉择，非投国即亲共，任何真正的中间道路实际上是不可能的，这也为以后的历史发展所证明。故中间党派深知："倘使内战长期继续下去，中国问题只有依靠武力来解决，那么中间阶层和中间党派在中国政治上都不会有重要地位，也不会起什么独立的作用……只有在内战停止，和平恢复之后，中间派的政治路线才有实现的可能。"[①]如同梁漱溟所言：盖唯国共两方具有

① 李华兴编：《中国现代思想史资料简编》第5卷，浙江人民出版社1983年版，第302—303页。

力量，而此外则没有。大局为此矛盾之两大力量所支配，其他的人皆莫如之何。在全面内战的战火即将点燃之际，1946 年 5 月间，民盟领导人在聚会时有若干对话，颇能反映他们的处境与心态。沈钧儒说：内战扩大，人民固然痛苦，我们这些第三者又将如何呢？一方面政权在握，可以为所欲为；一方面已有地盘，更有枪杆，可以上山打游击；我们这些赤手空拳，为自由民主奋斗的人，恐将左右为难，如何是好呢？梁漱溟说：在左右和谈时，中间人已感不易，到左右开枪武打的时候，中间人当更难以自处。黄炎培说：现在处变之中，固不易决定我们的立场，然恐亦不容静观以待呀！[①] 归根结底，在当时中国的特殊环境与条件下，没有武装就没有发言权，没有真正的政治地位。著名的自由主义刊物《观察》记者曾经就中间派大佬张君劢写过如下颇含意味的话："如张君劢氏，固一彬彬有礼的长者，亦为一博学能文的学者，然而他领导组党，数年以来，可谓无甚成就。吾人固不赞成组党要用打手，然而单靠书生，也是不行的。"[②]所以，在国共重庆谈判期间，毛泽东曾坦言告国社党领导人蒋匀田：老实说，没有我们这几十万条破枪，我们固然不能生存，你们也无人理睬。[③] 毛之言形象地说明了赤手空拳的中间党派在国共武力相争现实中的尴尬处境。

不仅如此，中间党派自身由于种种利益考量的不同，不仅各党有其不同的政治主张，各党内部同样也存在着政治分歧，尤以民盟为甚。民盟成立时是各个不同党派的集合体，包括了所谓三党三派，即青年党、国社党（民社党）、中华民族解放行动委员会（以前的第三党，后改称农工民主党）和救国会、职教派、乡建派，盟员与各党派成员可以兼跨。三党三派在政治问题上的主张时常不一，其中青年党较为倾向于国民党，第三党、救国会较为倾向于中共，民社党、职教社、乡建派态度则较为中立。随着内外形势的发展，民盟成员也在不断分化。1945 年底，青年党脱离民盟单干，民社党逐渐与民盟拉开距离，并在 1946 年底退出民盟。作为整体的民盟，随之"初步地走上了中国资产阶级单一的独立的政党的途径了。它在中国资产阶级知识分子中有它的代表性，亦有它相当的影响。除国民党和共产党以外，它的确是中国唯一的有代表性的政治集团"[④]。但是，民盟的

① 蒋匀田：《中国近代史转折点》，友联出版社有限公司 1976 年版，第 70—73 页。
② 北平市宣慰团编：《中国各党派史略与批判》，1947 年版，第 108 页。
③ 蒋匀田：《中国近代史转折点》，第 70—73 页。
④ 罗隆基：《从参加旧政协到参加南京和谈的一些回忆》，《文史资料选辑》第 20 辑，第 200 页。

政治态度从此更多地朝中间偏左方向移动,与中共更为接近,自然为国民党所不满。

中间党派之所以能在战后中国政坛上有一席之地并一度表现活跃,其原因在于国共两党的态度。由于国内外形势所逼,在战后中国的大舞台上,政治斗争一度代替武装斗争,成为矛盾的焦点,而在政治斗争中,国共双方都需要支持者,因此而成就了中间党派的活动空间,客观上提高了中间党派的地位。但就对中间党派地位及所起作用的根本态度,国共双方并无二致,即国共双方都力争中间党派能够站在自己方面,但也都不会使自己的政策受中间党派的左右。国民党中宣部在 1943 年拟订的《各党派之言论分析与对策》中提出:对于各党派而言,“以本党开放政权为最有利,次之在本党及中共相持不下之局面下亦可以稍收渔人之利,至于在本党或中共独揽政权之形式下则最不利”。对策提出了国民党应付各党派的三项原则:(1) 必须拆散各小党派与中共联盟之形势——本党对现状如无任何改变,则在“民主宪政”之共同要求下,各小党派可能与中共成立联盟,加厚反政府之力量,目前有种种象征,证明此一可能性之日益显著,故本党现阶段对各小党派,当尽力疏隔其与中共之关系,不使有任何形式之反政府联盟可以产生;(2) 采取对各小党派开放,对中共抑压政策——要拆散各小党派与中共之联盟形势,必须一方面尽可能给予他们以言论结社之自由及参政之机会,另方面对中共则尽量予以钳制,如此,不但可以一新国人之耳目,且可以转移国际(苏联方面例外)视听;(3) 拉拢各小党派,增我外围实力,以孤立中共——本党如对各小党派稍示公开,彼等必如张君劢云,感政府求治之殷,亦以琼瑶报之,而可能成为本党外围,如善加扶植及运用,不但可以孤立中共,亦可助我完成统一。对策提出拉拢各小党派的方法是:加强联系,有限度满足其要求(言论自由,活动公开,参加各级民意机构)。[①] 在这样的认识指导下,国民党对中间党派的态度判然有别。因为“青年党主张比较接近本党”,而“民主同盟处处为共党之先驱”[②],因此,国民党的策略是,拉住青年党,争取民社党,对于民盟则“加速其分化过程,孤立其对外关系,并加强本党对其之压力。譬如,民盟内部已有左右两派之斗争,即应加速挑起国社党村治派等对救国会派第三党之斗争,扩大其矛

---

① 中国科学院历史研究所第三所南京史料整理处编:《中国现代政治史资料汇编》,第 3 辑第11 册。
② 《王子壮日记》,“中研院”近史所 2001 年版,第 473 页。

盾”[①]。在国内全面内战爆发前，蒋介石特别指示：“对民盟不必姑息”，尤其对罗隆基、沈钧儒、章伯钧“应施打击”[②]。对于态度较为温和的黄炎培，蒋介石专门派陈立夫、陶希圣、杜月笙等予以拉拢，还派陶希圣前往上海，征求黄炎培对时局的意见，以图影响其态度，进而争取中间党派对国民党政策的谅解和支持。但黄答以：“一、对中共只有一法，即以共同制定之宪法范围其行动，故下手必须合作，只有政协会议决案可以解纷；二、目前办法宜使参加商谈，迅速解决军事问题，接谈政治；三、若舍政协会，别寻门径，决非国家之福。”结果，陶希圣悻悻而归。陈立夫为此指责黄炎培说：国民党不能容许共产党并存，第三者以国共并称，忽视国民党之为正统，从事调解冲突，即延缓对中共问题之解决。[③]

由于国民党一党独大、把持政权的“党治”理念，国民党对于各中间党派仍多采居高临下的态度，因此其拉拢并不十分成功。即使是与国民党较为接近的青年党和民社党，感同身受，为了维持自身地位，也在一个时期内反对国民党以武力解决中共的政策。反观中共，与中间党派虽然追求的终极目标并不一致，但因为在一定程度上感受国民党压迫的现实处境的相似性和反对国民党独裁的现实利益的一致性，都有反对国民党垄断政权、要求政治参与的共同斗争目标，因此而有相当成功的合作。在1945年11月，中共曾与民盟签订了秘密合作协定，同意：(1) 双方为推翻国民党一党专政，实现民主政治之新中国，得共同携手奋斗；(2) 双方得保持其政治最高原则，但在奋斗过程中得随时交换意见，以划一步调增加力量；(3) 中共解放区欢迎中国民主同盟成立分部，但民主同盟所做之工作，以不妨害中共事业为原则；(4) 中国民主同盟对中共解放区之政治军事经济各设施得尽量予以支持，并扩大其影响；(5) 双方不得单独对国民党作妥协合作，如有谈判，得相互通知，并取得双方同意后，始与国民党成立条件。[④] 无论上述协定是否为真实的存在，在战后国共两党的政治斗争中，如协商停战、召开政协、制宪国大、制定宪法、改组政府等方面，中共与中间党派尤其是民盟的成功合

---

① 《国民党对应付民盟之策略》，中国第二历史档案馆藏档。

② 唐纵：《在蒋介石身边八年》，第622页。

③ 中国社会科学院近代史研究所中华民国史研究室编：《中华民国史资料丛稿》增刊第5辑，中华书局1979年版，第112—113页。

④ 以上内容均出自《中国民主同盟与共产党成立协定》，T.V. Soong Papers，藏美国斯坦福大学胡佛研究所档案馆。U.S.A.民盟内部不少成员甚至领导成员是中共地下党员（如民盟中委周新民），他们在推动民盟与中共合作方面也起了重要作用。

作，确实给国民党造成了很大的政治压力。因为国民党是执政党，中间党派对国民党的压迫感受更为直接，争民主是他们的一致要求，因此在国共关系尚未完全破裂之际，他们争民主、争自由、争参政权的立场大体尚可保持一致，在实践中他们也往往采取与中共合作、反对国民党的立场。虽然对于中共采取的某些政治经济政策，尤其是土地改革，中间党派有他们自己的看法，对中共未来的执政前景他们也不无某种疑虑，但是在当时情况下，向国民党争自由争民主的问题更为迫切，因此，中共与中间党派之间的分歧起初表现得并不明显。① 但是，中共对中间党派的政治基础及其发展前景的态度是非常明确的。周恩来在总结中共的民主党派工作时认为："中国的民主运动，由于历史的发展，武装斗争成为主要形式。到了大革命后，就只有两个全国性大党，经过二十多年的斗争和战争，一天天证明中间道路即第三条道路已成为不可能。民盟由于抗战特别由于政协的机缘，客观上一时造成了他在全国的第三党地位，使他中间许多领导人物代表着中产阶级的想法，企图在国共对立的纲领之外，寻找出第三条道路。但一接触到实际斗争，尤其是内战重起，就使他只能在靠近共产党或靠近国民党中选择道路，而不能有其他道路。"②

正是在国共两党各有政治实力和军事武装的背景下，中间党派的政治活动常常处在颇为尴尬和无奈的境地。应势而为，或可有所成就，如战后初期召开的政协，是中间党派政治活动的高峰期，而当时移势易，国共全面内战爆发，中间党派即再无可为之处，只能被迫作出或左或右的政治抉择。

三

随着战后国内外形势的发展，中间党派一度所有的引导中国走中间道路的乐观不复存在，在国共两强武力相争的大格局之下，他们不得不逐步放弃其中间派的政治主张，作出其自身的政治抉择。

---

① 黄炎培曾为土改问题致函毛泽东，并在民盟内部表示："应以民盟同人公共名义，向中共委婉而恳切地劝告其从速改善苏北、华北等地政治作风。求生存越困难，改善政治作风，争取人心越需要，是善意的劝告，非恶意的诟骂"。李烛尘认为中共"军纪极好"，但对中共"到处闹清算斗争"颇为不满。梁漱溟亦然。（许汉三编：《黄炎培年谱》，文史资料出版社 1985 年版，第 189 页；《黄炎培日记》，《中华民国史资料丛稿》增刊第 5 辑，1946 年 7 月 1 日，第 111 页）

② 中共中央文献研究室编：《周恩来选集》上卷，人民出版社 1980 年版，第 283—284 页。

青年党和民社党选择了投向国民党。青年党自始即具有一定的反共色彩，自称“本党对共产党，从周恩来在法国组党迄今，一贯立于反对地位”①。战后初期，青年党一度以中间面目活跃于政坛，然而随着国共关系的不断恶化，青年党的态度也日渐倒向国民党。1945 年年底，青年党脱离民盟，预示其政治态度的转变。1946 年 11 月，青年党决定出席由国民党主导的制宪国大，表明其政治态度的右倾化。1947 年 9 月，青年党领袖曾琦在该党第十一次全国代表大会政治报告中称：“中国现介于苏美两大集团之间，可以亲美反苏，亦可以亲苏反美。但自中苏条约签订以来，苏联所表现之不友好态度，层出不穷，如搬运东北物资，及长期占据旅大等，均极明显之事实。美国对华政策固不如吾人理想之友善，然较诸苏联，则属进步多多矣。次就国内情势而言，青年党今日亦介于国共两党之间，可以亲共反国。但自政协会议以来，共党存心破坏，无所不用其极。青年党力谋团结，与国民党政策固无二致。因而参加国大，参加政府，在与国民党合作之下，而使国家臻于富强之境。”②于此无异宣示青年党的政治立场已经完全倒向国民党。民社党的态度与青年党稍有不同。民社党领袖张君劢长期遭受国民党的政治迫害，在战后初期的民主运动中扮演了重要角色，而且他深知在国民党的“党治”政治理念下，很难有其他党派的政治活动空间，与国民党的合作无非是政治“伴娘”而已。如其所言，“蒋中正是过河拆桥的人，有求你的时候，可以满口答应，等到不需要你的时候就一脚踢开，完全无视对方的人格”③。故在国共全面内战爆发后，民社党起初仍保持了某种政治模糊立场，避免直接指责中共，对国民党亦不无一定的批评。但民社党内部还是有希图通过政治参与在国民党统治下分一杯羹者，他们对张君劢的政治决策构成了相当的压力。蒋介石还通过张的兄弟、时任国民党高官（东北行营经济委员会主任委员）的张嘉璈及张君劢其他的国民党党内友人拉拢张，④而且张君劢也并不认同中共的政治理念。因此，张君劢和民社党在政治实践中逐步拉开了与中共的距离，其行动也逐渐脱离民盟与中共合作的路线，尤其是当民社党决定参加制宪国大，表明其与民盟和中

① 《国民党中央联秘处关于青年党在各地动态的专报》，《中国青年党》，1948 年 3 月，第 328 页。

② 《国民党中央联秘处关于中国青年党第十一届全代会经过的专报》，《中国青年党》，第 310—311 页。

③ 雷震：《制宪述要》，桂冠图书股份有限公司 1989 年版，第 37 页。

④ 制宪国大召开前，蒋介石令张嘉璈专程由东北飞南京，“劝君劢家兄采取独立立场，勿受共方影响”。（姚崧龄：《张公权先生年谱初稿》，传记文学出版社 1982 年版，第 760—761 页）

共最终分手。其后张君劢也免不了公开指责中共“雅不欲协力分担国是”,“蒋主席直至彼年(指 1946 年——作者注)冬日,仍致望于共产党之参加联合政府。此时共产党不合作之心已昭然若揭,必诉诸武力而后快,吾辈局内人,孰为戎首,未能为之讳也”[①]。无论是青年党和民社党,虽然都反对国民党的“党治”,但也都不认同中共的政治理念,特别敏感于在民盟中被拥共主流派边缘化,所以当国民党秘书长吴铁城与两党领导人左舜生、张君劢谈话时,“征询意见,彼等第一辩白绝非共党之尾巴主义”[②]。这也是他们最后与中共和其他中间党派分手的重要原因。

在中间党派中一直特别强调中间政治立场的民盟,走的是不断靠近中共的政治道路。虽然民盟人士在国共破裂后民盟应采何种立场的问题上有过争论,有人主张继续坚持“中间性的政治路线”,对内“调和国共”,对外“兼亲美苏”;也有人认为,民盟实际是与中共在一条战线上作战,因此不能称为第三方面,在民主与反民主的斗争中,“没有调停两可的余地,只有勇往直前,以斗争解决我们的生存问题”[③]。但是在行动上,国民党不断打击民盟而中共极力争取民盟的事实,迫使民盟只能左转。1946 年年底,民盟拒绝参加制宪国大,表明其与国民党在政治上分道扬镳。1947 年 1 月,民盟举行一届二中全会,分析形势,总结工作。主席张澜在会议报告中回溯了过去一年的形势发展,认为中共“确实有了与国民党合作的诚意”,而“国民党方面的反动分子有彻底推翻政协的阴谋”,将政协失败的原因归结为“政府撕毁了政协决议”,召开制宪国大是“政府用任何言词不能掩饰这是彻底撕毁政协决议的行为”。张澜此言明确表明民盟在国共之争中的立场,说明民盟不可能在国共之争中保持所谓真正的中立。在这个报告中,张澜还进一步解释了民盟的政治立场,他认为:“站在政团的立场,对国共两党的党争,民主同盟是个第三者,我们应保持不偏不倚的态度。但民盟既是一个独立自主的政团,我们依据我们的政纲政策以争取国家及人民的福利,民盟对国事自然应该明是非辨曲直。是非曲直之间就绝对没有中立的余地。民主同盟的目的是中国的民主,是中国的真民主。民主与反民主之间,真民主与假民主之间,就

---

① 《张君劢致〈纽约时报〉函》,《中国民主社会党》,1948 年 3 月 10 日,第 308 页。

② 《王子壮日记》,第 10 册,1945 年 2 月 7 日,第 51 页。

③ 施复亮:《中间派的政治路线》,《时与文》创刊号;中国民主促进会中央宣传部编:《马叙伦政论文选》,文史资料出版社 1985 年版,第 300 页。有关这方面争论的情况,请参阅《中国往何处去》,文化出版社 1949 年版。

绝对没有中立的余地。"[①]既是第三者,但又不能在反民主时保持中立,而反民主的责任者是国民党,民盟就这样在逻辑上解释了自己向中共立场靠拢的原因。[②]全会通过的政治主张,虽然还提到"继续推进与国共两党的合作",但彻底反对内战、重新举行政治协商、成立全国一致的联合政府、明确制宪国大的非统一性与不合政协决议等主张,与中共的立场更为接近而远离国民党的立场。[③] 因此,国民党逐渐不能容忍民盟的公开存在,终至发展到压迫民盟解散的地步。在这样的形势下,即使民盟中一直坚持走中间路线的人也不能不走向反对国民党的立场,正如施复亮所说:"中间派只有向前进步,才有生路,向后便是死路。所以,独立的中间派,必然是偏左而不是偏右的。""万一中间路线真正走不通,中间阶层和中间派可以支持并执行左翼的政治路线,但决不可支持或执行右翼的政治路线。因为反动是一条死路,只有改良和革命才是出路,改良不成,便只有革命。[④]"无独有偶,代表国民党立场的人士对民盟这样定位:"民盟以调人资格,高调和谈……因此,政协前后,亦曾'红极一时'。政协会议乃国共和谈的最高峰,亦是民盟与国共在政治上'平分秋色'的饱和点。国大既开,政协自然否定。此后政治分歧,已昭然若揭……南辕北辙,有何可谈?有何可和?"[⑤]民盟而外,民建、民进、九三学社等中间党派也作出了与民盟相同的政治抉择。

四

中间党派在战后发展的黄金时期是政协会议召开前后,适值国共两党因内外形势所迫而暂时搁置军事相争,复归政治谈判,成就了中间党派的活动空间,而且因为中共和中间党派都需要向国民党以争民主的方式争政治参与权,故双方形成良好的互动合作关系。知名中间派人士罗隆基对政协的总结是,"共产党

---

① 中国民主同盟中央文史资料委员会编:《中国民主同盟历史文献》,文史资料出版社 1983 年版,第 266—277 页。

② 据中共四川省委书记吴玉章给中共中央的报告称:"张澜在重庆时,我们来往很密,各民主人士中,我们影响都很大,一切没有我们参加,就没有精神,有了我们,胆子大了,办法也有了。"(中央档案馆、四川省档案馆编:《四川革命历史文件汇集》(1940—1947),1989 年,第 569 页)

③ 于刚主编:《中国各民主党派》,中国文史出版社 1989 年版,第 466—467 页。

④ 施复亮:《再论中间派的政治路线》,《文汇报》1947 年 4 月 13 日。

⑤ 《中国党派》,中联出版社 1948 年版,第 23 页。

的让步多，蒋介石的苦恼大，民盟的前途好”[①]。民盟与中共意见基本一致自不待言，即使是与国民党较为接近的青年党和民社党，因多年在野，时受挤压，也希望通过公开的政治参与巩固并壮大自身的政治地位，因此而对国民党有不少批评，客观上于中共有利。青年党领袖曾琦曾批评国民党在召开国大问题上一党决定，与民意不合，主张应认清事实，实行改革。[②] 民社党领袖张君劢更在起草宪法草案时苦心设计，基本推翻了原先由国民党主导的“五五宪草”所设计的总统制政治架构，而以两院制和责任内阁制为行宪后政治架构的中心，使“总统位尊无权，他只是国家名义上的元首，而不是行政首长”[③]。果如此，蒋介石如果当总统则无实权，如果当行政院长则随时有被倒阁的可能，从而赢得在野各方的交口称赞。

唯时移势易，令中间党派人士周旋于国共两党之间而有良好感觉的时间实在是太过短暂。1946 年 1 月底，政协闭幕，通过了《和平建国纲领》及诸项协议，2 月底，国共达成整军协议，使过往国共纠结的核心问题有所化解，国内政治和解气氛由此达至高峰，中国的发展道路似乎因此而现新局。然不旋踵之间，因 3 月的国民党六届二中全会对政协决议提出公开质疑，搅动各方敏感神经，使本就缺乏互信的国共两党复陷互疑之旧局，脆弱的政治平衡又被打破。1946 年，国共全面内战重起，双方再入你死我活之境。以所谓自由民主为依归的中间党派，在国共武力相争中进退失据，左右为难，批判的武器不敌武器的批判，只能噤声不语，终至在残酷的政治现实面前，被迫作出非左即右的政治抉择。

1947 年 4 月，国民党改组政府，由一党执政改为所谓多党共同执政。但是，改组后的国民政府，从主席、副主席到五院院长以及政府的关键部门，仍然控制在国民党手中，参加政府的青年党、民社党和社会贤达，只能得到几个无足轻重的部长职位，成为国民党对外装点“民主”门面而实际上可有可无的“伴娘”而已。当时舆论认为，“改组后的国民政府，在形式上纵然是多党政府，而实质仍是一党负责”[④]。美国驻华大使司徒雷登认为，有一点是可以肯定的，即政府的实际权

① 罗隆基：《从参加旧政协到参加南京和谈的一些回忆》，《文史资料选辑》，第 20 辑，第 230 页。
② 历史文献社编：《政协文献》，1946 年重庆版，第 114、121 页。
③ 三民主义宪法促成会编：《宪草修改原则批判集》，1946 年南京版，第 21 页。
④ 《国民政府宣布改组》，《大公报》(上海)1947 年 4 月 19 日。

力没有真正的改变，它们仍然牢牢地控制在国民党手中。[①] 作为当时的执政党，国民党固执于其“党治”理念和实际利益，不愿赋予其同盟者相应的政治参与权，使其同盟者对此难免心有怨气，进而与国民党离心离德，使国民党在与中共的争夺中缺少了一支可靠的同盟军。

国民党对中间党派的看法其来有自，自始即然。国民党领袖蒋介石对中间党派自居国共之间的调停人态度颇为不满，在其日记中发泄道：“李璜竟为共党外围而不恤，痛斥其政客投机之无耻也。”左舜生、黄炎培等“挟共党以自重，必使是非不明，邪正倒置，而后彼辈乃可浑水摸鱼，从中取利，对国家之安危与国民之利害，则置若罔闻，以危为安，以利为害，此国家之所以大乱而共匪之所以更形猖獗也。天下之可杀可痛者莫甚于政客也，其罪实甚于汉奸与叛匪矣”。蒋曾召见青年党领袖曾琦，“开诚直谈，甚望其能不为共党利用，而为入正途也”，并表示“此时应提携青年党，使之诚服，以共党外围民主同盟之重心彼已为共党所夺取也”，“关于教育界自由主义尝思有所规正而无暇为憾也”[②]。据陈布雷在其日记中所记，蒋介石“对第三者之案甚激动”，“情绪甚激昂不宁，知其刺激深矣”[③]。被认为是国民党温和派的王世杰和邵力子，也都“责斥民主同盟不应随时附和中共，忽视其素所主张之统一与团结”[④]。陈布雷则告陈启天，“勿以独立标榜始，而以诡随捣乱终”[⑤]。国民党高层对中间党派的如此态度，充分表明了他们对中间党派的厌恶心态，但也因此而驱使中间党派中的不少人由此而不能不向左转。所以，知名的自由主义知识分子储安平这样写道：“假如不满政府就是‘左’倾，那么老实说，在二十年来国民党这种统治作风下，假如还不‘左’倾，那这个人即使不是奴才，也是个大大的糊涂虫。”“是谁驱使大家不满国民党，反对国民党，痛恨国民党的？不是别人，就是国民党自己。”“我们在原则上是反对一个政党蓄养军队，以武力来夺取政权的。为中国的元气设想，我们也不希望共产党采取武力革命的方式。但这是就理论而言。共产党的不肯放下枪杆，也未尝不能使人同情，

---

① “Stuart to the Secretary of State”, April 19, 27, 1947, Rea, Kenneth W. and Brewer, John C. edited, *The Forgotten Ambassador: The Reports of John Leighton Sturat*, 1946, Westview Press Inc., Boulder, Colorado, 1981, p.90, p.99.

② 《蒋介石日记》，1945 年 2 月 16 日、7 月 14 日、9 月 26 日，藏美国斯坦福大学胡佛研究所档案馆。

③ 《陈布雷先生从政日记稿样》，东南印务社版，1946 年 10 月 28 日，11 月 13 日，第 876、879 页。此处指中间党派在 1946 年 10 月至 11 月间对国共关系调停的几次提案。

④ 《王世杰日记》第 5 册，台湾“中研院”近代史研究所 1990 年版，第 18 页。

⑤ 《陈布雷先生从政日记稿样》，1945 年 4 月 10 日，第 766 页。

因为在国民党这种政治作风下，没有枪，简直没有发言权，甚至没有生存的保障。”“现在一般人都说民盟太左，成为共产党的尾巴，关于这种批评，我认为无甚价值。凡是进步的政治集团，当然是比较左的，世界大势如此。”①更有意思的是，就在青年党领袖曾琦批评左派人士“只责当局而恕共党，未免太欠公平，吾人应有以矫正之也。……如张表方（即张澜）之主张，未免近于袒共”，他的儿子曾宪斌却“对国事多忧愤，仍不免有偏激之论，据云其同学已大部分左倾”②。因此，胡绳总结说：“中国革命为什么能胜利？一个当然是靠武装斗争，再一个就是靠统一战线。大批中间的力量参加，政治力量的对比就变了，这就是人心向背起了决定作用。……国民党在1931年后也拼命拉拢一些中间派人士，但长期跟它跑的很少。”③

回想抗战胜利之初，中间党派兴盛一时，他们也曾经自信于自身地位的重要。施复亮曾说：“国共问题的合理解决，中国政治的全面安定，和平、民主、统一的真正实现，经济建设的顺利进行，都必须有一个强大的中间派在政治上起着积极的甚至决定的作用。”④“这种中间党派，必须坚持自己独立的政治立场和独立的政治主张，发挥独立的政治作用。”⑤被外界认为思想偏于左倾、政治态度日趋激进的民盟人士闻一多也曾经公开表示：“假设今天每一个中国人都非入一个政党不可，而这一个党又是可以按各人自己的意愿，毫不受拘束的来选择的，那么大家不妨想想看，在今天三大政党中，绝大多数的中国人会选择哪一个？让我大胆地说一句吧：中国民主同盟！”⑥可是，曾几何时，中间党派所有的自信犹如过眼烟云，随着时间的发展与形势的演进，他们非偏于国，便偏于共，中间道路成了走不通的死胡同。孰令为之？孰为致之？这是需要后世研究者进一步思索和论证的课题。

（作者简介：汪朝光，中国社会科学院世界历史研究所原所长、研究员。）

---

① 储安平：《中国的政局》，《观察》第2卷第2期。

② 陈正茂、黄欣周、梅渐浓编：《曾琦先生文集》，下册，“中研院”近史所1993年版，第1436、1463页。

③ 《胡绳论“从五四运动到人民共和国成立”》，第37页。

④ 施复亮：《何谓中间派》，《文汇报》1946年7月14日。

⑤ 施复亮：《“第三方面”的组织问题》，《文汇报》1946年12月23日。

⑥ 闻黎明、侯菊坤编：《闻一多年谱长编》，湖北人民出版社1994年版，第1064—1067页。

从政治主张及其行动看抗战时期民盟与中共的协商合作

陈　俊

2021 年是中国共产党建党 100 周年，也是中国民主同盟建盟 80 周年。回顾历史，在抗日战争时期，民盟与中共同舟共济、共同为中国的命运救亡图存努力奋斗的政党协商合作，谱写了可歌可泣可圈可点的历史篇章。这一历史性抗日合作，其意义已跨越时空，在此后的革命乃至当今的改革开放和经济社会发展中，仍然闪烁着积极的启示价值和政党协商合作时代意义。

从历史上看，1937 年 7 月 7 日以来的 8 年，中国人民浴血奋战，进行了伟大的抗日战争。在这一可歌可泣的抗战过程中，中国民主同盟作为国共之外中间力量的代表，忧国忧民，敢于担当，提出了要求国民党结束一党专政，实行民主宪政，共同抗日等政治主张。民盟的这些政治主张及其行动，与中国共产党在抗日战争时期的政治路线、方针政策及行动是殊途同归、相互呼应、互相支持、互相配合的，体现了协商和合作，并促进了中国的进步和发展。以下以时间为序作一典型协商实例的阐述分析。

一、关于皖南事变善后的协商合作

抗日战争爆发以来，随着国民党军队的败退，特别是 1938 年武汉失守后，国民党逐渐转向消极抗日、积极反共。国民党一意孤行破坏抗日民族统一战线的反共反人民活动，不利于团结抗日，不利于御侮救国，招致民盟等民主力量的强烈反对。

1941 年皖南事变发生，国共双方都积极争取中间势力的支持。出于对爆发内战的担心，出于调解国共纠纷的考虑，中间党派以“第三者”的身份和立场开始了一系列调解活动。

1941 年 2 月 10 日，黄炎培、沈钧儒、邹韬奋、章伯钧、张申府、左舜生、张君劢等与中共代表周恩来商谈时局。各党派都深感为民主和反内战而团结之必要。皖南事变促进了各党派加快联合的进程。

2 月 22 日，民盟前辈沈钧儒邀集黄炎培、张君劢、左舜生、梁漱溟、章伯钧、张澜、罗隆基等一起商谈国民参政会提案建议事，并征询周恩来的意见。之后，中间党派再次约请周恩来、董必武面谈，再次征询意见。皖南事变的善后协商，是中间党派第一次正式出面调解国共矛盾。

作为民盟前身的中间党派，在皖南事变后与中共的协商合作，发挥了积极作用。其成效及影响主要体现在以下方面：

（一）中间党派的这次斡旋虽然没有成功，但国共双方对他们的争取，提高了他们的地位，并预示着这支力量在抗战及争取民主宪政运动中将会发挥更大的作用。

（二）中间党派在协商合作中，加强了自身建设，并在这一时期完成了统一建国同志会的改组，组建了“中国民主政团同盟”。

二、民盟成立之初与中共的协商合作

中国民主政团同盟于 1941 年 3 月 19 日在重庆秘密成立后，因在国民党统治区没有合法地位，不能公开活动，于是决定派中央常委梁漱溟去香港负责办报，在海外建立言论机关，宣传民盟的政治主张，争取社会舆论的同情与支持，然后公开民盟的组织。

1941 年 3 月 27 日，梁漱溟把中国民主政团同盟去香港办报的计划，告诉了中共中央在重庆的领导人周恩来，得到了周恩来的支持。梁漱溟到达香港后，在中共驻港办事处及“全救会”海外组织的帮助下，筹备出版中国民主政团同盟的机关报《光明报》。9 月 18 日，中国民主政团同盟的机关报《光明报》正式出版。10 月 10 日，《光明报》公布了经过修改的《中国民主政团同盟对时局主张纲领》和《中国民主政团同盟成立宣言》。

中国民主政团同盟的政治主张公布后，其组织就不再是秘密了。国民党政府十分恐慌，千方百计加以压制。中国共产党则予以肯定和支持。中共中央机关报《解放日报》及时作了报道，在社论中高度评价民主政团同盟的成立及其政治主张，指出这是抗战期间我国民主运动的一个新的推动。

1941 年 11 月，国民参政会二届二次大会期间，民主政团同盟参政员张澜、张君劢、左舜生、罗隆基等，根据民主政团同盟的纲领，向国民参政会提出了《实现民主以加强抗战力量，树立建国基础案》，要求国民党结束训政，实施宪政。提案得到了董必武、邓颖超等 20 多位参政员的联署。

中国民主政团同盟的成立，是抗日战争时期我国政治生活中的一件大事，扩大了进步势力的影响。民盟在成立初期，就与中国共产党开展了协商合作，相互配合和支持，这为此后的党际协商和团结合作，打下了良好的基础。

三、民盟与中共关于国民参政会提案的协商合作

皖南事变后，国际形势出现新变化。中国的抗日战争将可能正式得到美、英、苏的援助。二届二次国民参政会就是在这种背景下，于 1941 年 11 月 17 日在重庆开幕。

大会期间，以张澜、张君劢、左舜生、罗隆基等 12 人作为提案人，沈钧儒、史良、陶行知、黄炎培、邓颖超等 11 人作为副署人，向国民参政会提交了《实现民主以加强抗战力量，树立建国基础案》。

该提案提出了要求国民党立即结束训政，实施宪政；成立抗战时期正式民意机关；政府一切机关不得歧视无党和异党分子等政治主张。这些政治主张，基本上是中国民主政团同盟纲领内容的体现。并且，这个提案的提案人与副署人，大多是民主政团同盟盟员。因此，可以视其为民主政团同盟成立后第一次向社会公开表明自己的政治态度。

该提案突出了“政治民主化”的各项要求，身为参政会主席团成员的张君劢与左舜生，以及人望极高的张澜，联合多人提出“主张取消学校、军队中之党部及早日实施宪政，迅即扩充战时民意机关之职权”等主张，显示中国民主政团同盟以中间党派身份敢于提出有别于国民党并且让蒋介石很忌讳的政治主张。

二届二次参政会后不久，太平洋战争爆发，国民政府正式对日、德、意宣战。鉴于形势发展，周恩来在一次宴会上向张群、王世杰表示“盼望组织战时内阁，一

新耳目，以振人心，并盼望能使国民党以外之人员参加其组织”。这次宴会本是为商谈实施国民参政会决议举行的，周恩来的提议旨在督促国民党履行参政会决议，同时也反映了中共与民主政团同盟的政治要求，体现了民盟和中共协商合作在政治主张上的一些共识。

四、民盟与中共就“联合政府”主张的协商合作

1944 年，国民党在军事上的失利、政治上的腐败，导致国统区的民主宪政运动不断高涨。中共中央根据形势的发展变化，认为要求国民党实行民主政治，废除一党专政，建立联合政府的时机已经成熟。于是，中共打算将改组国民政府的主张和步骤，作为提案向三届三次国民参政会提出。林伯渠根据中共中央的指示，与民主政团同盟领导人就联合政府问题进行了磋商。民主政团同盟领导人主张，考虑到国民党绝对难以接受而徒然引起争论，建议以林伯渠个人名义提出为宜。中共接受了民主政团同盟的建议。

1944 年 9 月 15 日，林伯渠在国民参政会三届三次会议上，代表中共做《关于国共谈判的报告》时，首次公开提出了组织各抗日党派联合政府的主张。该主张在国内外引起了热烈反响，得到民盟等各党派和民主人士的积极响应和赞同。

此后，中国民主同盟于 10 月 10 日发表了《对抗战最后阶段的政治主张》，在要求中国政治民主化、反对国民党一党专政、改组政府、成立各党派参加的联合政府等基本立场上，与中共保持一致，呼应、支持了此前中共的主张，在协商合作中加强了双方的团结。

五、延安之行的党际协商合作

在党派会议和联合政府问题上，国共之间存在着明显的对立。双方一方面进行谈判，一方面纷纷开展争取中间势力的工作。国民参政会中的中间党派和中间人士，也关注着国共谈判的进程。为调停国共关系，和共产党共同商量解决办法，民盟参政员黄炎培等决定访问延安。

1945 年 1 月 14 日，中共代表团成员王若飞、徐冰与民盟负责人沈钧儒、

章伯钧、黄炎培等就改组国民政府，实现国共谈判，交换了意见。1月15日，民盟发表了《时局宣言》，指出国民党必须结束一党专政，建立联合政权。这一声明，刊登在《新华日报》上。3月10日，民盟提出“还政于民”“还军于国”的口号，赞同中共的政治主张。

1944年7月1日，民盟中央领导成员、国民参政员黄炎培、章伯钧、左舜生、冷遹和国民党国民参政员褚辅成、傅斯年飞抵延安访问，他们与毛泽东、朱德、周恩来、刘少奇、林伯渠、张闻天、任弼时、王若飞等中共代表进行正式会谈。会谈既有中共与六位参政员一致的共同观点，也体现了求同存异的精神，气氛十分融洽。

六位参政员在延安期间，没有提出恢复国共商谈问题，也没要求中共参政员出席四届一次国民参政会，这是一种双方默契和达成协商共识的结果。

7月5日，黄炎培等回到重庆，递交了《会谈纪要》。7月7日，四届一次国民参政会开幕，中共和民盟参政员、民盟中央主席张澜均未出席。这是对国民党独裁主张的一次沉重打击，民盟和中共的党际协商合作，取得了又一次胜利。

六、重庆谈判时期民盟与中共的协商合作

1945年，抗战即将胜利。日本即将投降的消息一传出，国共两党的关系就出现了尖锐对立状况，内战一触即发。8月15日，中国民主同盟发表《在抗战胜利声中的紧急呼吁》，提出“民主统一，和平建国”的口号。由于中共的坚决斗争，民盟的一再呼吁，国内外社会舆论的压力，国民党被迫做出“和平”姿态，三次电邀毛泽东去重庆谈判。由此，就有了重庆谈判时期民盟与中共的协商合作。

8月30日，毛泽东在桂园举行宴会，招待民盟领导人和其他民主人士。张澜、沈钧儒、黄炎培、左舜生、章伯钧、张申府等出席宴会，宾主进行了广泛的商谈。9月2日，民盟以中央常委会名义在特园举行午宴，欢迎毛泽东、周恩来、王若飞。双方就时局问题进行了亲切交谈。中共方面详细阐明了关于实现和平、民主、团结的基本方针，介绍了国共两党谈判情况。中共对和谈的诚意，得到了民盟的同情和支持。9月10日，中国民主同盟主席张澜致函蒋介石和毛泽东，对国共两党谈判表示关切，提出“政治必须彻底民主”等建议。当晚，周恩来、王若飞招待张澜、沈钧儒、黄炎培、左舜生、罗隆基、张申府等，通报十余日来国共

两党的谈判情况。11 日，毛泽东、周恩来、王若飞在桂园再度与张治中、黄炎培、沈钧儒等就团结协商问题交换意见。

9 月 14 日和 25 日，国共双方谈判代表张群、张治中、周恩来、王若飞等人，两次向民盟领导人通报谈判的进展情况，并听取民盟领导人的意见。黄炎培建议国共两党应一面继续谈判，一面就着手准备各党派及无党派代表参加的政治会议，这一意见被国共两党所采纳。9 月 15 日，毛泽东赴“特园”看望张澜，就国共谈判、民盟和中共配合等问题交换了意见。9 月 30 日，国共双方谈判代表又在国民参政会宴请民盟领导人及有关人士，商讨政协协商会议组织等问题。

国共双方经过 40 多天谈判，于 10 月 10 日签署《政府与中共代表会谈纪要》（“双十协定”），向全国声明：国共两党“共同努力以和平、民主、团结、统一为基础，长期合作，坚决避免内战，建立独立自由富强的新中国”。

而民盟领导人与中共代表的协商与配合，是国共谈判达成“双十协定”的一个重要因素，积极促进了和平与进步。

小　结

综上所述，在八年抗战期间，中国民主同盟提出要求国民党结束一党专政，实行民主宪政、共同抗日等政治主张及其行动，反映了时代的潮流和主旋律。这些主张及行动，与中国共产党在抗日战争时期的政治路线、方针政策及行动，是相互呼应、互相支持的。而通过党际间的协商和合作，有力推动了抗战的胜利，有力促进了中国的进步和发展。

在新时代，习近平总书记 2019 年 9 月 20 日在庆祝中国人民政治协商会议成立 70 周年大会上的讲话指出：“毛泽东同志说过，所谓政治，就是把拥护我们的人搞得多多的，把反对我们的人搞得少少的。我们党领导革命、建设、改革取得成功靠的就是这个。在新的时代条件下，我们要继续前进，就必须增进全国各族人民的大团结，调动一切可以调动的积极因素。”①

近年发布的《中共中央关于加强社会主义协商民主建设的意见》，把政党协

---

① 习近平：《在中央政协工作会议暨庆祝中国人民政治协商会议成立 70 周年大会上的讲话》(2019 年 9 月 20 日)，《人民日报》2019 年 9 月 21 日。

商明确为社会主义协商民主的重要渠道。习近平总书记也对政党协商专门作出论述，强调中国共产党同民主党派有事要商量、多商量。政党协商作为协商民主的重要形式，是合作民主，也是共识民主，具有重要的时代价值。

我们可以作一中西政党政治的比较。“在西方竞争式民主制度中，当执政党忙于应对骤然降临的灾难之时，往往也是在野党趁火打劫攻击对方的最好时机。而在中国，共产党为了保护人民的利益殚精竭虑之时，各民主党派则是鼎力相助，义无反顾。补台而不是拆台，这是新型政党制度优势的具体体现”①。

由此回溯，中国民主同盟与中国共产党在抗日战争时期的不同阶段、在重要事件上的互相支持和配合，不断取得协商合作的丰硕成果，闪烁着历史的光芒，并载入了史册，不断激励着后人，值得我们在新时代景仰、继承并发扬光大。

（作者简介：陈俊，华东师范大学立法与法治战略研究中心主任、马克思主义学院教授。）

① 吕忠梅：《千人之力——共话人民政协和新型政党制度优势》，《人民政协报》2020 年 5 月 23 日。

民盟先贤延安之行对我们的启示

王海波

回首当年民盟三位先贤延安之行，为我们留下了丰富的精神遗产。为什么说中国共产党是抗战的中流砥柱，为什么说延安是中国的希望所在，为什么民盟从诞生起能够与中共携手合作，最终做出自觉接受中国共产党领导的历史选择？当我们回眸先贤的历史足迹，当我们阅读他们生动的描述，当我们掩卷沉思，回答便有了。

一、梁漱溟对中国政党制度的探索及现实意义

二十世纪三四十年代，中国民主同盟创始人梁漱溟对中国的政党制度进行了长期探索，从 1938 年提出“一多相融”，到 1942 年首次提出“多党合作”，最终于 1945 年形成由一个“革命党”(意指中国共产党)统领下的多党合作。梁漱溟对多党合作的探索，充分证明了当今中国政党制度的合理性和正确性，是民主党派开展国情教育、树立“三个自信”的优良素材，对民主党派参政议政亦有启示。

（一）从“一多相融”到多党合作

1.“一多相融”的提出

1938 年 1 月，在延安凤凰岭毛泽东居住的窑洞，毛泽东和梁漱溟彻夜长谈。这是梁漱溟第一次到延安，他除向中共讨教救国方略，还有一个尚未成熟的想法，就是如何从根本上解决党派之争。那一夜，梁漱溟向毛讲述了一个方案，他把它称之为“下分上合，一多相融”。梁漱溟说：“在下面，各党派是独立的，但执

行国是国策上，又是合为一体的。具体步骤是，一制定党派共同的国是；二组织党派集合体；三是建立一个超党派的政府。”对梁漱溟的这个方案，毛泽东说，第一、二项他没有意见，但对第三项表示不可能。[①] 是年年底，梁漱溟将年初他和毛泽东面晤时提出的“一多相融”方案修改后交《大公报》发表，但在送审时被检扣，时任国民党宣传部部长的叶楚伧当面退还梁漱溟，说：“梁先生用意甚好，但若发表，必招致争论而使党派关系更加恶化。”[②]

2.“多党合作”的提出

按照今天的说法，“多党合作”一词最早出现于 1956 年。是年 10 月，中共中央统战部发出了《关于民主党派工作的几个问题指示》，提出“长期的多党合作，是我国人民民主专政的特点之一”。事实上，早在 1942 年梁漱溟就提出了“多党合作”这个概念。那一年，梁漱溟和朋友们谈过一个有关党派合作的设想：由国民党独操政权转变为“以国民党为领导中心而全国各党派合作的局面”。他还进一步说：“以国民党领导各党派合作秉政，代替它独自秉政，这就是我们的设计。”[③]

如果对此梁漱溟 1942 年对多党合作的设想与四年前他在延安向毛泽东讲述的“一多相融”，不难发现梁漱溟的思考有了新的内涵：一是“以国民党为核心”，二是增加了“多党合作”这一概念。也就是说，早在 71 年前，梁漱溟就已经创造出了“以××为领导的多党合作”这样一种表述方式。更难能可贵的是，不过 3 年的光景，经过认真的观察与反思，梁漱溟对多党合作的“领导中心”的思考有了质的变化。

1946 年旧政协会议结束后，梁漱溟再访延安，向毛泽东等中共领导讲述了自己“退出政治，致力于文化研究”的原因。[④] 他认为：“蒋介石是任何方式合作的死敌”，所以蒋不死，旧政协通过决议“行不通”。他又阐述了一个他认为可以实行的预备方案：“既非一党垄断之局，亦非多党互竞，而是多党合作。”梁建议由一个革命党来领导，在中国实行多党合作。多年后，梁漱溟告诉他的学生：我心目中的这个“革命党”就是共产党。

---

① 《梁漱溟全集》第 6 卷，山东人民出版社 2005 年版，第 641 页。
② 《梁漱溟全集》第 6 卷，山东人民出版社 2005 年版，第 975 页。
③ 《梁漱溟全集》第 6 卷，山东人民出版社 2005 年版，第 576 页。
④ 《梁漱溟全集》第 6 卷，山东人民出版社 2005 年版，第 576 页。

（二）梁漱溟关于多党合作的方案和中国共产党领导的多党合作制度的同与异

将梁漱溟有关多党合作的方案和现行的中国共产党领导的多党合作制度相对照，我们不难发现两者之间的相似之处：其一，一下有多，多上有一；其二，一多相融，强调合作。当然，梁漱溟最初的那个多上有一——党派综合体（梁又将它形象地称之为无色透明体）和当今中国的政党制度有着本质上的区别。但难能可贵的是，梁漱溟与时俱进，从 1938 年提出初步设想到 1942 年提出“国民党领导各党派合作”，再到 1946 年 3 月再访延安时转为“以一个革命党（意指中共）领导各党派合作”。我认为这是梁漱溟在 1951 年 10 月 28 日，在全国政协会议上发言说“我现在要声明，今后在政治上信从中国共产党的领导”，“亦要学习共产党的思想方法以改造我自己”的原由。

梁漱溟是一个非常自信的人，他对自己经过深思熟虑得出的方案很看重。1946 年春重庆几个进步团体发起一个讲座，邀请知名学者、社会活动家就人们关注的热点发表看法。梁漱溟与众不同，他在那次讲座上说，毛泽东在中共七大上作的《论联合政府》的政治报告，其论点脱胎于他 1938 年向毛泽东当面陈述的“党派综合体”。当时有位叫胡钟达的青年提出质疑，梁漱溟瞥了他一眼：“年轻人，你还没有真正理解我的意思，你还不懂，你要努力学习，等到二三十年以后，你才有能力来评论我的观点。”我们当然不能说毛泽东在中共七大上讲的联合政府的设想脱胎于梁漱溟 1938 年讲的那个“党派综合体”，到目前为止也没有证据证明毛泽东有关联合政府的设想是受了梁漱溟的影响。但是，只要我们认真阅读毛泽东原著，就不能不说梁漱溟的说法事出有因。第一，毛泽东说要“建立一个包括一切抗日党派和无党派代表人物在内的举国一致的联合的临时的中央政府”，毛泽东的论述与梁漱溟讲的组织党派综合体，并在此基础上建立一个超党派的政府不无相同之处；第二，毛泽东说“各党之间应协定一个共同的纲领”，与梁漱溟讲的“制定党派共同的国是”十分相似。就此而言，毛泽东关于联合政府的设想，与梁漱溟“党派综合体”可以说有异曲同工之妙。

在梁漱溟提出“一多相融”方案 60 年后，中共中央于 1989 年 12 月 30 日颁布了《关于坚持和完善中国共产党领导的多党合作和政治协商制度的意见》，第一次以中共中央文件的形式明确了中国共产党领导的多党合作和政治协商是我国基本的政治制度。抚今追昔，我们不能不对梁漱溟 60 年前就中国政党制度的探索表示由衷的敬意。

（三）梁漱溟对中国政党制度探索的现实意义

1. 梁漱溟的探索充分证明了我国现行政党制度的正确性

我们知道，梁漱溟是一个卓尔不群的人。二十世纪二三十年代，他独自探索救国之路，以为英美资本主义道路和苏联社会主义道路在中国行不通，所以从那时起，他发起了乡村建设。抗日战争爆发后，他两赴延安，对中国共产党有了愈来愈深刻的认识。与此同时，他对蒋介石的独裁专制有了清晰的认识。在举国欢庆旧政协会议成功召开之际，他作出了“蒋介石不死，中国的和平民主无望”的判断。他将自己设想的“党派综合体”的领导位置明确地放在了中共这边。中华人民共和国成立以后，面对翻天覆地的巨变，他进行了深刻反思，公开表示愿意在中国共产党的领导下，为国家民族作出贡献。梁漱溟对中国政治和政党制度探索的思想发展轨迹，充分证明了中国各民主党派在长期政治实践中，经过慎重比较，最终自觉选择了接受中国共产党领导的正确性，充分证明了中国现行政党制度的正确性。

2. 梁漱溟的探索充分证明了我国现行政党制度的合理性

2007 年 11 月，中华人民共和国国务院新闻办公室颁发了《中国的政党制度》白皮书，指出：“中国实行的政党制度是中国共产党领导的多党合作和政治协商制度”，“它既不同于西方国家的两党或多党制，也不同于有的国家实行的一党制”。事实上，早在 1945 年，梁漱溟就在《民宪》上撰文说：“中国可能与一般之多党制有别。我们所见一般之多党制，如英美法等国家，都是从选举竞争来决定谁登台秉政。”“其实多党竞争固是一种方式，多党合作，何尝不可为一种方式。”“今天我们要有我们的党制。”60 多年前，梁漱溟对中国政党制度的论述，充分证明了我国现行的政党制度的合理性。

3. 梁漱溟的探索是对民主党派成员展开国情教育的生动案例

梁漱溟在探索中国政党制度的过程中，对民国以来中国政党状况进行了分析。他以民国初年政党林立却一事无成的事实说明，照搬西方政党制度的不可行性。他又以孙中山提出“治党治国”的理念但终不成功的事例来说明国民党的一党制在中国是不可行的。他脚踏实地，以中国的国情来认真地探索中国的政党制度。在 20 世纪 40 年代明确提出了“我们的党制”。梁漱溟的探索是我们对民主党派成员特别是青年成员进行国情教育的生动案例。

(四) 梁漱溟对中国政党制度的探索对民主党派参政议政的启示

1. 梁漱溟的探索对民主党派参政议政方向和路径的启示

作为参政党,参政议政是民主党派的第一要务。如今民主党派的参政议政往往强调"可操作性",这对于以教师和技术性人才为主体的党派来说实属不易,而梁漱溟的探索恰好是一种启示:为什么不可以以自身的事业为依靠,充分发挥学术优势,长期追踪某个问题并作深入探索,最终形成高质量的成果呢?在追求政绩和立竿见影效果的今天,梁漱溟的探索是对参政党参政议政方向和路径的有益启示。

2. 梁漱溟的探索对民主党派怎样以大局意识、战略意识参政议政的启示

民主党派在参政议政上不乏大手笔:民建推动多党合作制入宪,民盟提出的教育的根本是提高全民族的素质被纳入中共中央文件,费孝通的"美美与共,天下大同"成为中共领导讲话中经常被引用的金句。但不可否认的是,如今这种大手笔已是凤毛麟角。联想到时任中共中央政治局常委张高丽在民盟第十一次代表大会上致辞中所讲的"增加大局意识、战略意识",梁漱溟对中国政党制度的探索,不正是对参政党怎样以大局意识、战略意识参政议政的一个启示吗?

二、赵超构和他的《延安一月》

1944 年夏天,民盟先贤赵超构随"中外记者西北参观团"去了延安。延安归来,他以连载的方式,每天 2 000 字,在《新民报》发表长篇报道。之后,他以《延安一月》为名,出版了单行本。

《延安一月》让赵超构成为名人,改变了他的人生。

赵超构是怎样入选"中外记者西北参观团"的?他是怎样描述延安和毛泽东的?他的文字又是如何逃过国民党检察官的审查的呢?

赵超构能去延安,可谓一波三折。单从"西北参观团"这个名字看,延安在国民党统治区几乎就是禁词。赵超构延安之行前 6 年,民盟的另一个先贤胡愈之为出版美国记者埃德加·斯诺的《红星照耀中国》动了一番脑筋。他给这本书换了一个名字,叫作《西行漫记》。事实上《新民报》最初报道的人选是采访部主任

浦熙修，可国民党中宣部一见这个名字，便以“女人不便”为由拒绝了。浦熙修不仅思想左倾，和曾家岩中共办事处打得火热，而且她的弟弟、妹妹已在延安，妹妹浦安修还是彭德怀的夫人。于是《新民报》又报了重庆社经理张恨水的大名。谁知出发前夕，家人暴病，张恨水只得临时退出。事不过三，赵超构成了《新民报》选送“中外记者西北参观团”的特派员。

对于《新民报》选送的这个人，国民党中宣部挺开心：此人两耳重听，又讲的一口难懂的温州官话。他们说，就让这个聋子去吧。

走进延安，赵超构的第一印象是“粗糙、幼稚，然而颇为刚健”。对于毛泽东，他的最初感觉是“身材颀长，并不奇伟。一套毛呢制服，显得已是陈旧的了。领扣是照例没有扣的，一如他的照相画像那样露着衬衣。眼睛盯着介绍人，好像在极力听取对方的姓名。谈话时，依然满口的湖南口音，不知道是否因为工作紧张的缘故，显露疲乏的样子，在谈话中简直未见笑颜。然而，态度儒雅，音节清楚，词令的安排恰当而有条理。我们依次听下去，从头到尾是理论的说明，却不见煽动性的演说。”“听取谈话中，我有更多的余暇审视他。浓厚的长发，微胖的脸庞，并不是行动家的模样，然而广阔的额部和那个隆起而端正的鼻梁，却露出了贵族的气概，一双眼睛总是向前凝视，显得这个人的思虑是很深的。”[①]当晚，在参加了毛泽东的宴请后，赵超构应邀观看延安平剧研究院演出。出乎他的意料，右边和他并肩而坐的正是毛泽东。也许是喝了几杯酒，毛双颊微红，不时地让烟让茶。看见剧中人插科打诨，毛泽东肆意大笑，旁若无人。曲终人散，踏着如水的月光，同行的伙伴问：今日印象如何？赵超构脱口而出：“完全出乎意外的轻松！”

当然，赵超构并不认同延安的一切。比如，他认为这里的生活是“标准化”的，人的思想也是“标准化”的，人们对生活的希望、需求、情趣都是“标准化”的。所以，延安的生活是乏味的。他的这种感受，中华人民共和国成立前入盟的宋史研究名家程应镠在自传里也提过。程先生 1939 年去过延安，生活了一段日子走了。他说延安没有个性。在文学创作方面，赵超构和延安的作家谈不拢，用他的话来说，“这里只有共产党的文艺，并没有你们的作品。”但延安的秧歌剧却让他终生难忘。1991 年秋，在全国晚报工作者协会广州年会上，年逾八旬的赵超构

① 《赵超构传》，文汇出版社 1999 年版，第 71 页。

引吭高歌:“雄鸡雄鸡高呀么高声叫,叫得太阳红又红。”

《延安一月》给毛泽东留下了深刻的印象。1945 年 8 月,毛泽东抵达重庆,和蒋介石进行和谈,忙里抽闲,专门约见赵超构。一见面,毛泽东对赵超构说:“我看你是个自由主义者嘛!”

这种“自由主义”的笔墨和手法,也让赵超构逃过了国民党检察官的“鹰眼”。

今天我们重读《延安一月》还有什么现实意义呢?

我认为有的。

就说中共吧,作为一个革命党,它当年的宣传极为成功。比如对蒋介石“攘外必先安内”政策的揭露,对蒋介石独裁专制的批判,对“四大家族”的揭露,“联合政府”主张的提出,“五一口号”的公布,无一不是成功的事例。但不可否认的是,当年的宣传存在着“矫枉过正”,于是出现了现今一些人对历史的“反思”,甚至出现了对蒋介石和他统治下的民国的“推崇”。回过头去,看一看民盟先贤当年的作品,无论是黄炎培的《延安归来》,赵超构的《延安一月》,还是陆诒的《战地萍踪》,都是客观公正,生动鲜活,至今仍有很强的吸引力。

三、窑洞对话:民盟先贤留给我们的精神遗产

1945 年 7 月 1 日—5 日,民盟先贤黄炎培与褚辅成等六位国民参政员千里迢迢飞抵延安,演绎了一个流传至今的精彩故事。故事的高潮出现在 7 月 4 日的那个下午,在毛泽东居住的杨家岭窑洞,黄炎培就跳出历史周期率与毛泽东的那个著名对话,史称“窑洞对”。

我们这些后生晚辈如何看待窑洞对话呢?要回答这个问题,我以为先得从黄炎培这个人说起。大家知道,黄炎培是民盟第一任主席,可他为什么担任主席仅半年就辞职了?说穿了就是怕得罪蒋介石。虽然老蒋时常把黄炎培召进官邸吃个饭,但在老蒋面前,黄炎培是不会讲诸如如何走出周期率之类的“诤言”的。可在延安不一样,用黄炎培的话来讲,“如坐春风之中”。因此,这个“内圆外方”的老人,能够当着毛泽东的面讲:“一部历史,‘政怠宦成’的也有,‘人亡政息’的也有,‘求荣取辱’的也有,总之没有能跳出‘其兴也渤焉’,‘其亡也忽焉’这个周期率。我看你们就是希望找出一条新路,来跳出这个周期率的支配。”如此看来,

“窑洞对”是有其背景的：一方面你得让人家说话；另一方面你得讲真话。中共中央总书记习近平之所以重提窑洞对话，讲的就是这个意思。在朋友面前，我们应该向黄任老学习，讲真话，做诤友。

当年，面对黄炎培的提问，毛泽东的回答掷地有声：“我们已经找到了新路，我们能跳出这周期率。这条新路，就是民主。”在争取民主的过程中，民盟与中共携手合作，并肩战斗，涌现出以李公朴、闻一多为代表的民主战士，为建立一个民主、和平、独立、统一的新中国做出了重要的贡献。如今，作为参政党，我们更应该在中国共产党的领导下，义不容辞地为建设一个富强、民主、文明、和谐的中国而奋发努力。

民盟是个参政党，怎样才能履行参政议政、民主监督和参加中国共产党领导的政治协商职能呢，窑洞对话是一个启示。众所周知，黄炎培是个教育大家。20世纪初，他是浦东中学的校长，中华职教社就是他1917年在上海发起的。当年在延安，大学教授范文澜一见黄炎培便深深一鞠躬，说他是浦东中学第一班的毕业生，黄先生亲自教过他。以黄炎培的资历，他大可去延安学校转一转，写一份高质量的调研报告，毛泽东、刘少奇等中共领导人也一定会在这份报告上作几点重要批示。可黄老先生是民盟的领袖呀，他当然要讲政治。所以他和毛泽东谈国共两党关系，谈中共怎么跳出周期率的支配。

有人将这个“窑洞对”与传诵千古的《隆中对》相媲美，称之为“千秋窑洞对”。这种神来之笔，对当今我们怎样履行参政党职能，是一个范例。

（作者简介：王海波，民盟上海市委宣传部原部长。）

解放战争时期民盟与中共在舆论宣传上的合作及启示

方　宁

解放战争时期，是民主党派空前大发展、政治上大进步的时期，也是中共与民主党派密切合作的时期。民盟作为民主党派中最重要的社会政治力量，与中共进行了密切合作，双方在舆论宣传上的合作是其中一个亮点。中共在方针、政策和具体宣传策略上积极争取民盟的支持，民盟利用其自身在国统区新闻出版等方面的影响力，有力地扩大了中共在国统区的影响力。回顾解放战争时期民盟与中共在舆论宣传上合作的历史，系统总结以往的经验，可以为我们现在更好地做好党的舆论宣传工作，更好地坚持和完善中国共产党领导的多党合作和政治协商制度，推进政治文明建设提供许多重要借鉴和启示。

一、解放战争时期民盟与中共在舆论宣传上合作的主要阶段

解放战争初期，民盟通过创办刊物、出版图书、发表声明、举办讲演以及组织和参加示威游行等形式，同国民党反动派作坚决的斗争。到了解放战争后期，虽然民盟已认识到暴力革命的重要性，开始从事军事斗争，但是，就总体而言，他们的工作主要是用"笔和舌"的和平方式去进行的。解放战争时期，民盟与中共在舆论宣传上的合作历程大致可分为 4 个阶段。

（一）和平民主，互为援手——从抗日战争胜利到旧政协召开

这一阶段的主要特征是民盟和中共，从反对内战、反对独裁、争取和平民主的共同基点出发，团结合作，形成舆论合力，推动重庆谈判达成"双十协定"，促成

政治协商会议召开。

抗日战争胜利后，击败国民党的欺骗宣传，揭露其挑动内战的阴谋，争取国内外舆论的同情，动员全党与全国人民制止内战，为争取和平、民主、团结而斗争，就成为中国共产党对内宣传的严重任务。[①] 战后初期，以民盟为主的民主党派为推进和平民主发挥了积极作用。1945 年 8 月 12 日，民盟主席张澜发表对抗战胜利结束后的时局谈话，明确地提出反对内战、民主建国的主张。8 月 15 日，民盟中央发表了《中国民主同盟在抗战胜利声中的紧急呼吁》，提出"民主统一、和平建国"的口号，主张召开包括各党派及无党派人士的政治会议，解决当前一切紧急和重大的问题。1945 年 8 月 28 日，毛泽东、周恩来、王若飞等赴重庆同国民党进行和平谈判。其间，毛泽东、周恩来等利用谈判之余与社会各界代表人士广泛地接触会晤，特别与民盟领导人张澜、沈钧儒、黄炎培、章伯钧等人进行了多次会谈。和谈让以民盟为主的民主党派看到了和平民主的希望，他们在国共两党之间积极斡旋，多次出席共产党召集的民主党派人士座谈会，就和平建国问题交换意见。为促使国共和谈取得成功，他们还积极地宣传中共的和谈诚意和政治主张，从而在客观上形成了一股强大的舆论力量，推动了"双十协定"的达成。由于中共坚决斗争和以民盟为主的民主党派的强烈呼吁，以及国内外种种因素的压力，迫使蒋介石在 1946 年 1 月召开政治协商会议，并通过了会议决议，取得了有利于人民的成果。

（二）第二战场，并肩战斗——伪国大召开到民盟被迫解散

这一阶段的主要特征是国民党召开伪国大，分化民主党派，民盟和中共抵制和抨击国民党的假民主，并在国统区发动爱国民主运动，使用各种宣传手段反对蒋介石政权的内战、独裁、卖国政策。

1946 年 10 月 11 日，国民党军攻占张家口，蒋介石为表面的"胜利"冲昏了头脑，悍然下令召开其一手包办的国民大会。蒋介石为了从政治上孤立共产党，极力诱劝民主党派参加伪国大。民盟于 11 月 11 日召开谈话会，郑重决议拒绝参加国民党一党召开的国民大会，并发出《紧急通告》，要求民盟各级组织坚决贯彻民盟中央于 11 日做出的重要政治决定。伪国大闭幕后，民盟对大会通过的所谓《中华民国宪法》给予猛烈抨击。由于中国共产党及以民盟为主的民主党派的

① 林之达主编：《中国共产党宣传史》，四川人民出版社 1990 年版，第 219 页。

坚决抵制和揭露，国民党企图利用伪国大孤立共产党和粉饰自己统治的阴谋被粉碎了。国民党在美国援助下发动内战造成严重的政治危机和经济危机，在中国共产党正确政策指引下，各阶层人民团结起来与国民党进行英勇斗争。在国统区的政治斗争中，民盟成员积极参加各种进步团体，利用各级学校和进步报刊，联系广大知识分子，发表宣言，作演讲，写文章，积极参加第二条战线的斗争。在以民盟为主的民主党派的参加、支持下，中国共产党发动、领导的第二条战线蓬勃发展，有力地配合了人民解放军由战略防御转入战略进攻。

（三）携手合作，全面反蒋——从民主党派活动转入地下到中共“五一”口号发布前

这一阶段的主要特征是民盟被迫解散，放弃中间路线，与中共携手合作，深刻揭露美蒋反动统治。

伪国大召开后，国民党对民盟及其他民主党派、爱国民主人士施以赤裸裸的政治迫害。1947 年 10 月 27 日，民盟被国民党当局宣布为非法团体，被迫宣告解散。在民盟处于最困难最危险的时刻，中国共产党给予了他们政治上的有力声援和热情帮助，在肯定民盟为中国的民主事业做出重要贡献的同时，热情鼓励民盟及其他民主党派彻底清除中间路线思想，继续奋斗，并协助民盟成员赴港恢复民盟总部。1948 年 1 月 5 日—19 日，民盟一届三中全会在香港召开，全会分析了国际国内形势，高度赞扬中国共产党为中国人民事业所作的英勇斗争，严肃批判了第三条道路的错误思想，宣布今后要与中共携手合作，号召全体盟员为彻底摧毁南京反动独裁政府，为彻底实现民主、和平、统一的新中国而奋斗到底。从此，民盟走上与中国共产党全面合作的光明大道，在实际上接受了中国共产党的领导。国民党政府为了挽回危局，巩固其统治地位，于 1948 年 3 月 29 日—5 月 1 日在南京召开所谓“行宪国大”。这不仅遭到了共产党和广大人民的唾弃，也遭到了民盟的强烈反对，民盟成员立刻在各报刊上撰文加以声讨。

（四）政治协商，合作建国——从中共“五一”口号发布到中国人民政治协商会议召开

这一阶段的主要特征是民盟受中国共产党“五一”口号的感召，通过各种媒

介纷纷响应，并为准备召开新政协贡献建议。

为了迎接全国革命胜利的到来，中共中央在1948年4月30日，发布纪念“五一”劳动节口号，其中第五条号召“各民主党派、各人民团体、各社会贤达迅速召开政治协商会议，讨论并实现召集人民代表大会，成立民主联合政府！”①“五一”口号发布后，迅速通过电波传到香港，中共中央香港局立即刊登在其主办的《华商报》上，随后又向民盟和其他民主党派和无党派民主人士转达了中共中央的号召，并征询他们的意见。② 为准备召开新政协，在民盟中央倡议下，民主人士以香港为中心开展了一场新政协运动，纷纷举行讨论会、座谈会，撰写文章，贡献意见，研究办法，草拟各种方案，在当时，形成了一个为召开新政协献计献策的热潮。民盟的《光明报》等刊物还连续发表短评，开辟专栏，阐述新旧政协的异同，从理论上、思想上为新政协召开扫除障碍。在新政协运动中，民盟接受了中共的新民主主义革命路线，明确承认了中共在中国革命中的领导地位。新中国建立前夕，一些民盟领导人响应中共关于召开新政协，成立民主联合政府的“五一”号召，突破国民党的层层封锁，进入解放区，为新中国的诞生做出了历史贡献。

二、解放战争时期民盟与中共在舆论宣传上合作的基本方式

抗战胜利后，在坚决反对内战独裁、努力实现和平民主这一共同奋斗目标的指引下，民盟与中共在舆论宣传上协调行动、密切配合，形成了良性的互动。这种密切合作，有效地打破了国民党的舆论宣传封锁，不仅强化了中共在解放区进行舆论宣传的优势局面，也扭转了中共在国统区舆论宣传上的不利局面。同时，也为中共和民盟的革命活动创造了有利的社会舆论环境，并有力地推进了人民解放战争的胜利进行。

（一）相互宣传报道有关时局和双方的政策、主张、言论以及主要的政治活动等，并为这些政策主张的实现创造良好的社会舆论环境

早在抗战时期，中国共产党就利用自己所掌握的舆论宣传媒体对民主党派

① 中央档案馆编：《中共中央文件选集》第17册，中共中央党校出版社1992年版，第146页。

② 参阅秦立海：《中共“五一”口号初探》，《党的文献》2008年第2期。

的情况进行集中报道和展现。1941 年 10 月，民主同盟成立的消息在香港正式公开。中国共产党立即对民盟的成立及其宣言给予了公开的支持和积极的宣传。抗战胜利后，和平民主成为人心所向的历史潮流。中国共产党审时度势，及时提出了争取和平民主、避免内战的方针，得到了民盟的积极支持和响应。双方在宣传报道上的合作，更加紧密，更为集中。

中共中央机关报《解放日报》曾大量转载民盟报刊的信息和文章，还对西北民盟的机关报《秦风·工商日报联合版》的一些时局主张和观点给予了集中报道和展现。如 1945 年 10 月 27 日对其 3 篇社论《欣闻团结谈判初步成功以后》《论政治协商会议》《从政协到国民大会》给予总结报道，阐明民盟对于《双十协定》具体实施的 4 点意见和其有关政治协商会议召开时间、国民大会人选问题的内容。其他一些重要报刊，如《晋察冀日报》《晋冀鲁豫人民日报》《东北日报》等中共宣传机构对相关事宜也都作了不同程度的报道，集中展示民盟对于时局的主张和态度，也体现了中国共产党对其政治主张的共鸣。

同时民盟也在舆论宣传上继续抨击美蒋反动统治，积极宣传中共的政策主张。重庆谈判期间，民盟成员通过举行集会、发表通电，表示同情和支持中共的和平建国方针。当会谈一度出现僵局时，民盟主席张澜发表《给国共两党领袖的公开信》，在舆论上促使蒋介石国民党认真将谈判继续下去。重庆谈判后，民盟又同中共一道，开展了反内战、争民主运动，迫使国民党签订停战协定，召开政治协商会议。在政协会议期间，中共代表与民盟代表双方相互协商、相互支持、相互配合，同国民党进行了针锋相对的斗争，向会议提出和平民主的建议，向国民党施加社会舆论压力，从而揭露和孤立了国民党，使中国共产党在政治上取得了主动，推迟了全面内战的爆发。1946 年 11 月，国民党违背政协决议单方面召开国民大会，通过伪宪法，又遭到民盟为首的各民主党派和爱国人士的公开反对。

（二）抨击专制统治、揭露事实真相，针对反动势力的打击迫害进行协同斗争，冲破国民党的新闻封锁，相互提供舆论宣传上的援助和支持

1946 年，国民党政府一方面在国统区进一步加紧对各民主党派和进步团体的打击迫害；另一方面开始调集军队向解放区进攻，挑起全面内战。民盟和中共在舆论宣传上针对国民党反动势力的打击迫害进行协同斗争，相互提供舆论宣传上的援助和支持。

1946年3月，国民党特务雇人捣毁西北民盟机关报《秦风·工商日报联合版》的营业部门窗桌椅，砸碎了报社门前的招牌，造成该报经济损失200余万元。中共报纸立即对相关实情给以及时报道，呼吁社会各界捐款援助其恢复营业，并对其“既为国家和平、民主、统一而奋斗，早无得失之念”①的高度革命气节予以肯定。

1946年7月，民盟领袖李公朴、闻一多遭受国民党特务暗杀，中共中央和各民主党派发表声明，痛斥国民党反动派的暴行。继李、闻之后，1947年10月民盟领导人杜斌丞又在西安被杀，民主同盟的许多成员被逮捕、绑架，所办的几家报社或被捣毁或遭袭击。中国共产党再次伸出援助之手。《东北日报》集中刊载了杨明轩告慰杜斌丞的义愤言语以及罗隆基在记者招待会上向蒋介石提出的严重抗议的报道，指出：“杜先生的精神永远活在西北人民心中，杀死一个杜斌丞将会有成千上万个杜斌丞出现。我们将继续以坚毅不屈的精神为大西北的解放事业奋斗到底，一定要给蒋贼以正义的惩办。”②

1947年10月国民党宣布民盟为非法，国民党中央社又发表《政府宣布民盟非法》的文告，罗织民盟五大“罪状”。在高压政治压迫下，民盟决定自动宣布解散，其公开政治活动暂时停止。中共于民盟被迫宣布解散的当天即发表时评，指出蒋介石政府给民盟捏造的“罪状”，对民盟的诬陷只能使人们更加强烈地感觉到国民党统治的丑恶，“这只是使人民更加确切地认识民主同盟在若干历史环节中，实行了与中共在部分民主纲领上的政治合作，从而推进了中国民主事业，乃是民主同盟的光荣”③。翌年1月，民盟中央在香港召开一届三中全会，公开声明要与中国共产党实行密切合作。民盟各地组织秘密恢复后，都与中共各级地方组织取得密切联系。双方密切配合，积极开展反对国民党统治的斗争。

（三）在双方的报纸刊物等社会舆论宣传媒体的编辑、印刷、出版、发行上的相互援助与支持

早在抗战时期，民盟在香港创办《光明报》就得到了中共在政治上和经济上

---

① 《新华日报》1946年3月19日。

② 《东北日报》1947年10月29日。

③ 中国民主同盟中央文史资料委员会编：《中国民主同盟历史文献》，文史资料出版社1983年版，第358页。

的大力支持。周恩来曾两次致电中共中央在香港的负责人廖承志，要求协助民盟在香港主办《光明报》。民盟成立后，对中共的舆论宣传工作也给予了大力支持和帮助。如当国民党实行新闻封锁，企图扼杀中共进步刊物《新华日报》，断绝其新闻纸张的供应时，许多民主人士协助报馆购买纸张，并秘密办起纸厂，保证了《新华日报》的正常发行。

抗战胜利后，在反对内战、呼吁和平的共同斗争中，中共与民盟在书、报、刊上的合作协助关系也在抗战时期的基础上进一步加深。1945 年 10 月 19 日，中共派王若飞、徐冰与民盟代表邓初民会谈，决定互相交换情报和资料，协定民主同盟今后收得各地政治军事情报以及文化、教育、农民、工运等资料，一律另行抄送一份至新华日报资料室，同时新华日报资料室每周也开送国际问题、国内问题等资料给民主同盟的刊物民主周刊社。民主同盟的特殊文件及重要宣传品，亦由新华印刷所承印。

国民党对民主、进步和人民的舆论宣传事业的恢复和发展，采取各种办法加以限制和压制。进步的新闻传播活动，在中国共产党的支持和许多民主进步人士的努力下，冲破国民党的舆论宣传垄断，积极开展工作。周恩来曾一再教导党内从事舆论宣传工作的同志，要与党外的同行广交朋友，对有进步倾向的报刊从政治上、新闻来源上、资金和物质上给予帮助和支持，要尽可能地多团结一些人共同奋斗。中国共产党除自己直接创办并领导了一批报纸杂志占领舆论宣传阵地以外，还积极支持、影响各种由民主人士主办的民间报刊。这些民间报刊实际上成了中共在国统区的一块重要的舆论宣传阵地，对于扩大中国共产党在整个国统区的影响，揭露国民党政权反人民的本质，给广大群众指示斗争的方向，引导爱国民主运动的不断深入，均有十分重要的意义。

（四）支持和援助中国共产党的军事和策反、接管城市等活动，积极进行宣传报道和舆论支持

1947 年 6 月，中共中央实施三军配合、两翼牵制的战略，人民解放军开始转入全国规模的战略反攻阶段。在人民解放军胜利进军，解放全中国的战斗中，民盟开展了各种形式的活动和斗争，并在舆论宣传上配合中共的军事斗争，与中共一起在舆论上、宣传上瓦解国民党军队。

1948 年 11 月民盟发表《告蒋军官佐士兵书》，指出“蒋政权在军事上已经完

全陷于崩溃的绝境了”，奉劝蒋军官兵赶快放下武器，退出内战，“率部起义，站到人民方面来，不要再作绝望的抵抗和毫无意义的牺牲”。民盟南方总支部、广东省支部也分别发表文告，从舆论上对国民党军队进行瓦解，敦促国民党官兵弃暗投明。同时，许多领导人根据自己过去与国民党将领的关系，写信给他们宣传中共的政策，劝其认清道路。这些工作对于动摇蒋军官兵，孤立好战顽固分子起了一定的作用。

同时许多民主人士还积极宣传中共的政策，动员在国统区的中上层人士、民族工商业资本家留下来参加新中国的建设事业，并积极配合中国人民解放军护厂、护校、维持秩序迎接胜利。在中共地下党的领导下，各民主党派的地下组织投入开展反对国民党屠杀、反出卖、反搬迁、保厂、保校、保业、保命的斗争中去。在这些斗争中，他们大力宣传解放区的政策以安定民心，并争取国民党党政军人不再死心塌地为反动派卖命，向人民靠拢，以减少破坏。民盟、农工、民建等将中共城市政策和工商业政策、人民解放军“约法八章”等翻印成册，通过各种渠道向人民宣传，以揭穿国民党的谣言。黄炎培还在北京发表广播演说，宣传中共的保护民族工商业的政策，号召上海等大城市的工商业家留下来迎接解放。

三、解放战争时期民盟与中共在舆论宣传上合作的现实启示

舆论宣传是中国共产党的工作的重要组成部分，是革命、建设和改革事业不断取得胜利的重要武器。在21世纪新阶段，国际国内的局势发生着新的深刻变化。针对舆论宣传工作出现的新情况和新挑战，我们必须大胆探索舆论宣传工作的新思路，接受舆论宣传工作的新理念，创造舆论宣传工作的新方法。

（一）始终坚持和完善中国共产党领导的多党合作和政治协商制度，坚持与民主党派在新闻舆论宣传上的长期合作，支持、宣传、配合民主党派的各项工作

解放战争时期，中国共产党与民主党派进行了全面合作，坚持枪杆子和笔杆子并用，为取得解放战争的全面胜利做出了不可估量的贡献。21世纪新阶段，

我们仍然要始终坚持和完善中国共产党领导的多党合作和政治协商制度,支持、宣传、配合民主党派的各项工作。舆论宣传是人们了解社会事物的窗口和开展工作的助推器,民主党派也急切需要新闻媒体的大力支持,宣传他们为社会进步、经济发展、改革创新、群众利益所做出的努力和贡献。宣传民主党派就是宣传社会主义民主政治,加强民主党派的社会宣传工作也是推进社会主义民主政治建设,坚持和完善中国共产党领导的多党合作和政治协商制度的需要。同时这也有利于增进我国与国际社会的交流和理解,树立良好的国际形象,向世界展示社会主义民主政治的优势和特色,有利于赢得国际社会和国际舆论的广泛同情和支持。

（二）充分发挥民主党派的桥梁纽带作用,加强对党外人士和两新组织人员的舆论宣传,增强党的凝聚力和感召力,广泛争取社会各阶层的支持

民主党派有着广泛的社会代表性,可以组织、影响他们所联系的那部分社会阶层人士,并代表这些社会阶层提出意见和要求,使我们制定的各项方针政策能够反映最广大人民群众的根本利益,具有更加广泛的社会群众基础。同时,通过民主党派组织向他们所联系所代表的社会阶层宣传党和政府在各项工作中的路线方针政策,也有利于这些方针政策在社会各个层面的贯彻落实。解放战争时期,民主党派作为统一战线中的重要一员,其领袖和骨干往往系政界、实业界、文化界名流,具有相当大的社会影响力和号召力。他们的政治取向对相当一批社会成员,特别是中间阶层的政治态度具有重大影响。我国目前处于社会转型期,社会实践的发展和科技的进步使社会发生着深刻的变化,新的阶层和利益群体的不断出现,必然要求有相应的利益表达和社会宣传的渠道。在这些方面,民主党派自身的特点使他们具有执政党和其他社会成员所无可比拟的优势。

（三）充分把握舆论宣传的时代主题,体现鲜明的时代特色,坚持与时俱进,不断适应形势发展的需要

时代主题是不断发展变化的。在不同的历史时期、不同的社会历史条件下,中国共产党与各民主党派开展合作的时代主题、时代特色都是不同的。新的形势、新的任务,就必然要求我们把握时代主题,认清时代特征,找准时代坐标,不

断创新发展，始终做到与时俱进。与时俱进是舆论宣传工作的生命力所在，它要求舆论宣传必须立足时代，立足国情，面向世界，面向未来，抓住“新实际”“新问题”“新要求”“新发展”积极探索开拓创新，不断提高舆论引导水平，增强舆论宣传的现实针对性，从而使我们的舆论宣传永葆青春和活力，确保为中国特色社会主义建设事业提供强有力的舆论支持和精神动力。

（四）始终坚持以人为本的方针政策，切实照顾同盟者的利益，采用灵活多样的舆论宣传方式方法

解放战争时期，中国共产党与民主党派的合作之所以获得巨大成功，与我们党坚持以人为本，把团结人、凝聚人作为永恒主题，形成平等相待、民主协商、求同存异、广交朋友、思想引导等许多科学的方式方法是分不开的。21 世纪新阶段，中共与民主党派的合作呈现出开放化、社会化和网络化的特点，领域不断拓宽，范围不断扩大，工作主体不断增多，这些都对更好地贯彻以人为本，用科学灵活的方法做好舆论宣传工作提出了新的更高要求。要坚持以人为本，在全面系统地分析现阶段我国社会各阶级各阶层的相互关系的基础上，进一步坚持和完善与各民主党派长期合作的政策，最广泛最充分地调动一切积极因素，依靠劳动者力量，发展建设者力量，团结爱国者力量。同时，要努力提高宣传部门的舆论宣传引导艺术、采用灵活多样的舆论宣传教育方式方法，按照尊重人、理解人、帮助人、团结人的要求，坚持平等相待、民主协商、正确引导、真诚服务，建设具有强大凝聚力和可持续发展的统一战线，为把我国建设成为富强民主、文明和谐的社会主义现代化国家做出新的更大贡献。

（作者简介：方宁，文章发表时任职于中共上海市委党史研究室。）

抗战期间中共统战工作经验的研究

周　忆

统一战线是中国共产党团结志同道合的民主人士，在争取民族独立与自由，夺取新民主主义革命的胜利，建立建设新中国的保障。没有成功的统战工作，就没有抗日战争的胜利。成功的统战工作，也是中国共产党在解放战争中推翻腐朽的国民党政府、夺取全国政权的有力武器。抗日民族统一战线，就是统战工作在抗战期间的表现形式。

抗日民族统一战线是建立在日本全面侵华、中华民族面临生死存亡的关头建立的。

1931 年日本关东军发动“九一八”事变，东北沦丧，华北危急。1935 年 8 月 1 日，中国共产党发表《为抗日救国告全体同胞书》(即“八一宣言”)，宣言发出呐喊:“我国家我民族已处于千钧一发的生死关头，抗日则生，不抗日则死，抗日救国，已成为每个同胞的神圣天职”，呼吁国内各党派应当有“兄弟阋于墙外御其侮”的真诚觉悟，停止内战，组织统一的国防政府和抗日联军，共同救国。同年 12 月瓦窑堡会议进一步明确指出建立最广泛的反日民族统一战线。以上种种表态，获得了国民党左派的支持，极大地争取了国民党内的中间派，孤立了国民党的右派，得到了全国人民的拥护。1936 年 12 月 12 日，张学良、杨虎城发动了震惊世界的西安事变。为了尽快地平息事态，防止因蒋介石遭遇意外而造成国民政府分裂，进而亲者痛仇者快，被日本侵略者所利用，中共中央派周恩来、叶剑英等人赴西安谈判，迫使蒋介石接受停止内战、联共抗日等 6 项条件。并在 1937 年“七七”事变后，中共与国民党经多次谈判，蒋介石面对日本的军事压力，于 9 月发表谈话，承认中国共产党的合法地位，红军改编为国民革命军。至此，抗日民族统一战线全面建立。在八年抗战期间，中共中央勇于实践，1939 年 1 月 16 日，根据中共中央六届六中全会的决定，以周恩来为书记的中共中央南方局在重庆正式成立，直接领导四川、云南、贵州、湖北、湖南、广东、广西、江苏、江西、福建以及香港、澳门地区的党组织。南方局在抗战期间卓有成效的统战工作，为中共在解放战争中团结各中间党派、广泛争取国际舆论的支持，进一步确立国际地位打下了坚实的基础。

一、中共南方局的成立

中共南方局是在抗战和统一战线面临日寇诱降、国民党当局妥协投降倾向日益严重之时而成立的。从成立伊始，南方局就将统战工作列为重中之重，全力维护统一战线以坚持抗战、争取民主。

1938 年 9 月 26 日，为筹备中国共产党的六届六中全会而召开的中共中央政治局会议决定，根据形势的变化，调整各地组织机构，设立 4 个中央分局：中原局、东南局、北方局和南方局。南方局由周恩来、博古、叶剑英、黄文杰组织，代表中央领导南方国统区和沦陷区中党的工作。1939 年 1 月 5 日，中共中央书记处决定将华南及西南各省成立的中共组织机构合并成立一中央局，由周恩来、博古、凯丰等 3 人组成，以周恩来为书记。7 日，周恩来等人复电书记处，建议南方局在委员之上设置常委，并提出了周恩来、博古、凯丰、吴克坚、叶剑英、董必武等 6 名常委名单。13 日，中央书记处复电周恩来等，同意六人常委名单，并将江西、上海工作划归南方局管。16 日，南方局致电书记处，报告南方局组织分工等问题：周恩来负责统战工作，博古负责组织工作，凯丰负责宣传及党报工作，叶剑英负责联络工作，吴克坚负责新华日报馆，邓颖超负责妇女工作委员会，建议调蒋南翔来负责青年工作；南方局设于重庆桂林办事处，联络湘、赣、粤、桂和香港，等等。以此电为标志，中共中央南方局正式在重庆秘密成立。

南方局机关的机构设置也表现出其以统战工作为重的特点。南方局设立国际问题研究室，博古担任主任，并确定由博古负责南洋工作，博古回延安后相应工作由周恩来兼管；统战工作委员会，由董必武任书记；国际宣传组，后改名为对外宣传小组，1940 年 12 月再改名为外事组，由王炳南负责；香港统战委员会，由廖承志任书记。南方局的机构设置紧紧围绕其以统战为中心的工作任务，形成了一个与南方局各党委分工相一致，有具体目标指向的统战工作机构体系。

南方局作为中共中央向国统区及部分沦陷区派出的领导机关，工作包括方方面面，但它最重要、最经常性的、取得了最大实效的工作实际上是统一战线工作。为了做好统战工作，南方局设立了统战工作委员会，由周恩来亲自负责，积极开展了对英美、中间党派特别是华侨卓有成效的统战工作，将广大的华侨、侨胞紧密团结在了中共的周围。[①]

二、南方局国际统战工作的特点

南方局国际统战工作主要有立足香港、走出去、请进来、团结中间党派等4个特点。

（一）立足香港，是指南方局特别重视发挥香港“桥头堡”的作用，通过香港团结广大南洋华侨

南方局始终坚持“香港工作是南洋工作的中心”，南方局的华侨统战工作，主要通过在香港的由廖承志、潘汉年等领导的八路军驻香港办事处（“八办”），以及由宋庆龄领导的“保卫中国同盟”（“保盟”）来展开。通过八办与保盟的安排与帮助，南方局与海外华侨保持着广泛的接触和联系。香港沦陷前，许多回国参战的华侨爱国青年，特别是南洋的爱国华侨，大多是在香港八办的接济和帮助下，从香港辗转奔赴各抗日根据地，参加八路军、新四军或其他抗日军队，如中华民族武装自卫会菲律宾分会在1938年组织了“菲律宾华侨救国义勇队”28人回国，到皖南参加新四军；华侨捐赠给八路军、新四军的资金、衣服、药品等，也大多是通过香港八办辗转进入内地；在周恩来的指示下，香港八办还负责进行对泰国华侨领袖蚁光炎的统战工作。蚁光炎在宋庆龄、廖承志的统战工作影响下，通过宋庆龄、廖承志及香港华比银行的渠道，多次向八路军、新四军捐献卡车、药品等，并多次汇款支持抗战。泰国华侨青年回国参战的不少人，也都是由蚁光炎介绍和资助才得以成行的。南方局以香港为工作中心，以反日、援华为中心任务，所广泛开展的对华侨的抗战宣传、募捐活动都取得了很大成绩。[②]

1940年6月25日—26日，南方局召开常委（扩大）会议，听取廖承志汇报香

---

① 胡大牛：《中共中央南方局统战史论》，人民出版社2008年版，第72—75页。

② 中共中央统战部、重庆市委统战部编著：《重庆与中国统一战线》，华文出版社2010年版，第197页。

港工作并对其作出进一步部署。叶剑英、博古、凯丰在发言中指出，对海外华侨工作和殖民地工作是党在香港的两项十分重要的工作，应该加强领导，有计划地去做。周恩来在总结讲话中肯定香港工作两年半以来，对外建立了关系，募捐等各方面工作收获很大。

（二）走出去，是指南方局非常注重对华侨的统战工作

1935 年“八一宣言”发出“一切关心祖国的侨胞们”回国参加“全中国统一的国防政府”与“全中国统一的抗日联军”的号召后，中共在抗战中始终把团结广大华侨抗战救国作为抗日民族统一战线的一项重要工作。全面抗战正式爆发后，中共更加重视华侨在抗日民族统一战线中的重要地位。1938 年 3 月 18 日，毛泽东明确提出：“全体华侨同志应该好好团结起来，援助祖国，战胜日寇。共产党是关心海外侨胞的，愿意与全体侨胞建立抗日统一战线。”就南方局而言，这是从统一战线的高度明确了其侨务工作的任务和方针，就是关心和团结广大华侨在抗日民族统一战线的旗帜下援助和参加祖国抗战。①

南方局从成立伊始，就在周恩来的领导下，根据中共中央加强华侨统战工作的指示，注重发挥中间党派的作用，采取了积极的措施开展对华侨的统战工作。抗战时期，南方局对华侨的统战工作主要在华侨海外聚居地南洋（即东南亚地区）和美洲展开。

加强南洋华侨工作的一个重要典型事例是胡愈之的南洋行。南方局十分重视对“南洋华侨筹赈祖国难民总会”主席陈嘉庚的统战工作。1939 年秋，南方局为了将陈嘉庚于 1923 年创办、已因经济不景气而易主的《南洋商报》办下去，该报董事经理傅无闷派该报编辑、进步记者张楚琨以特派员的身份回国物色一位新闻界权威人士去担任该报编辑主任。张楚琨在重庆时多次访问周恩来，请他推荐人选。周恩来和南方局为了协助、爱护陈嘉庚，加强舆论阵地，团结南洋爱国华侨拥护抗日民族统一战线，在与廖承志商量后，决定派胡愈之前往任职。为此，周恩来曾特别指示：“对于陈嘉庚这么一个为华侨所拥戴的爱国华侨领袖，我们应该尽力协助他、爱护他，只要陈嘉庚了解国内抗战真相，了解蒋介石的真面目，他的正义感和爱国心，一定会使他明辩，全力支援抗日民族统一战线。”根据

① 李金河：《多党合作的历史与现实》，中央编译出版社 2007 年版，第 32 页。

周恩来的指示，胡愈之在南洋以无党派人士和民盟人士的身份出现。1940 年 12 月初，胡愈之辗转抵达新加坡。次年，周恩来又先后派沈兹九、乔冠华、郑森禹去南洋协助胡愈之并扩大工作（乔冠华、郑森禹因被英国殖民当局阻挡而未能登陆）。胡愈之的统战工作非常成功，他不仅与陈嘉庚成了好朋友，而且自其到任后，《南洋商报》配合国际国内抗战形势，尽力贴近华侨社会和南侨总会工作的实际，宣传团结抗战、民主进步和保卫南洋，反对分裂投降、专制倒退，表彰南侨总会筹赈救亡工作成绩。这些举措，使得《南洋商报》销路大增，风行新马各地，跃居各南洋侨报之首，各侨报纷纷聘请国内的进步人士前去主持报刊，民盟也因此得以在新加坡建立生活书店分店，《论持久战》《新民主主义论》等国内的“禁书”也得以在南洋出版发行。通过与中间党派的合作，掌握媒体工具，宣传抗日思想，帮助广大华侨了解国内抗战局势，影响了一大批华侨青年投身支援祖国抗战。作为民盟盟员，胡愈之还负责民盟海外支部的工作，其在新加坡工作期间，民盟在南洋多数地区建有支部，团结和发展了南洋不少知名人士先后加入了民盟，发展壮大了民盟和抗日民族统一战线。胡愈之等一直在南洋工作到 1948 年才返回国内，出色地完成了团结南洋华侨、坚持和发展统一战线的使命。①

美洲的华侨统战工作则主要围绕美洲华侨领袖司徒美堂展开。美洲华侨领袖司徒美堂，1904 年起追随孙中山进行革命活动，后在美国主持致公堂、安良堂等侨胞团体工作，在美洲尤其是美、加享有崇高的威望。经司徒美堂等人积极努力，1925 年 10 月 10 日在美国旧金山召开五洲洪门第四次恳亲大会即中国致公党第一次代表大会，成立中国致公党，主张“干涉国家政治以保护华侨、侨眷的权益”。司徒美堂和宋庆龄的“保卫中国同盟”经常保持联系，对中国国内的抗战形势比较了解，同情和支持中共。抗日战争爆发后，司徒美堂发动美洲华侨捐款支援祖国抗战，主办抗日筹饷局等。1936 年“七君子”事件发生后，美洲致公党总堂联合 300 余名知名人士通电指出，救国会“主张民族联合战线，主张各党各派联合，主张停止一切内战，主张停止剿共内战，均为全国人民之公意，亦复兴民族之大道。今天非抗日无以救亡，非联合无以抗日，其理至明”，积极救援“七君子”。1942 年 1 月，司徒美堂从香港经广东、广西辗转到达重庆。周恩来、邓颖超即去饭店看望他，并带去了《新华日报》请他看。南方局为司徒美堂举办

① 胡大牛：《中共中央南方局统战史论》，人民出版社 2008 年版，第 128—129 页。

了隆重的欢迎大会。周恩来在致辞中盛赞了司徒美堂的爱国热情，并介绍中共领导的敌后抗日民主根据地坚持抗战的情况。董必武也与司徒美堂进行了亲切的交谈。在与周恩来、董必武的接触中，司徒美堂深有感触，他对致公党领导人陈其尤说："周恩来的言传身教，我感受至深。使我确信共产党正在与日本侵略者浴血奋战，国民党对他们的造谣中伤都是谎言。"南方局的统战工作，使司徒美堂的思想发生了巨大的变化。当蒋介石以"国务委员"为饵，"动员"司徒美堂参加国民党时，司徒美堂表示："谁能出国家于危难，救人员于水火者，我就拥护他，支持他。我决不加入你们的党。"①

中共对华侨的统战工作取得了巨大的成效，它对于抗战胜利以及扩大中共的影响力，宣传中共的政治主张均具有十分重要的意义。据不完全统计，自 1938 年 10 月至 1941 年 12 月，陈嘉庚领导南洋总会寄回国内捐款达国币 24 亿元。美国华侨在司徒美堂的号召下，八年抗战中共捐款 5 400 多万美元。还有不少华侨爱国青年毅然回国参战抗击日本侵略者，甚至为此献出了宝贵的生命。②

（三）请进来，是指中共改变了以往对外宣传的思路，重视与英美等西方国家合作交往，逐步树立中共的国际地位

1939 年 4 月，根据周恩来的指示，南方局设立了以王炳南为组长、陈家康为副组长的对外宣传小组，1940 年 12 月后改称南方局外事组，负责开展国际统战工作。1940 年 10 月 25 日，毛泽东在与周恩来往来的电报中分析指出，"蒋加入美英集团有利无害，加入德意日集团则有害无得，我们再不要强调反对加入英美集团了，虽然我们也不应该提倡。目前不但共产党、中国人民、苏联这三大势力应该团结，而且应与英美作外交联络，以期制止投降打击亲日亲德派活动"，极其明确地突出了南方局对英美的国际统战工作的极端重要性。周恩来因此于 11 月中旬重新布置了南方局应对时局的工作，明确提出在外交方面同苏、英、美、法等国团体联络，向他们提供消息；与外国友好人士交往，提供有关资料以便反摩擦。改变了过去中共、南方局对国际人士仅一般交往的做法，开始了在关系国内

① 中共中央统战部、重庆市委统战部编著：《重庆与中国统一战线》，华文出版社 2010 年版，第 196—197 页。

② 胡大牛：《中共中央南方局统战史论》，人民出版社 2008 年版，第 129 页。

政局这样敏感的具体问题上的合作交往，为之后与英美等外国官方的交往，提供了良好的基础，形成一定程度上既抗日又制约国内政局发展的国际统一战线。[①] 1941 年 2 月 14 日，通过英国驻华大使卡尔的帮助，周恩来会见了美国总统罗斯福的代表居里，向他介绍了中共的民主主张和各项政策。居里则表示美国赞成中国统一，反对日本，不愿内战扩大，主张改组政府。这一次是中共与美国官方高层接触的开始，使周恩来看到了可以联美制蒋，提高中共国际地位的发展趋势。5 月 16 日，周恩来先后会晤了美国作家海明威夫妇和鲁斯夫妇，对海明威等人认为中共在外交上“大有活动余地”的观点，极感兴趣。由此，南方局加强了与在重庆的美国驻华官方人员的交往，并让香港采取配合行动。中共真正意义上的外交由此拉开大幕。此后，南方局积极行动，就海南岛乃至新加坡抗日的合作事宜，积极地同英国打交道；太平洋战争刚爆发，周恩来马上函告英、美驻华大使，表示中共将与其并肩作战；南方局随即安排香港方面救援在港的英、美、荷、比、印国际友人脱险。1942 年 5 月下旬，周恩来会见随美国军事代表团到重庆的埃德加·斯诺时，邀请代表团和美国记者去延安参观。10 月至 11 月，周恩来又会见了罗斯福的代表、美国使馆二秘约翰·谢伟斯和参赞约翰·文森特。当年年底，南方局同美国使馆情报处建立了交换军事情况及宣传品的关系。由于南方局的长期努力，以美军中缅印战区司令部上校包瑞德为组长的驻延安观察组 18 名成员终于在 1944 年 7 月 22 日、8 月 7 日分两批抵达延安。8 月 18 日，中共中央发出由周恩来起草的《关于外交工作的指示》，认为外国记者和美军观察组到延安访问考察，“是对新民主主义中国有初步认识后的实际接触的开始。我们应该把这看做是我们在国际统一战线的开展，是我们外交工作的开始”，“今后统战政策，将可能给我们以更大的发展。而且如果国际统战政策能做得成功，则中国革命的胜利，将必增加许多便利”。中共中央明确指出：“国际统一战线的中心内容是共同抗日与民主合作”，而“在目前最重要的是外交政策”。因此，全党特别是党的高级干部，都要做外交工作。“‘8·18’指示”是中共历史上第一次以外交工作为题目和内容发布的党内指示，它是中共中央对外政策再次发生重大变化的标志。调整中共对美政策，建议及加强与美军的军事合作，并争取在军事合作的基础上，形成双方更多方面的合作关系。突破了以往外事工

① 胡大牛：《中共中央南方局统战史论》，人民出版社 2008 年版，第 130—131 页。

作的限制，将中共外事工作的中心由争取国际舆论支持、扩大党的影响和制止国民党反共分裂，转变为争取国际合作和对中共政权的承认。通过南方局积极的国际统战工作，促成了美国总统罗斯福私人代表赫尔利决定访问延安，争取到了美国对联合政府主张的理解和支持，获得了相当部分的援华物资。1944 年 9 月 28 日，美国新闻处的广播也明确指出"中国形势甚为严重，亟须成立联合政府"。这一事实表明，通过国际统战的大力宣传，中共联合政府主张在很大程度上已成为全世界的共识。[①]

（四）团结中间党派，加强统一战线工作

中共十分重视中间党派和中间力量在抗战中的作用，把他们看作是中共一支重要的同盟军，是必须团结、争取的抗日民主力量。1941 年 2 月 10 日，周恩来在重庆与各民主党派聚谈，表达了中共对各民主党派的方针政策。此间，董必武、林伯渠、邓颖超等均与各民主党派广泛接触，支持他们联合起来。在中共的鼓励、支持和帮助下，各民主党派领导人加快了筹组联合组织的步伐，经多次协商，决定筹备民主政团同盟。1941 年 3 月 19 日，中国民主政团同盟成立大会在重庆特园秘密召开。中国民主政团同盟（后改组为"中国民主同盟"）成立后，中共从壮大抗日民族统一战线的策略出发，对民盟的活动予以坚决的支持和帮助。当时，为了宣传抗日民主主张，民盟决定派梁漱溟赴港创办机关报，在海外建立自己的舆论机关，引起国内外舆论的注意和声援。梁漱溟起程前，向周恩来谈了赴港办报的计划，周恩来当即表示支持和赞同，并叮嘱其到香港后可与中共驻港代表廖承志接洽。当办报经费出现困难时，主持《华商报》的中共党员范长江资助 4 000 元。梁漱溟还与范长江共同商定中国民主同盟机关报的报名为《光明报》。1941 年 9 月 18 日，《光明报》正式出版。是年 10 月 10 日，《光明报》发表"启事"，将中国民主同盟建立的消息公之于世。民盟在香港正式公开后，中共机关报《解放日报》迅即报道了民盟成立并公开的消息。10 月 28 日，《解放日报》又发表了题为《中国民主运动的生力军》的社论，对民盟的建立及其纲领予以高度评价。认为："这是抗战期间我国民主运动中的一个新的推动。民主运动得

---

① 中共中央统战部、重庆市委统战部编著：《重庆与中国统一战线》，华文出版社 2010 年版，第 207—211 页。

以推动,将有更大的发展,开辟更好的前途。”[①]南方民盟组织更是在中共中央南方局书记周恩来的直接关怀和支持下建立的,自其建立之日起就与中共风雨同舟、并肩战斗,配合中共团结华侨抗战,争取国际支援。太平洋战争爆发后,南方局周恩来、董必武等人多次与民主党派领导人聚谈,探讨苏德战争、太平洋战争发展问题,帮助他们认清时局。中共还在进步分子中和民主党派刊物上宣传自己的主张,以便与民主党派人士在政治态度上保持一致。这一时期,民盟也对中共的抗日民主宣传给予相当大的支持和帮助,盟员沈钧儒、沙千里、史良等法律界人士,以提供法律帮助的形式,担任进步文化事业的法律顾问,有效地保护了抗日民主进步力量的存在和发展。

1937 年 6 月 11 日,江苏高等法院开庭审理震惊全国的“七君子”事件,救国会创始人沈钧儒作为第一被告被提审。在法庭上,审判长讯问道:“抗日救国不是共产党的口号吗?”衡山先生(即沈老)回答说:“共产党吃饭,我们也吃饭。难道共产党抗日,我们就不能抗日吗? 审判长的话,被告不能明白。”又问:“那么你同意共产党抗日统一的口号了?”衡山先生答:“我想抗日统一,当然是人人所同意的。如果因为共产党说要抗日,我们就须说‘不抗日’;共产党说统一,我们就须要说‘不统一’,这种说法,是被告所不懂的。”再问:“你知道你们被共产党利用吗?”衡山先生答:“假使共产党利用我抗日,甘愿被他们利用,并且不论谁都可以利用我抗日,我都甘愿被他们为抗日所利用。”三问三答,今日重温,沈老浩然正气,跃然纸上;中国共产党抗日民族统一战线思想,深入人心![②]

抗战期间中共卓越的统战工作,使中共提出的停止内战、反独裁、建立联合政府的主张更进一步地深入人心,并得到了国际、国内更为广泛的支持,为中共的国际地位得到了稳固和提升起到了不可磨灭的巨大作用;通过统战工作有效地保护了抗日民主进步力量的存在和发展,并直接促成了民盟的成立,也为中共领导的多党合作和政治协商制度的确立和新中国的成立,打下了坚实的思想基础和组织基础。

(作者简介:周忆,上海市长江律师事务所合伙人。)

① 李金河:《多党合作的历史与现实》,中央编译出版社 2007 年版,第 64—65 页。
② 《缅怀沈钧儒》,《联合时报》1998 年 11 月 27 日。

“政治联盟”性质下的组织建设

——中华人民共和国成立前民盟组织变迁初探

束　赟

在目前对民盟历史的研究中，更多注重的是对“人物”“主义”“主张”的探究，尤其集中在对民盟上层代表人物的研究之上，而对民盟的“组织”，尤其是基层组织的运行状况鲜有关注。对民主革命时期的民盟组织研究尚处于起步阶段。

民盟组织的性质是“政治联盟”，这一性质不仅适用于1979年之后的民盟，也是对民盟组织历史的一个恰当的概括。[①] 早在1941年的《中国民主政团同盟的成立宣言》(1941年10月16日《光明报》社论)中，就已经指出“这是一联合体，不是单一组织。他本身不是一个政党，而是许多党派的联合”。“联盟”“联合”等对民盟组织的界定似乎都意味着民盟组织，特别是中华人民共和国成立前的民盟组织形态的松散，但事实上民盟组织建设的工作一直在持续，并且根据局势与组织目标等因素的改变而形成了不同的阶段性特征。

本文通过对民盟组织理论和部分实际数据的梳理，对民主革命时期的民盟组织形态变迁做一个初步的探索，以期在晚清民初的“议会党”、以国共为代表的“动员型政党”之外，发掘出一种以“政治联盟”为特征的新的政党组织形态。

---

① 1979年10月15日李文宜在第四次全国代表大会上《中国民主同盟关于修改盟的章程的说明》的发言中特地讨论过“关于盟的性质问题”，当时对于民盟组织的性质是党领导下一部分工人阶级知识分子的政治团体还是政治联盟曾经有过讨论，李在发言中表示“把盟的性质规定为政治联盟，就更符合于盟的实际和历史传统，对于今后发展盟的组织，开展盟的工作，也较为有利”。见中国民主同盟中央文史委员会编《中国民主同盟历史文献1949—1988》，文物出版社1991年版，第805页。

一、民盟组织变迁的三阶段

（一）组织初步建立时期(1941年3月—1945年10月)

自1941年3月19日中国民主政团同盟在重庆秘密成立，到10月10日《光明报》上登出“宣言”，民主政团同盟取的是秘密组织形式。从公布《十大纲领》和《成立宣言》之后一直到1944年9月，中国民主政团同盟在重庆的全国代表会议召开之前，民盟组织主要是联盟形式，是一种极为松散的组织。此时组织目标为对抗战、民主的宣传，主要的行动是宣传、游说，在《中国民主政团同盟的成立宣言》就明确表示“他们的前途，只能以言论以理性去活动，争取大众的同情拥护。这样就启发出来，培养起来中国政治上的民主势力”①。在这样的组织目标影响下，组织形态是以少数盟员、各党派领袖的会议为基础。

在这一阶段，对于民盟组织而言最重要的是经历了第一次改组。1944年9月19日，民盟各地代表在重庆举行会议，进行了民盟成立后的第一次改组，将中国民主政团同盟改为中国民主同盟。此次改组的关键点在于：

1. 取消“政团”之名，健全领导机构

由“中国民主政团同盟”改为“中国民主同盟”，其意义不但在于取消“政团”二字，更是改变了民盟的加入方式。这次改组后，民盟就不单是以党派为单位的联合体，而且成了“有党派关系的个人与无党派的广大民主人士为主的政治联盟”②，由党派联合改为可以有个人入盟。这是民盟组织第一个重大转变，集体入盟的形式不但无法真正建立起盟组织与个体盟员之间的直接关系，也影响了民盟成立之后无党派人士的入盟。但是这一问题在这次改组中并未完全理顺，直到1947年的二中全会才真正解决。

在领导机构方面，规定了民盟最高权力机关为盟员代表大会，由代表大会选出中央执行委员会，再由中执委选出中央常务委员会，在中央常务委员会下设6个委员会及秘书处。至此，民盟有了较为完整的领导机构与负责人，政党组织形态基本形成。

---

① 《中国民主政团同盟的成立宣言》(1941年10月16日《光明报》社论)，中国民主同盟中央文史资料委员会编：《中国民主同盟历史文献1941—1949》，文史资料出版社1983年版，第11页。

② 曹建民、杨炎和、杨虹编写：《中国民主同盟历史研究(民主革命时期)》，中国人民大学出版社1994年版，第40页。

2. 推进地方组织发展

在 1944 年的全国代表会议之后,民盟的地方组织发展开始有计划地进行。民盟计划是在西南、西北、华南、华北各大城市建立支部和总支部。这是民盟地方盟员有了较大发展的阶段,据统计,到 1945 年 10 月,全国约有盟员 3 000 人,在短短一年时间内,民盟吸收了大量新盟员。

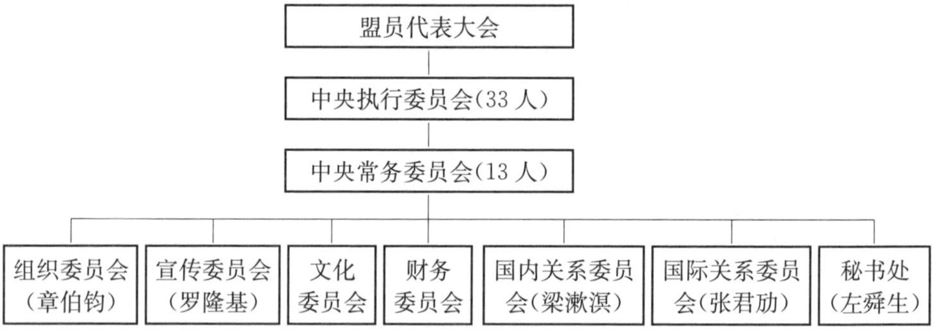

图 1 中国民盟同盟领导组织结构(1944 年)①

民盟地方组织的建立方式多是由中常委派出专门筹建者赴某地建立,并且值得注意的是各地在筹建支部的同时多创办了机关刊物,这也是民盟作为一个知识分子集中的政党和以言论为主要武器的政党的特征所在。就目前掌握的状况来看,这一阶段民盟的地方组织以吸收盟员为主要任务,盟员之间的交流、集会多以非正式的、不定期的方式进行,各支部的状况不同,差距较大,云南和四川的地方盟务发展为这一阶段最为突出的两处。

表 1 1944—1945 年 10 月民盟地方组织建设状况

支部名称	主要筹建者	成立时间	主　委	机关刊物	人　数	状　　况
云南省支部	罗隆基	1944 年 10 月	罗隆基 楚图南	《民主周刊》	近 200 人	除昆明外,个旧、建水、大理、路南也有盟的组织
广东省支部	李章达 邱哲	1946 年 3 月	张文	《民主》《民主与文化》		

① 本文的图表均是根据曹建民、杨炎和、杨虹编写:《中国民主同盟历史研究(民主革命时期)》以及民盟中央文史委员会:《中国民主同盟简史》,群言出版社 1991 年版,相关内容制作。

续表

支部名称	主要筹建者	成立时间	主 委	机关刊物	人 数	状 况
四川省支部		1944年	李璜		约2 000人	建立了邛崃、南充、江津、大邑、内江等10余个县分部
重庆市支部	章伯钧	1945年9月	何公敢	《民主星期刊》	336人	划分为18个小组
华北总支部	叶笃义	1945年春	张东荪			华北地区日寇控制严密，活动颇为困难
西北总支部(筹委会)	郭则沉	1945年2月	杜斌丞		约150人	领导陕西、甘肃、宁夏、青海四省民盟工作
东南总支部(筹委会)	梁漱溟	1945年春	梁漱溟(总负责)			由于交通阻塞，活动仅限于广西

(二) 组织规程发展时期(1945年10月—1947年10月)

1945年10月1日—12日，中国民主同盟第一次全国代表大会在重庆召开，四川、西康、云南、广西等各地推选代表63人(实到48人)代表约3 000盟员出席了此次会议。在组织方面，此次会议通过了《中国民主同盟组织规程》，这是民盟组织发展史的重要文件。

在组织规程制定方面，1946年4月28日民盟中央常务委员会第七次会议也是极为重要的，在这次会议上通过了《中国民主同盟调整盟内党派问题施行办法》《中国民主同盟国内外总支部组织规程》《中国民主同盟盟员规约》《中国民主同盟省市(特别市)支部组织规程》《中国民主同盟县市(普通市)分部组织规程》《中国民主同盟盟员入盟办法》等文件，这些文件多是对《中国民主同盟组织规程》中条款的具体规定，这些文件标志着民盟组织理论形态的完善。这也是民盟在民主革命时期对自身组织形态最完整的一次阐述，其中可见民盟的组织特征、发展方向以及与时代的关系等。

1. 中央和地方组织结构

在1945年10月的中国民主同盟第一次全国代表大会上，选出了66位中央执行委员和18人的中央常务委员。成立了11个委员会与秘书处,其中组织委员会主任仍是章伯钧。值得注意的是新成立的几个委员会:青年运动委员会(主任沈钧儒)、民主教育委员会(主任陶行知)、工商委员会主任(主任黄炎培)、妇女委员会(主任刘清扬),这些委员会的设立于民盟组织基础的建设和扩大有密切的关系,在此次大会上,提出了"吸收工商业家、文化工作者、中小学教师、乡村工作者等入盟"①,这在一定的程度上是对民盟组织基础的明确。

1945年10月15日,在第一次全国代表大会之后,"中国民主同盟第一届中央委员会第一次全体会议决定建立东北区总支部、华北区总支部、西北区总支部、西南区总支部及华南区总支部,以加强对各省、市民盟工作的领导。"②具体的建设状况见表2,其中尤其需要注意的是民盟海外组织的发展,民盟海外组织后来成为中共建国后在海外组织统战力量的一个重要渠道。其组织发展的状况目前研究较少,值得关注。

表2 1945年10月后民盟地方组织的建设状况

支部名称	主要筹建者	成立时间	主委	机关刊物	人数	状况
南方总支部	李章达 邱哲 李伯球	1945年12月29日	李章达	《人民报》		还先后在暹罗(1946年5月)印度尼西亚(1946年9月)、美国(1946年10月)、越南(1946年年底)、马来亚(1947年9月)、英国(1947年10月)和缅甸(1948年1月)建立民盟的海外组织
港九支部(南方支部领导)		1946年2月28日	冯裕芳		1 000多	20多个区分部
西南中职部(筹委会)	潘大逵	1947年8月	潘大逵			领导川、康、滇、黔四省的民盟工作

① 民盟中央文史委员会:《中国民主同盟简史》,第42页。
② 民盟中央文史委员会:《中国民主同盟简史》,第82—83页。

续表

支部名称	主要筹建者	成立时间	主委	机关刊物	人数	状　况
东北区总支部（筹备组）	高崇民 关梦觉	1944 年 11 月	高崇民（特派员）			领导辽、吉、黑三省民盟工作
南京市支部（临时工作委员会）		1946 年 7 月	周云程		300 多人	设 10 个区分部，20 多个小组，为民盟总部的直属支部
上海市支部（临时工作委员会）		1946 年 8 月	王绍鏊 章伯钧			7 个区分部，为民盟总部的直属支部

地方组织方面，《中国民主同盟组织规程》中规定：本同盟得于各省或特别市及海外设立支部；得于县市（普通市）以下设分部及区分部。在《中国民主同盟国内外总支部组织规程》中进一步阐述了在地方，各设区总支部兼承总部之指导、监督、筹设各该区内之省市组织、策划盟务。国内外各区总支部设主任委员 1 人，副主任委员 1 人或 2 人，委员 11 人至 25 人组织执行委员会，为各该区最高组织，指导一切盟务。①

2. 盟员的吸收方式

在全国代表大会上通过的《中国民主同盟组织规程》，对吸收盟员的要求做出了规定："第二章盟员第四条凡赞成本同盟宗旨及政纲并服从决议经过入盟手续者、得为本同盟盟员，入盟手续另订之。"②在 1946 年 4 月 28 日中央常务委员会第七次会议上通过的《中国民主同盟盟员入盟办法》则进一步细化了规程。

在《入盟办法》中，值得注意的首先是入盟方式，其中规定："入盟手续须由介绍人约同被介绍人赴组织部指定地点，签署加盟志愿书。"志愿书文为："本人愿意至诚接受本同盟纲领规程及一切决议案，并履行所规定或决议之义务为民主前途奋斗，谨誓。"③这种誓词的形式与国共两党以及其他动员型政党入党形式相似，其中强调的是

① 《中国民主同盟国内外总支部组织规程》（1946 年 4 月 28 日中央常务委员会第七次会议通过），中国民主同盟中央文史资料委员会编：《中国民主同盟历史文献 1941—1949》，第 159 页。

② 《中国民主同盟组织规程》（1945 年 10 月临时会国代表大会通过），中国民主同盟中央文史资料委员会编：《中国民主同盟历史文献 1941—1949》，第 94 页。

③ 《中国民主同盟盟员入盟办法》（1946 年 4 月 28 日中央常务委员会第七次会议通过），中国民主同盟中央文史资料委员会编：《中国民主同盟历史文献 1941—1949》，第 97 页。

对纲领规程和决议的服从，这是政党组织严密化的一种标志。其次，还规定了在盟费的缴纳，分为入盟费和年费，入盟费暂定法币100元，由盟员入盟时交纳之。盟员年费暂定法币100元。盟费用作盟的活动经费。

此外还对退盟方式做出了规定，分为申请退盟和勒令退盟两种。勒令退盟的规定是"盟员有违反本同盟宗旨、政纲、决议及不履行本规程所规定之义务或以言论及行为破坏同盟者，经中执会之决议得令其退盟"。且要求"本同盟盟员于退盟后，凡本同盟未经向外公布之事项，仍有保守秘密之义务"①。这一规定对民盟后来的组织发展和人事变迁产生了较大的影响。

3. 基层组织活动的开展

按照《办法》规定，盟员入盟手续办竣后，由组织部编入小组或区分部，并通知准时到会。在盟员参加活动方面《中国民主同盟盟员规约》中规定："盟员须经常出席所属区分部、小组及本同盟指定出席之一切会议。盟员须阅读本同盟出版之报刊及组织发给之各项文件。盟员对外发表有关政治之文字言论或签署宣言，不得与本同盟之政治主张相抵触。盟员须经常参加组织之活动，并担任实际工作。"②

区分部的设置与党员活动设置这一部分内容，特别可以显示出民盟组织建构中对国民党的区分部与共产党的党小组组织设置的借鉴。列宁式的政党与西方议会党最大的不同就是前者组织笼罩到每个党员，这种方式是一种全新的组织形式。但是组织细胞并不是个人，而是"党支部"。在国民党改组中，效仿中国共产党"党支部"建立了"区分部"，这种组织形式是国民党开始将组织建立在基层的一种努力。也是"政党原则"最集中的体现。在1924年1月28日第一次全国代表大会通过的《中国国民党总章》中，第九章为"区分部"，专门阐述了这一基层权力机关的组建、职务与对其的要求。③ 在国民党的组织设计中，作为基层权力机关的区分部既有执行的功能也有选举代表的功能，另外它也是国民党党组

---

① 《中国民主同盟盟员入盟办法》(1946年4月28日中央常务委员会第七次会议通过)，中国民主同盟中央文史资料委员会编：《中国民主同盟历史文献1941—1949》，第97页。

② 《中国民主同盟盟员规约》(1946年4月28日中央常务委员会第七次会议通过)，中国民主同盟中央文史资料委员会编：《中国民主同盟历史文献1941—1949》，第161页。

③ 《中国国民党总章》(1924年1月28日第一次全国代表大会通过)见荣孟源编：《中国国民党历次代表大会及中央全会资料》，第30页。第六十三条阐述区分部的作用和职务："区分部作用，为党员间或党员与本党主要机关间之联络，但在只有区分部成立之地方，区分部可作为主要机关。其职务如下：(甲)执行党之决议。(乙)征求党员。(丙)帮助区执行委员会进行党务。(丁)分配本党宣传品。(戊)收集党捐，分售本党印花、本党纪念相片、本党表记等。(己)选派出席区大会、县大会之代表，及初选省大会、全国大会之代表。(庚)执行上级机关之命令。"

织伸入群众的触角，它担负着吸收党员的责任。民盟的区分部设计亦有此意。但其实际运行效果与理论上的制度设计是否相符合，这还需要进一步地探究。

（三）组织再造与变革时期（1947 年 10 月—1949 年）

1947 年 10 月民盟被宣布为非法组织，民盟从总部到地方的组织均遭到沉重的打击。1948 年 1 月，民盟一届三中全会在香港召开，自此，民盟的组织也进入了一个新的组织再造与变革时期。

在这一阶段，组织变革指导文件首先是 1947 年 1 月 10 日一届三中全会通过的《中国民主同盟一届三中全会重要决议案》，其中有“关于现况下的组织原则的决议案”，民盟的组织结构和活动特征变为：上层争取公开合法，下层采取秘密活动；宣传争取合法公开，组织保持秘密方式；简化总部，侧重地方；提高盟员的素质扩大盟员的群众性活动。并且规定民盟今后是以个人为参加单位，关于盟内党派问题已不存在。

在这一系列重大变革中，除了在特殊时期保护组织与盟员，并且不放弃斗争活动之外，尤其需要注意的是“提高盟员的素质扩大盟员的群众性活动”这一点，对于这一点的说明是“本盟除海外区及解放区以外，在国民党统治区域内，已经难普遍发展，亦宜重质不重量，现应吸取优秀人才，培为基本干部，以推动其各能运用社会关系深入群众，扩大政治影响推进民主运动。”自此，民盟的组织结构开始向中共式的群众组织接近，体现出了一定的革命性和群众性，这是民盟在组织上的新气象。

1948 年 1 月 5 日一届三中全会通过的《中国民主同盟今后组织工作计划》明确规定要肃清只有上层不顾下层的领导作风，确定盟员的权利与义务，巩固盟的组织基础，加强盟员的团结，重新拟定组织规程，严格实施。要清洗过去一切组织上的松懈现象，严密各级地方组织，建立高度的组织纪律。①

三中全会决定民盟的组织路线与原则是“群众性的革命性的组织路线”，民盟的组织原则是“少数服从多数，全体服从组织，对内必须尊重集体意见，对外必须服从组织，不容有个人自由主义之言行”，“严密各级地方组织，建立高度的组织纪律”，“凡盟员均需编入小组，参加小组活动”②。

---

① 《中国民主同盟今后组织工作计划》（1948 年 1 月 5 日一届三中全会通过），中国民主同盟中央文史资料委员会编：《中国民主同盟历史文献 1941—1949》，第 371 页。

② 民盟中央文史委员会：《中国民主同盟简史》，第 116 页。

与之相配套，还出台了一系列的规定与通知，如《中国民主同盟中央组织委员会关于扩大加强组织推进民主运动通知》(1947 年 2 月 10 日)、《中国民主同盟现阶段工作纲领》(1948 年 6 月 19 日)、《中国民主同盟国内关系委员会工作大纲》(1948 年 6 月 19 日)、《中国民主同盟盟员下乡工作方案》(1948 年 8 月 8 日中央联席会议第二十九次会议通过)等。

二、试析民盟组织结构形成与变迁之影响因素

(一) 组织来源："三党三派"的组织特征

民盟的前身"中国民主政团同盟"建设之初衷在于加强组织——按照梁漱溟 1945 年的回忆，在 1940 年 12 月 24 日"张君劢、左舜生、黄炎培、梁漱溟等四人会商，决定加强中间的组织……所谓加强组织，从内部说，要矫正散漫无中心之弊；从外面说，不畏强梁，挺起身来，代表民众说话，并见出真是无所偏倚的精神。"[①]于是决定建立"中国民主政团同盟"。

众所周知，民盟最初由"三党三派"构成，值得注意的是这些党派均有自身的渊源与组织特征，这种复杂的组织特征对民盟组织的发展有着深远的影响。在此，我们首先要了解这三党三派本身的组织特征。

总体而言，"三党"多是渊源较远，与民初"议会党"或国民党有较为深远的关系。以张东荪、张君劢为核心的国家社会党为梁任公一派之余留，其渊源可从维新变法运动到民国的民主党、进步党、研究系一脉传承下来，加之张东荪与张君劢本身之倾向，国家社会党有较强的"议会党"的特征。以曾琦、左舜生、李璜为代表的中国青年党则可追溯到"少年中国学会"，一方面与中国早期创始者颇有渊源；另一方面又与国民党右翼的主张有相关之处，曾、左等在国民参政会中较为活跃，其组织与"议会党"和"动员型政党"都有渊源。第三党源自国民党左派，其早期是为倡导继续贯彻孙中山"联俄、联共、扶助农工"的三大政策而组织，对军队有一定影响。[②]

---

① 梁漱溟：《中国民主同盟述略》，载梁漱溟：《我与中国民主同盟》，当代中国出版社 2011 年版，第 124 页。

② 参见梁漱溟：《我与中国民主同盟》，第 120—132 页。

相比之下,“三派”则多是有服务社会、动员群众的意味,与青年学生、普通群众有更多的联系。源于抗日救国的“救国会派”有众多革命元老的加入,但更重要的是其有地方组织,有各地青年学生和青年职员的加入,在抗战中有较大的影响,曾被认为是“中共外围”组织而受到国民党打压,由此也可见“救国会派”之组织特征。以黄炎培为核心的“职教派”平素就努力于职业教育运动、社会服务,在各地都有机关,严格说来,这不是一个政治结社,但是其有社会影响力和基层联系。以梁漱溟为核心的“乡村建设派”也是致力于社会运动和社会服务,也是与基层、农村、民众有关联的组织。

“三党三派”不仅在主义、思想上各有特征,在组织上也各不相同,民盟的这种组织基础造成了整合后的民盟在组织特征上是“联盟”性质,并且出现了不同党派间的分歧,因此在1946年出台《中国民主同盟调整盟内党派问题施行办法》也是致力于调整党派间问题。

(二)组织环境:现代政党特别是国共两党的影响

组织是具有具体目标的系统,这种系统是在一定程度上封闭的,封闭主要表现在其有一定的正式结构,与外界可区分,但是外界环境对于组织也起到一定的形塑作用。

民盟建立之初是松散型的组织,这一方面是由三党三派本身的组织性质所造就;另一方面也是由国内局势所决定的,松散型的组织结构也是与国民党当局商议的结果。包括后来民盟组织规程的完善时期,其加强组织管理所参照的模式也是国民党的组织模式。

而共产党的组织形式则是严密的动员党形式,强调组织,强调群众,列宁在阐述无产阶级政党组织原则的《进一步,退两步(我们党内的危机)》一文中,列宁首先强调的就是入党的首要条件为“能接受最低限度组织性的分子”。在他看来,“说是‘建立一个党’,而又拥护用‘党’这个词来掩盖一切无组织性和一切涣散状态,那就是说空话”①。在1947年民盟组织重组的时候,明显受中共组织的影响,开始试图走一种动员型、群众型政党的路径。

---

① 列宁进一步指出,在《给一位同志的信》里,他早已阐述过入党的条件:(1)一定程度的组织性;(2)由党委员会批准。列宁:《进一步,退两步》(1904年2—5月),载列宁:《列宁专题文集论无产阶级政党》,第102、110、115页。

（三）组织目标："政治联盟"的组织定位

民盟的"政治联盟"性质的组织形态在现代政党谱系中所处的位置值得考察。关于政党最经典的定义来自伯克："政党是建立在一些人们集体认同的特别的原则之上，以共同努力促进国家利益的联合起来的实体。"[①]但事实上政党的形态是极其多元的。

现存所有的政党类型学都是从过去一个半世纪内欧洲的政党研究中得出的，政党类型学建立在众多评判标准之上，比如按功能主义的划分有：个体代表型、社会整合型、全部整合型；按结构划分的有迪维尔热的两个半类型：干部型、大众性、列宁党等。近来有拉里·戴蒙德和理查德·冈瑟的分类，根据3个标准：组织规模及履行功能的程度；目标与行动方式的是包容多元主义还是原始霸权主义；有区别的纲领或意识形态承诺。最终划分出的类型为5种"属"精英型政党、大众型政党、种族主义政党、选举型政党、运动型政党，在"属"下分成15个不同的政党"种"。[②]

在这些分类框架中，作为"政治联盟"性质的政党是类似介于精英型政党和大众型政党之间，其承担的社会功能在于利益整合、形成和支持政府功能、社会

① 萨托利：《政党与政党体制》，王明进译，商务印书馆2016年版，第22页。

② 戴蒙德的政党分类：

	多　　元　　型	原始霸权型
精英型政党	地方显贵型 庇护型	
大众型政党	阶级大众型 多元主义型民族主义型 教派大众型	列宁主义型 极端民族主义型 原教旨主义型
种族主义政党	种族型 议会党型	
选举型政党	全方位型 纲领型 个人魅力型	
运动型政党	左翼自由 后工业化极右	

戴蒙德等还进一步将政党的功能归位7类：(1) 候选人提名；(2) 选举动员；(3) 议题构造；(4) 代表的利益团体；(5) 利益整合；(6) 形成和支持政府功能；(7) 社会整合。15种政党在功能上有不同的表现。戴蒙德等人对于政党的分类实际上仍然主要是根据现代欧洲政党的形态分析。

整合等。但是目前这些政党的分类依据和标准主要是根据现代欧洲政党形态，还不足显示民盟组织形态自身的特性，因此，在对民盟组织形态的历史研究中，民盟自身的组织定位和在当时的政党组织谱系中的特殊地位都是值得进一步研究的。

（作者简介：束赟，上海社会科学院政治与公共管理研究所助理研究员。）

战争环境与民盟组织形态的变迁：从“联邦式政党”到“单一型政党”

郝诗楠

政党的组织形态与其所处的环境密切相关。换言之，一个政党的组织形态是其对所处环境适应的结果。而作为国共两党之外第三党的中国民主同盟亦是如此。

在1941年成立之初，以“中国民主政团同盟”为名的民盟从组织形态上来看是一个名副其实的“联邦式政党”。然而，仅在3年之后，民盟便改名为“中国民主同盟”。从表面上来看，更名去掉“政团”二字不啻为对内部成员结构改变的一种确认，即盟内个人会员的比例已经大大超过团体会员，这一点是官修盟史等官方资料常提到的。然而，就其本质而言，这次改名从另一个方面反映了民盟重要的组织形态变迁，即从“联邦式政党”转变为“单一型政党”。

民盟为何会发生这样的转型？有学者指出，是旧中国第一次宪政运动推动了民主政团同盟的成立，而第二次宪政运动则推动了民盟的建立①。这样的解释不无道理。的确，民盟于其诞生之初就与中国的民主宪政理想紧紧相连，其组织形态也不能不和宪政运动这一大环境相关联。

不过，宪政运动只是问题的表面，其对于政党组织变迁的压力不如另一个环境（即战争）来得深刻。因此，本文试图提出一个更为完整的解释框架，这一框架以战争与政党组织形态之间的互动为起点。不过，我们同时也须注意到，民盟与国共两党相比是完全不同的两类政党，前者并不拥有军事力量，因而在战争环境中也无直接介入战争的理由和能力。就此而言，战争环境对于民盟组织的影响则更加复杂且间接。

---

① 殷啸虎：《民盟与旧中国的宪政运动及其反思》，《华东政法大学学报》2009年第4期。

本文认为，日本侵略中国的战争环境通过触发两种机制引发了民盟组织形态的变迁。一是通过国内政治均势(balance of power)的改变；二是通过大众动员(mass mobilization)与中间阶层的政治化(见图 1)。

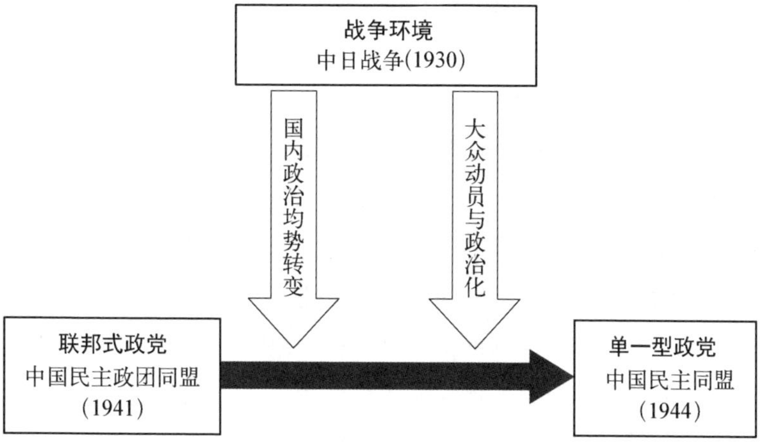

图 1　战争环境与民盟组织形态的变迁

本文的行文逻辑如下。下文第一部分简述了民盟对联邦式政党思想的实践，而这一思想可见于梁漱溟的论述；第二部分分析了日本自 20 世纪 30 年代初对于中国的入侵对联邦式政党这一组织形态所产生的两大压力；第三部分则试图对更名之后的民盟在组织单一化方面的改造做一简要回顾；最后一部分为结论。

一、作为联邦式政党的“民主政团同盟”：思想与实践

国共两大党之间的政争主导了 20 世纪 20 年代末至 1949 年的中国政治。随着两党在政治光谱上的距离日益拉大，第三方力量的生存空间也逐步扩大。而在抗战的大背景下，国防参议会以及之后国民参政会的建立也为这些党派提供了在国民政府威权统治下相对合法的政治活动舞台。然而，夹在两大对抗性政党中间的若干第三或中间政党及其成员颇为焦虑，由此开始思考未来该如何解决中国的“党派问题”。

而作为当时"乡村建设派"的代表人物，梁漱溟提出了建立中国政党"二重组织"的论调颇具代表性。早在1938年，梁漱溟便向毛泽东讲述了一个"下分上合，一多相融"的政党制度方案，所谓"下分"指的是"在下面，各党派是独立的"；而"上合"则指的是在"执行国是国策上，又是合为一体的"①。

"一多相融"论是梁漱溟本人对于西方政党制度与中国情境之间关系思考的产物。在梁看来，在中国既不能实行西方式的"政党分立"，也不能实行苏俄式的"一党独操国权"，而是要走出一条中间道路，即将各政党"合拢为一"②。而"合拢为一"的目的即是在于建立一个"二重组织"，其中第一重为个别党派，第二重则为党派的联合体。后来，梁又将上述的"第二重组织"命名为"党派综合体"③。换言之，这种"党派综合体"是一种政党的联盟或曰一个"联邦式政党"。而在梁漱溟最初的理想中，"第二重组织"的职能应该由国民党来承担。因为一方面国民党的三民主义已经得到了各党派的认可；另一方面国民党内部已经有许多派系，早非一统一的政党④。换言之，中国所有的政党最终应统一于国民党，即各政党是"邦"或"州"，而国民党则是"联邦"。

但是在实践中，这一"两面都不讨好"的方案并不具可行性。首先，对于共产党来说，这仍是一种"定国民党于一尊"的替代方案，而中共对于民盟及其他民主人士对于国民党的"偏爱"一直有所不满。其次，对国民党来说，它也不愿意容纳过于繁密的政党活动，即便是在最后各党"统一于国民党"，也必须先以承认各党的合法地位和允许其合法活动为前提。因此，在这种情境下，梁提出了"先谋第三者之联合"的权宜之计，即先在中间政党中实践他"联邦式政党"的理念。

首先，"联邦式政党"的初步实践是在国民参政会中展开的。虽然参政会中各政党(团体)的政治观点不同，目的也不尽相同，但在梁漱溟与这些政党(团体)的参议员沟通后，各方很快就达成了联合起来的共识，并由此成立了"统一建国同志会"⑤(统建会)。不过，出于对国民党压制的忌惮，统建会并没有明确的组织外壳。

---

① 王海波：《民盟先贤延安之行对我们的启示》，中国民主同盟上海市委员会 http://www.minmengsh.gov.cn/shmm/n51/u1ai8157.html。

② 闻黎明：《第三种力量与抗战时期的中国政治》，上海书店出版社2004年版，第133页。

③ 梁漱溟：《我的努力与反省》，《梁漱溟全集》第6卷，山东人民出版社1989年版，第958—959页。

④ 闻黎明：《第三种力量与抗战时期的中国政治》，上海书店出版社2004年版，第134页。

⑤ 黄天华：《中间势力的分合与国共两党的因应：以抗战中期民盟组建为考察中心(1939—1941)》，《四川师范大学学报(社会科学版)》，2013年3月。

其次，“联邦式政党”理念的进一步实践成果则是1941年中国民主政团同盟的成立。就其组织传承而言，民主政团同盟是在统建会的基础上，由“三党三派”[①]共同组成的一个党派联盟。但相比于之前的统建会，此时的民盟已经具有了明晰的“联邦式”组织外壳。而“联邦式”特征主要体现在民主政团同盟较低的组织化程度——其最大的特点就是政党内部“次单元”的自主性过大[②]，使得中央机构对这些单元的行动并无有效的规制措施。

简言之，民主政团同盟的各组成单位和中央机构之间“互相拿对方没办法”，外加各组成党派之间本身就存在不小的异质性，因此在这样的政党组织形态下，内部的协调成本相当高，很难形成整体性的政党意志，更不用说统一的行动了。对此种情况，储安平用“先天不足，后天失调”来形容。他指出：

> 民盟是一个很勉强集合而成的政团，民盟里的人物，各有各的教育背景，各有各的政治看法，各有各的历史环境，他们只是在一个相同的情绪下集合起来的，就是“反对国民党”，这是他们唯一联系的心理中心。[③]

当然，此时的民盟对于这种“联邦性”还是有所体认。比如1941年10月出版的民盟机关报《光明报》便向外界指出“民盟本身不是政党”[④]。

二、战争环境对民盟联邦式政党组织的两大压力

与其说中国民主政团同盟是国共政争的结果，不如说其是中日战争的环境或曰国、共、日三方博弈的产物。前文已经提到，日本的入侵和中日战争的环境是国民党开放其威权体制的重要动力。然而，既没有军事力量也没有严密组织

① “三党三派”即中国青年党、国家社会党、中华民族解放行动委员会、中华职业教育社、乡村建设协会以及1942年加入民主政团同盟的救国会。

② G.萨托利：《政党与政党体制》，商务印书馆2006年版，第110页。

③ 储安平：《中国的政局》，《观察》第二卷第二期（1947年3月8日），第7页。转引自杜俊华：《试论抗战时期民盟成立初期的内部纷争》，《重庆社会主义学院学报》2005年第3期。

④ 中国民主同盟中央文史资料委员会编：《中国民主同盟历史文献》，文史资料出版社1983年版，第10—11页。

的民主政团同盟在战争环境中遇到了两种压力：第一种压力来源于日本入侵所带来的国内政治均势的转变；第二种压力则是在现代战争带来的大众动员背景下中国中间阶层的政治化。而这两大压力的存在使得它原有的组织形态即联邦式政党的适应性大大削弱。

（一）国内政治均势的转变

现实主义国际关系学的理论认为，权力平衡或均势是和平或国际秩序的保证，而战争则是均势失衡的结果①。的确，随着近代日本军事与经济实力在绝对与相对意义上的增长，其对于周边国家乃至整个亚洲的领土野心开始膨胀，并直接引发其在东亚地区的战争行为。1931 年的“九一八”事变预示着日本正式入侵中国，而 1937 年“卢沟桥事变”则标志着中日全面战争状态的开始。

不过，国际关系学者较常忽视的一个事实是，国际均势状态及其结果同样也会对国内均势产生影响。在日本开始大肆入侵中国之前，国民党在政治上已经成功完成了北伐，并实现了国家政权的统一，基本扭转了自清末以来中国军阀混战以及地方分裂的局面。在经济方面，国民政府也创造了令人称道的“黄金十年”。相比之下，当时的共产党实力较弱，并因多次遭致国民党的“围剿”而元气大伤，被迫进行“长征”。在这样一种“国强共弱”的国内均势失衡状态下，国民党持续加紧用武力钳制共产党；甚至在日本入侵之后，蒋介石依然秉持着“攘外安内”的理念，并将共产党视为“心病”。

然而，在全面抗战爆发后，国共两党的政治均势发生了改变。一方面，西安事变之后，国民党被迫将抗战置于政治议程首位，并在各方压力下开放政治体制。这样，国共之间的武力冲突基本停止，议会（国民参政会等）斗争成为两党政争的主要形式；另一方面，随着抗日民族统一战线的建立，中共得以在陕北逐渐站稳脚跟，并通过对基层的渗透与汲取获得了自身实力的保全。此外，国民政府的军队因正面对抗日本侵略者大大消耗了其军事实力。在这些条件的共同作用下，中共在战争环境中逐步崛起，并获得了与国民党抗衡的砝码。而随着中共的崛起，国民党的焦虑日甚，并再度启动对中共的武力镇压——皖南事变即是抗日民族统一战线建立后国共之间烈度最高的武力冲突。

---

① Chris Brown, *Understanding International Relations*. Palgrave Macmillan, 2001, p.113.

结果，国共之间力量对比或曰均势的变化为中间政党的活动打开了空间。具体而言，中间政党需要处于居间的地位，以防止国共之间逐渐形成的均势（国共力量对等）再度由于某一方过于强大（“国强共弱”或“共强国弱”）而遭到破坏。而中国民主政团同盟作为当时规模最大的中间政党（联盟）自然是承担这一职能的不二角色，而其主要领导人对民盟的政治角色也是如此定位的。不过，正如上文所述，由于当时的民主政团同盟只是一个联邦式政党，其内部的组成单元对国共之间的偏好也有所差异，因而难以形成统一的政党意志和行动，这对于居间调解能力的发挥是有障碍的。

（二）大众动员与中间阶层的政治化

近代以降的“百年屈辱”激起了中国的民族主义浪潮。尤其在“五四”之后，“文化启蒙的思想导向”很快被“爱国图存的政治导向”所替代，而这在当时历史条件下是“唯一合理、必要的选择”[①]。甚至许多笃信西式自由主义的知识分子也不可避免地在政治与学术上去回应民族主义的诉求。有学者指出，在民国时期，“自由”被更多地赋予了“群”的含义，被看作是民族振兴、救国御辱的利器，从而形成了“民族主义与自由主义的共寐”[②]。

而日本的入侵所导致的中日战争环境则进一步加强了中国人民族主义的意识，而强烈的民族主义也被同为列宁式政党的国共两党利用，并以此来实施大众动员，积累自身所需的资源。在抗战期间，数千年来“不知有国”的中国人民开始深切地感受到了“国家”的存在，并且纷纷以各种方式投入拯救国家的正义战争中。其中，以长期抱持着“问政不干治”的知识分子为主的中间阶层也主动或被动地参与到了政治之中——特别是在理性言说的空间遭到战火蹂躏以及国民党当局打压之后。

在民族主义旗帜之下，大众动员与中间阶层的政治化为民主政团同盟这一联邦式政党的生存与发展产生了压力。一方面，中间阶层参与政治热情的高涨使得他们开始找寻值得加入的政治组织，而作为国共之外规模最大（且几乎垄断了所有处于政治光谱中间有代表性的党派）的政党（联盟），民盟自然为这些人士

---

① 金太军、王庆五：《中国传统政治文化新论》，社会科学文献出版社2006年版，第229页。

② 于语和、陈醉霞：《近代中国宪政的困境和教训》，马德普主编：《中西政治文化论丛》，天津人民出版社2002年版，第13—30页。

提供了亲近感与归属感。民主政团同盟成立后不久，游离于国共之外的许多中高层人士（知识分子）便选择以个人身份加入民盟。很快，无党派背景的盟员人数就超过了有党派背景的盟员。据统计，到 1944 年，盟内无党派盟员与有党派盟员之间已超过了 20∶1 的比例①。而另一方面，已经动员起来的大众为政党的发展提供了不可忽视的人力资源基础，若不及时转型为以个体党员而非以团体成员为基础的"大众性政党"，民盟的组织发展将失去持续性。

三、不只是更名：民盟的组织转型

在上述两种压力的作用下，民盟开始酝酿改组，即从联邦式政党逐步向单一型政党转型。就连原本笃信"二重组织"论的梁漱溟也开始思考各党派的组织独立性问题，并在 1942 年提出"以国民党为领导中心而全国各党派合作的局面"的论述。至此，其"二重组织"论被"多党合作"论代替，亦即不再强调"各党统一于国民党"，而是多党在国民党领导下的合作②。而这一转型终在 1944 年中国民主政团同盟更名为"中国民主同盟"以及 1945 年第一次全国代表大会召开后得以实现。之后，民盟便以一个统一且较有凝聚力的现代政党形象出现在了中国政治舞台上。具体而言，民盟在更名的同时，还进行了三方面的组织改造。

（一）盟内制度网络的密集化

应该说，在民主政团同盟成立的时候尽管也订立了政纲与组织简章，但是从实际上来说，这些制度不仅很不完善，而且对于盟内的团体几无有效的节制，甚至民盟发表成立宣言及对时局主张纲领是否应由所有中常委署名都成了问题，最后达成了个"不同意者可以不署名"的妥协。这反映了民盟内部各组成党派的貌合神离。③

1945 年 10 月，更名为"中国民主同盟"的民盟召开临时全国代表大会（即第一次全国代表大会），会上通过了《政治报告》《临时全国代表大会宣言》《中国民主同盟纲领》以及《中国民主同盟组织规程》。尤其是《组织规程》的通过，明确了

---

① 罗隆基：《从参加旧政协到参加南京和谈的一些回忆》，中国人民政治协商会议全国委员会、文史资料研究委员会编：《文史资料选辑》第二十辑，中华书局 1961 年版。

② 对于梁思想的转变与影响，可参见王海波：《民盟先贤延安之行对我们的启示》。

③ 杜俊华：《试论抗战时期民盟成立初期的内部纷争》。

中国民主同盟的组织原则、中央和地方的组织机构、盟员入盟和退盟的具体办法等等。这使得民盟向一个真正的现代单一型政党迈出了一大步。

（二）盟组织结构的科层化

在民主政团同盟时代，时常出现盟中央与组成党派之间在理念与行动方面产生矛盾的情况。而对于这种情况，不论民盟本身、各组成党派还是成员基本上不存在有效的化解方案，因此只能放纵僵局的产生。换言之，联邦式政党过于扁平化的组织结构不利于盟内统一性与凝聚力的形成。

第一次民盟全国代表大会在总结历年盟组织工作经验的基础上，决定扩大中央组织委员会及各地方支部的组织委员会，健全县区分部的组织，建立起垂直的组织结构。在这次大会之后，民盟的中央机构的规模有了明显的扩展。1941年民主政团同盟成立的时候，中央机构中仅有中央执行委员 13 人，中央常务委员 5 人。而到了 1945 年，民盟中央委员人数已达 66 人，而中央常务委员也达到了 18 人。伴随中央机构规模扩展的是中央机构相对于地方机构权力的强化，而这也是单一型政党的关键所在。因此，从某种程度上来说，民盟的组织转型也参照了一些列宁式政党的原则。

（三）盟内离心力的消解

前文提到，联邦式政党时期的民盟内部存在着不小的离心力。其原因在于各组成政党与团体（即“次单元”）的自主性过大。因此，若要完成单一化改造，核心便是消除盟内的离心因素。

1945 年的第一次全国代表大会通过两种方式消解了民盟内部的离心力。其一就是改团体盟员制为个体盟员制，开放个人入盟，以扩大盟员的社会基础。正如本文多次提到的，这不过是对民盟之前发展的认可。其二则是盟内的组织净化，即清除盟内不忠诚的因子——主要是青年党。在民主政团同盟成立之后的一段时间内，青年党几乎把持了中央盟务。甚至为了能够巩固其在盟内的地位，反对开放个人加入民盟[①]。此外，由于与国民党过从甚密，青年党还逐渐显

① 包爱芹：《析中国民主政团同盟转变为中国民主同盟的原因》，《中国石油大学学报（社会科学版）》，1998 年第 4 期。

现出与其他组成党派在政治上的距离，引发了民盟内部的诸多纷争。对此，第一次全国代表大会采取有力措施限制青年党在盟内的派别活动。在新选的 33 名中央委员中，青年党只有两名，连同原来的青年党中委在内，仅占全体中央委员的 1/6。后来，青年党更是与民社党一道先后被清除出了民盟。

四、结　论

中日战争改变了中国内部的政治状况——它不仅改变了国共两党及其之间的关系，同时也创造并改变了民盟。

从过程来看，这一改变体现在：在国内政治均势以及大众动员的作用下，民盟从一个联邦式政党经过改造成功地转型成了一个现代化的单一型政党。

从结果来看，民盟从联邦式政党转向单一型政党，使得其在中国双头对抗政治格局中的角色愈发重要。由于其思想行动能够做到一致，因而也就成了中国在抗战后期真正有力的“第三种力量”。

（作者简介：郝诗楠，上海外国语大学国际关系与公共事务学院副教授。）

山雨欲来风满楼

——民盟一届二中全会前后

罗涵先

1947 年 1 月，民盟在上海举行了历史上具有重要意义的一届二中全会。大家知道，一届一中全会是在重庆开的，那是在 1945 年秋季。其后，民盟参加了包括国民党、共产党和民主同盟在内的政治协商会议，达成了 5 项协议。闭会以后，举国为之欢腾，以为国内和平有了希望。岂料墨迹未干，国民党举行了一次"二中全会"，就把政协会议成果全部否决了，并制造了举世震惊的"李闻血案"。1946 年整个这一年是"谈判年"。但"谈判"的结果却因国民党的破坏而以失败告终。

在这严峻形势下，国民党一意孤行，不顾人民的愿望和历史的制裁悍然召开了一党"国大"，以使其反动独裁"合法"化。这是一个关键时刻，在光明与黑暗、团结与分裂的民族命运分野之际，对待一党"国大"的态度，成了区分国内一切政党和政治家进步与反动、革命与反革命的分水岭。这时青年党表态了，民社党也表态了，这两个曾是民盟组成部分的小党派最终现出了原形，走向人民的反面。国民党向民盟发出了诱饵，其后，又向民盟的个别领导人提出了以个人身份参加一党"国大"的"条件"，但都遭到了拒绝。1946 年 11 月 15 日，国民党处心积虑制造的一党"国大"终于在南京粉墨登场，民、青两党助兴演出。圣诞节前夕，民盟中常会从严肃的政治原则出发，作出了最后的裁决，继青年党出盟之后，将参加一党"国大"的民社党驱逐出盟。

那是一个晴朗的下午，祝公健、王颖两同志奉民盟总部之命，将驱逐民社党的通知送往民社党总部，他们两人找到我，约我一起去，我同意了。这样，我们三人就一同去了民社党总部，见到孙宝刚、孙宝毅兄弟。他们两人看了信都愣了。其实这完全是合乎情理的发展，他们两个人对此竟没有思想准备。就在这时，民社党的一部分人宣布脱离该党；另一部分人则成立了革新派。

那时，民盟的主要领导人都较年轻，一般在40岁左右，只有张澜、沈钧儒和黄炎培年纪大些。那次我们去送信的三个人的年龄合在一起，还不到我现在的年龄。后来，我们三人有机会在香港合拍过一张照片，摄像人是王健同志。前年，王健同志把它拣出来送给我，但已经很模糊了。

照片和记忆虽然模糊了，但当时形势与民盟立场却是十分分明的。当非法的"国大"在南京举行时，民盟总部发言人发表了立场鲜明的谈话，指出"这次召开的国大违背了政协会议的整个精神，破坏了政协决议的程序"，民盟对这次会议采取全面否定、彻底决裂的态度。同时，民盟总部向全盟发出紧急通告，要求全盟各级组织和全体盟员抵制这次非法会议。

12月25日，非法"国大"通过了非法《宣告》。一周以内，民盟总部经过郑重讨论，由发言人出面再次发表了立场鲜明的谈话，指出"美丽的条文不能掩饰制宪的不合法"。31日，民盟总部又郑重发表声明，宣布国民党的"制宪"丑剧"没有人民的支持、法律的根据，它本身就是违法的行为，民盟坚决抵制"。从此，民盟在国民党统治区处境维艰。

国民党的倒行逆施在政治上是一个不祥的信号，它预示着全面内战即将爆发，暴风雨就要来临了。

民盟作为一个对历史、对人民负责的严肃政党，在处境十分艰难、形势十分严峻、环境十分险恶、任务十分紧迫的情况下，在沪召开了历史性的一届二中全会。作为这次全会的亲身参与者，我对这次会议不仅在思想上有过极大的震动，而且在感情上有过极大的奋发。原因在于这次会议的时机太特殊了，对民盟的未来太重要了，它所讨论的问题对国家对人民关系太重大了。所有与会的人都充分意识到它的重要性和将要产生的影响，所有参加的人都意识到了我们正在做一件十分严肃的事情，是在历史发展的重要时刻所做的重要决策。全会《政治报告》分析了形势，指出："中华民国35年是一个'谈判'年。中华民国整整一年的时间就耗费在这'和谈'二字上面，而我们民盟去年一年的大部分精力亦耗费在这'和谈'两字上面。所得到的结果是谈而未和。在过去一年中，不止国家没有民主，全国国民并且没有看见和平。这是国家极大的损失。"《报告》对已经失败的政协会议做出了历史评价。指出："民盟对政协会议，在开会以前，在开会期中，在开会以后，都曾用充分的诚意，极大的努力以争取成功。到今天回顾起来，政协会议是成功的，而政协决议的执行是彻底的失败。”“假使要确定一个政协决议被撕毁的纪念日期，那当然是十一月十五日，因为去年十一月十五日政府毅然决然举行国民大会开幕典礼。”《报告》满怀感情地说：“不可否认，站在政团的立场，对国共两党的党争，民主同盟是个第三者，……但民盟既是个独立的政团，我们依据我们的政纲政策以争取国家和人民的福利，民盟对国事自然应该明是非、辨曲直。是非曲直之间就绝对没有中立的余地。民主同盟的目的是中国的民主，是中国的真民主。民主与反民主之间，真民主与假民主之间，就绝对没有中立的余地。这是我们民主同盟坚定不移的方针。”《报告》在分析国内状况时沉痛指出：“今天中国老百姓活不下去，做不了人，这绝对不是过甚其词的渲染。我们今天只好承认语言文字绝对不能描写出来中国社会的痛苦、凄惨与悲哀……中国通常有所谓‘士农工商’各界。试问，今天哪一界的人，活得下去，做得了人？”公教人员“仰不足以事父母，俯不足以畜妻子”，“寒无衣，饥无食，病无以医治，死亡无以葬埋。这是怎样的一个绝境？”在农村，“中央征兵征实，地方勒捐勒税，绑捉壮丁，竭泽而渔；搜缴实物，杀鸡取卵。少而强者死战场，老而弱者填沟壑。年不荒而饥，岁无灾而馑。鬻卖妻子，买者无人，典田当地，受者无主。倾家则无家可倾，破产则无产可破。这又是何等的凄惨！”《报告》淋漓尽致地描绘了中国大地上哀鸿遍地、民不聊生的情景，表达了广大正直的中国知识分子对国民党反动派的强烈愤恨，义正词严，可昭日月。在今天，当我们回忆当年，奋笔疾书时，仍然不能不义愤填膺，心潮澎湃！

二中全会是在饱满的政治情绪中举行的。那时，民盟在上海的会议常在李济深、章伯钧家举行。这次二中全会是在章家举行的，地方不大，与会人数也不多。由于局势动荡，几乎每天都有新鲜事情出现，新闻记者非常关心民盟这次会议，出出进进，使原已局促的会场更显拥挤。外地来沪的委员多数住在朋友家里，出入也没有汽车，秘书处只有两三个人，和现在的情况完全不同。

在那次会议中，我参加了提案审查组的工作。提案审查组又分为几个小组，我参加的是宣传组，组长是沈志远，副组长是叶笃义。在审查提案时，发生过一件事，就是有位中委，提了一个《确立民盟政治立场，为实现中国民主而奋斗》的提案。但在内容方面，却提出了既不偏向国民党，也不偏向共产党的主张，国民党的一党“国大”固然不参加，将来如果共产党开这样的会，民盟也照样不参加。宣传组研究了这个提案，一致给以否定。当时国民党正在召开一党“国大”，民盟在此时若通过这样一个“不偏不倚”的提案，无异于同自己的一贯主张唱反调。因此决议文是一句奇怪的话：“照提案通过”，即只通过提案的名称，而不涉及内容。决议文这样写，确实很特别，因为其他提案被通过时，只有“通过”两个字，而这个提案的决议文，多写了“照提案”三个字，但到会同志都很清楚这个写法的实际含义。这是一桩历史公案。几十年后，当一些研究盟史的同志从纸堆里发现这个提案和决议文以后，不明真相，就一口断定二中全会是“中间路线”的，并且“铁证如山”。其实，这是一个误会。而这个误会只有那个时代的人，只有参加过那次会议，尤其是参加过提案审查组的人才知道其内情。在这里，我有责任把它公布出来，以使研究盟史的同志不要被故纸堆所迷惑。

二中全会以后，民盟在历史紧要关头的政治态度已昭然于天下，气急败坏的国民党反动派终于在 1947 年 10 月 1 日宣布民盟是“中共之附庸”，“参加叛乱，反对政府”，10 月 27 日，进一步冒天下之大不韪，悍然宣布民盟为非法团体。

山雨欲来风满楼。从 1946 年年底到 1947 年上半年的政治现实表明，国民党反动派磨刀霍霍发动全面内战的阴谋早已司马昭之心路人皆知了。民盟的被宣布为非法团体，只不过是逻辑的必然罢了。

1947 年的冬季是寒冷的沉重的，人们在严肃的思考中度过了这个难耐的冬天。年底，我们踏上了飞赴香港的新征程。决定民盟命运、形成民盟历史转折的一届三中全会于 1948 年 1 月在香港召开了。从此，民盟历史翻开了新页。

［作者简介：罗涵先(1922—2011)，民盟中央原副主席。］

民国报刊中的中国民主同盟一届二中全会

田　润

1947年1月，民盟一届二中全会在上海召开。作为在民盟历史上具有重要意义的一次会议，二中全会受到了当时社会主流报刊的关注，会议结束后发布的《民盟二中全会政治报告》更是在各种期刊中受到评论解读。70余年后的今天，我们仍旧可以从当年的报纸、期刊中翻寻这一历史的片段，撷取记录在这些泛黄纸片上的历史，感受当年纷繁复杂的历史条件下的时局与正邪之争，重新体味70年前民盟先贤们的政治抉择。

一、民盟一届二中全会在上海召开

1947年1月6日至10日，中国民主同盟在上海召开一届二中全会。会议在民盟中央主席张澜和中央常务委员会的主持下召开，出席会议的中央委员有张澜、沈钧儒、黄炎培、章伯钧、罗隆基、史良、张东荪、邓初民、鲜特生、周新民、李文宜、罗涵先等36人。

二中全会是在国民党发动全面内战，继而召开了“国民大会”，通过“宪法”，破坏了政协决议的形势下召开的，正所谓“在处境十分艰难、形势十分严峻、环境十分险恶、任务十分紧迫”[①]的情况下举行的。全会着重分析了国民党发动全面内战后国内的政治形势，确定民盟对国是的方针。通过了《目前应采取的政治主张及行动的决议案》《拟定现况下的组织原则》《政治设计委员会组织规程》等决议案；讨论了加强民盟组织建设，彻底消除因历史上“三党三派”而形成的组织纪

① 民盟上海市委员会编：《民盟总部在沪活动纪实》，群言出版社2012年版，第74页。

律松懈的问题；并对外发布了颇具社会影响力的《中国民主同盟一届二中全会政治报告》。

此外，二中全会对民盟总部的领导机构和人员做了调整和充实，增设基金筹募委员会、华侨委员会。推选张东荪为秘书主任，沈钧儒为财务委员会主任，邓初民为民众教育运动委员会主任，罗隆基兼国外关系委员会主任，黄炎培为基金筹募委员会主任。同时通过《政治设计委员会组织规程》，决定在中央常务委员会之下设立政治设计委员会，聘任 15—29 人，具体负责推进民主运动。

二中全会的召开距今已经 70 余年，会议的重要意义与积极作用自有历史定论，不必再言。当事人罗涵先曾回忆说，二中全会是在章伯钧家举行的，地方不大，与会人数也不多，新闻记者非常关心民盟这次会议，使原已局促的会场更显拥挤。[①] 这就从另一个侧面，显现出了此次会议的引人瞩目与重要性。

图 1　1947 年《南洋》杂志第 14 期：民盟领袖张澜（中）抵沪主持民盟二中全会

二、民国大报对于一届二中全会的报道通讯

恰如罗涵先所言，我们在逐个梳理会议期间的几份在当时具有代表意义或具不同立场的大报《申报》《大公报》《益世报》《民国日报》《新华日报》，可以发现

① 民盟上海市委员会编：《民盟总部在沪活动纪实》，群言出版社 2012 年版，第 76 页。

民盟一届二中全会受到了所有这些报纸的几乎全程关注。作为新闻通讯，各报在报道内容上有着很大的相似之处。因此下文的摘引以报道内容较全的《申报》为主，其他报纸只摘引较为具有立场特点报道或标题。

中国民主同盟一届二中全会于1947年1月6日—10日在上海召开。会议召开的前一天，即1月5日，上海的《申报》就援引中央社的消息进行了报道《民盟二中全会明日在沪举行》[①]：

【中央社本市讯】民盟二中全会定六日在沪举行，准备会议已于三日结束，所推宣传，组织，财务等各组审查委员会，昨曾分别集会，加紧整理提案。该盟并定今日下午二时召开中常会，商讨二中全会集会地址问题。昨据周新民语者，该盟各地中委现已陆续来沪，仅余三十余人尚未报到。

同日，《大公报》[②]亦引用中央社同样的消息进行了报道。

1月6日，《大公报》[③]等报刊即援引中央社的消息，"民盟二中全会今晨正式开幕"。各报的报道中，《申报》又多引了一条章伯钧对记者的讲话：

【中央社本市讯】民盟章伯钧氏昨对记者称："民盟认为应先恢复和谈，然后改组政府，如政府仍照国大方式进行改组，各党各派并未全体参加，情形不会圆满。此项意见业已正式告知雷震张群两先生。全国停战和平实现后，民盟一定参加政府，而在和平实现之前，客观上如有需要，民盟亦决不放弃为国共调解斡旋之责任。"章氏继称："民盟为扩大组织，协调盟员间意见，二中全会预备会中曾决定全体盟员一律以个人资格入盟，不再以团体名义参加，如此则其他组织之分子，亦可加入，为民盟之盟员，惟此项办法，对中共党员并不适用，因中共党性特强，其党员无自由决定意见之可能。"【又讯】民盟二中全会，定今晨九时正式开幕，出席中委及各地总支部代表共三十六人。昨晚该盟中常委举行谈话会，决定开会地点严守秘密，开幕典礼推张澜主席，选举主席团后，由该盟中央各处部提出报告，明日由各地总支部提出

① 《申报》(上海版)1947年1月5日。
② 《大公报》(上海版)1947年1月5日。
③ 《大公报》(上海版)1947年1月6日。

报告，以后逐日审查提案，讨论问题，会期五日，闭会时将发表宣言，表明民盟对当前时局之态度。①

1月7日，《申报》不再援引中央社讯，而是以本报的名义进行了报道：

民盟二中全会选张澜等为主席团

【本报讯】民盟第一届二中全会，六日上午开幕，出席者有张澜、张东荪、沈钧儒、章伯钧、黄炎培、罗隆基、张申府、史良、周鲸文、柳亚子、鲜英、叶笃义、刘王立明、邓初民、楚图南、周新民等三十余人。并选出张澜、张东荪、沈钧儒、章伯钧、黄炎培、罗隆基、史良、张申府、邓初民为主席团。上午由黄炎培任主席，当由民盟各部负责人周新民、章伯钧、罗隆基、沈钧儒等提出工作报告。下午由沈钧儒主席，由民盟各地支部代表提出报告，并通过决议二项：（一）纪念死难盟员，搜集遗著，刊行专集，筹建纪念堂。（二）对死难盟员家属致敬，并予抚恤。张澜于开幕礼曾致词，其要点如次：（一）民盟对政治制度，主张普选制度的议会制，且主张两院制。对国家最高行政机构，则采内阁制。民盟主张应实行宪政，励行法治，但不承认有了宪法就算宪政，故主张任何人或任何政党，不得处于超法律的地位。（二）民盟今后努力目标有二，一为迎取同情，二为加强组织。（三）盟员必须把握自己的独立性，不能随便抛了自己的主张，而随声附和，不可为一时苟且，而忽略长久远大之图。②

同日，《大公报》《民国日报》仍援引中央社讯，以《民盟二中全会揭幕》③《民盟二中全会昨日正式揭幕》④为题进行了报道，内容皆没有《申报》独家通讯详尽。

与上述报纸不带立场的铺叙相比，当天的《新华日报》则在第二版显著位置，以“祝民盟二中全会吾人愿以民主友人的立场谨掬数语用申祝贺之忱”为题，祝

---

① 《申报》(上海版)1947年1月6日。
② 《申报》(上海版)1947年1月7日。
③ 《大公报》(上海版)1947年1月7日。
④ 《民国日报》(上海版)1947年1月7日。

贺民盟二中全会的开幕，并立场鲜明地高度肯定了民盟的政治作用与前景：

以政治前途论，中国今天所需要的是新民主主义，中间阶层在政治上，实为重要构成势力之一，而现在的中国社会原是一个两头小中间大的社会，在全国四万万五千万人民中，中间阶层的实占多数。这就给予了民盟以广泛的社会基础，也就给予了民盟以继续发展的广大底盘，民盟是有远大的前途的。①

1 月 8 日，《新华日报》同样以立场明确的标题进行报道："民盟二中全会在沪揭幕，张澜主席重申民主真义，指出当局假'宪法'之名行专制之实，民盟仍坚守政协立场争取人民自由。"②而《申报》《大公报》③《民国日报》④虽分别各自进行了报道，内容大致相似，并不表述立场。如《申报》载：

民盟继续开会确定该盟仍为政团

【本报讯】民盟二中全会昨日上午举行第三次会议，章伯钧主席，会中详作工作检讨。下午续开第四次会议，由张申府任主席，审查会就组织部分提出提案八个及二十八点意见，对于民盟之组织，有三项重要决定：（一）参加民盟者不论有无党籍，均为以个人资格参加，入盟后必须遵守民盟之政治主张及决议，否则请退盟；（二）确定民盟为一实现民主之非武装集团；（三）民盟之本质仍为一政团，吸收各阶层之民主分子参加，而非为单一之政党。⑤

1 月 9 日，《申报》报道，"民盟决定设立政治计划委会六月前召开二全代会"：

【本报讯】民盟二中全会第五次会议，昨日上午举行，由史良主席，继续

① 《新华日报》1947 年 1 月 7 日。
② 《新华日报》1947 年 1 月 8 日。
③ 《大公报》(上海版)1947 年 1 月 8 日。
④ 《民国日报》1947 年 1 月 8 日。
⑤ 《申报》(上海版)1947 年 1 月 8 日。

中華民國三十六年一月八日 新華日報 星期三 第二版

民盟二中全會在滬揭幕
張瀾主席重申民主真義
指出當局假"憲法"之名行專制之實
民盟仍堅守政協立場爭取人民自由

國方竟撕毀協議進行黃河堵口
企圖淹沒魯豫解放區
楊秀峯主席發表談話望力加制止

董必武同志赴滬訪聯總顧問會商

社論 黃河堵口問題

晉綏解放區
實現耕者有其田
八十萬農民獲得土地

應杜魯門之召 馬歇爾特使今

图2 1947年1月8日《新华日报》：民盟二中全会在沪揭幕

讨论组织事项。决议：（一）本年六月前召开民盟第二届全体代表大会，地点未定；（二）原有之调整盟内党派关系实施办法取消。下午续开六次会议，由罗隆基主席，讨论宣传事项，决议：在上海筹备一日报及一定期杂志，名称均未定。并通过临时动议，成立政治计划委员会，该委员会隶属于中常会之下，由中常会选聘委员十五人至廿九人组成，设主任委员一人，副主任委员两人，秘书一人，其计划工作主要者为：（一）关于一般盟务之开展；（二）民主运动之推进；（三）政治外交国防之改进方案；（四）财政经济之革新方案；（五）文化教育之推进方案及其他。今日开会将讨论财务及政策。①

当日，《新华日报》以"民盟二中全会决定半年内开二全代会以调整盟内"②为题、《民国日报》以"续开二中全会"③为题进行报道。

1月10日，《申报》以"民盟政治报告即将公开发表昨曾加以详细研讨"为题

① 《申报》(上海版)1947年1月9日。
② 《新华日报》1947年1月9日。
③ 《民国日报》1947年1月9日。

刊发通讯：

【本报讯】民盟二中全会昨日续开，上午由邓初民任主席，讨论财务事项，决定“盟员养盟”之原则，并即成立筹募基金委员会，大规模募集基金。此外另有议决两项：（一）各支部报告，各地盟员之自由常受限制，民盟将向政府提出总抗议。（二）民盟将制定盟歌及盟徽，由中常会提交第二次全国代表大会通过，下午继续开会，由张东荪主席，全部时间用以讨论长达一万五千言之政治报告，内容暂守秘密，候将来召开记者招待会时发表。今日会议中，闻将讨论人事问题。①

《大公报》以《民盟全会定今闭幕》②为题进行报道，《益世报》③则在本报上海八日专电中说，民盟八日举行五六次全会，决议本年八月召开第二届全国代表大会。《民国日报》则刊发通讯《民盟二中全会决定盟员养盟》④。

会议于1月10日闭幕，因此会议闭幕的消息，多在1月11日刊出。11日的《申报》对民盟二中全会作了较前更为详细的报道：

【本报讯】昨日为民盟二中全会之最后一日，上午会议由章伯钧主席，除将已通过之议决案作一总检查外，并通过临时提议如下：（一）关于北平美军侮辱女生事，因政府未对美政府提出抗议，民盟决对政府加以“谴责”。（二）关于民盟之政策，决定民盟今后之基本口号，作风，以及对政协国大及宪草之态度，此外对于美对华政策之态度，亦有所决定。（三）通过给予全体盟员努力参加地方自治运动之指示（例如参加省县议会之竞选），不论在政府治理下之区域及中共区内，均将为人民利益而努力。下午开会时由张东荪主席，决定人事之补选如下：（一）秘书主任张东荪。（二）宣传委员会副主任选出叶笃义，代理马哲民。（三）财务委负会原为张澜负责，现改选沈钧儒为正主任，刘王立明为副主任。（四）工商运动委员会副主任

① 《申报》（上海版）1947年1月10日。
② 《大公报》（上海版）1947年1月10日。
③ 《益世报》1947年1月10日。
④ 《民国日报》1947年1月10日。

原为青年党刘泗英，现改选为周鲸文。（五）华侨工作委员会主任原为青年党之郑振文，现改选为彭泽民。（六）国外关系委员会，原由张君劢负责，现改选罗隆基兼代。（七）民主教育运动委员会，原正副主任为陶行知及李公朴，现经改选为邓初民与楚图南。大会闭幕辞中，强调复活政协精神，并为政协之复活而奋斗。至于该会冗长之政治报告，经整理后发表。①

同日《大公报》②《益世报》③《民国日报》④也都相应报道了全会闭幕的消息。《新华日报》在次日刊载通讯，题为"民盟二中全会圆满闭幕对美军强奸暴行将有抗议书张澜主席在闭幕词中指出：和平、团结、民主至今仍为水月镜花，今后民盟将继续为政协精神奋斗"⑤。

从上述摘引中我们可以发现，民盟一届二中全会受到当时重要的社会报刊(《申报》《大公报》《益世报》)、国民党系统的报刊(《民国日报》)以及中共报刊(《新华日报》)的共同关注。相比较而言，《新华日报》的报道立场鲜明，积极肯定与支持民盟的一届二中全会，在当时即体现了两党肝胆相照、荣辱与共之精神；而社会报刊与国民党系统的报刊则仅止于中立报道，但其中作为社会报刊代表之一的《申报》的报道则较为详尽。

三、民国报刊中的二中全会政治报告

与各报关于民盟一届二中全会会程的简要通讯相比，会议结束 10 天后发布的《民盟二中全会政治报告》受到的关注与争论则更多。在会议闭幕数天后的 1 月 14 日，《申报》即先行刊登通讯说：

【本报讯】民盟之时局宣言，将于本周内发表。此项宣言以二中全会之政治报告为蓝本，原长约一万六千字，惟经章伯钧、张东荪、邓初民三氏整理后，颇多增益，正式发表时可能长达二万余言。宣言内容除叙述民盟过去一

① 《申报》(上海版)1947 年 1 月 11 日。
② 《大公报》(上海版)1947 年 1 月 11 日。
③ 《益世报》1947 年 1 月 11 日。
④ 《民国日报》1947 年 1 月 11 日。
⑤ 《新华日报》1947 年 1 月 12 日。

年内之努力外，并将列举对时局之主张。[①]

随后，1 月 18 日，《申报》刊登了民盟定于 20 日下午发表时局宣言并招待中外记者的消息。[②]《新华日报》则在 20 日援引《中央社》的消息，刊登了宣言将发布的通讯。

1 月 20 日，《民盟二中全会政治报告》发布后，各主要报纸都先后予以报道刊载。21 日，《申报》以“民盟对于时局提出四项建议主张重新协商成立联合政府”[③]为题，《益世报》以头版大字“民盟发表时局宣言反对内战恢复和平提出三条件要政府先做到对解救目前局势建议三点”[④]为题，大篇幅报道了《宣言》的主要内容，《大公报》则全文刊载了《民盟二中全会政治报告》[⑤]。《新华日报》以“民盟发表国是宣言：认为是非真假间无中立余地，并谴责国方破坏政协的行为”[⑥]为题进行了报道，并在随后的 25 日—27 日对报道全文进行了连载。民盟机关刊物《光明报》在 1947 年新 14 期中也进行了全文刊载。[⑦]

与大报限于版面篇幅的简短通讯不同，当时秉持各种立场的大小期刊对二中全会与《政治报告》则更多从自身角度出发予以评论。对于《政治报告》的反对势力来说，《政治报告》似乎颇有一驳的价值。笔者查阅的文献中，数篇反对《政治报告》的文章都是长篇大论，有的一眼观之便是反动势力的谩骂，有的反对观点则还貌作客观公允。

如刊物《民主与统一》（上海）中题为《读民盟的政治报告》[⑧]一文开篇先说，“大家对于民盟最初多少存些希望，以为它应善尽第三者的作用，对于促进国共合作，有所贡献，现在我们读它们的宣言式的政治报告以后，对于它们的这种作用也不存什么幻想了。”对于民盟的工作，这位作者则以为，从民盟政治报告中提出对当前时局应采取的政策看来：

---

① 《申报》（上海版）1947 年 1 月 14 日。
② 《申报》（上海版）1947 年 1 月 18 日。
③ 《申报》（上海版）1947 年 1 月 21 日。
④ 《益世报》1947 年 1 月 21 日。
⑤ 《大公报》（上海版）1947 年 1 月 21 日。
⑥ 《新华日报》1947 年 1 月 21 日。
⑦ 《光明报》1947 年新 14 期。
⑧ 刘亦宇：《读民盟的政治报告》，《民主与统一》（上海），1947 年第 28 期。

民盟的工作是"谈"和"商",政府的工作是为民盟的"谈""商"布置场面。这种分工是人为其难,我为其易,很不像一个独立政团应有的主张。不过这一主张正符合民盟本身的条件,因为民盟是一个没有武力,没有群众,没有行政机关的知识分子集团,它唯一的资本是"谈",它唯一希望是政府愿听。至于那些先决条件能否办到与否是无所谓,那是可以伸缩自如的。

如果说上面这篇文章还貌似是在分析说理,那么下面这篇《"民盟"政治报告批判》①就直接"义正辞严"地"谩骂",直观显现了反动势力的猖獗与有恃无恐:

"民盟"这一大篇所谓"政治报告",是一篇充满了阴谋和欺骗而又伪装得很拙劣的自白书,是一群政治买办一年来与共产党狼狈勾结助长内乱祸国殃民的供词。在这篇"报告"里什么事都改头换面报告出来了,而对于青年党、民社党因不甘受共产党尾巴的操纵玩弄而脱离民盟,对于一部分有政治助长和独立精神的人士因不甘作共产党的傀儡而脱离现实政治,致使民盟事实上已宣告解体的重大事实,却连一个字也不提,可见这一群共产党的爪牙还在把"民主同盟"当作一块金字招牌,想利用它以盗名欺世,他们发表的长篇"政治报告",千言万语,归纳起来只有两句话:"共产党是有百是而无一非,国民党有百非而无一是。"

除了以上两种"说理"与"谩骂"的类型的文章外,还有文章对于二中全会人事工作的捕风捉影,以小道八卦来吸引读者。《弥漫于民主同盟的"消极"风》②一文可谓典型:

张东荪由平南来,大义凛然的反对民社党参加国大及政府,并以脱党恫吓张君劢,进而表示全力支持民盟,他任秘书主任之后理应坐镇"中枢",可是他忽然离沪北上,返平燕大重执教鞭,外界多有不解,其实张东荪之当选秘书主任,完全是罗隆基的运用,想以张任秘书主任之名,他行秘书主任之

① 佚名:《"民盟"政治报告批判》,《时代》(重庆),1947年第32期。
② 佚名:《弥漫于民主同盟的"消极"风》,《力行月刊》(济南1946),1947年第1卷第9—10期。

> 权，结果被张东荪发觉，怂而回平，其次则因在沪遗失皮包，内装全盟名册及机密文件，致盟内人士所不满，对张多所指摘。张氏北去后，罗隆基如愿以偿，但又忸怩作态，再推黄炎培代理，黄氏的消极沉默为时已久，远在二中全会前，曾携眷避居杭州，并大登卖字广告，以示厌倦政治，二中全会虽出席，也是若隐若现，黄氏对政治并非无兴趣，对于政府部长，向往已久，无奈迫于盟内某种力量之威胁，徒兴“事与愿违”之叹。主席张澜虽安定了几度动摇的宝座，可是终日处于包围中，已如笼中之鸟有翅难展，对此次东下，异常后悔，只有消极了事，幸而范朴斋随侍在侧，尚可慰客中寂寞。此外久负消极盛誉的梁漱溟远在国大前夕，“第三方面”垮台时，即已远走高飞，息影于重庆北碚闭门谢客，下帷著述。

对于自己的路线与原则，民盟则在自己的刊物，特别是机关刊物《光明报》中予以坚持重申。沈志远在《光明报》发文《我对于民盟二中全会的观感》，认为这一次全会确实圆满完成了它所应负的使命。同时他还强调："政协的原则和精神，乃中国现实条件下唯一合乎和平民主要求的路线和精神。不幸一年以来，这一和平民主的政协路线和政协精神，已被国民党政府悔弃无遗；然而今后不谈和平民主则已，要谈和平民主，则真理之路仍然只此一条，那就是政协道路。"[①]这不啻是对于上面提到的《读民盟的政治报告》一文的"至于那些先决条件能否办到与否是无所谓，那是可以伸缩自如的"言论的有力还击。

此外，具有进步思想的《现代周刊(槟榔屿)》中也载文《论民盟的决议与宣言》[②]，作者评论道："青年民社两党离开了民主立场，给国民党收买以后，中央社立即发出一个电讯，谓中国民主同盟业已名存实亡。民盟是不是已名存实亡呢？每一个不是政治色盲的人，都会对这消息予以否定。大会通过一篇长达一万八千言的划时代宣言。这宣言，与其说是中国民主运动的纪功碑，无宁说是中国民主运动的里程碑。这宣言，与其说是对国民党反动派一种指摘，无宁说是对国民党反动派一种控诉。这宣言，与其说是中国革命历程的一缩影，无宁说是中国革命前途的一个灯塔。这是祖国灵魂的呼唤，海内外同胞，是会因这呼唤而跑上应

① 沈志远：《我对于民盟二中全会的观感》，《光明报》1947 年新 14 期。
② 黄绿萍：《论民盟的决议与宣言》，《现代周刊》(槟榔屿)1947 年复版第 38 期。

跑的道路的。”这无疑可以看作是对反对势力所谓的“民盟事实上已宣告解体的重大事实”的有力驳斥。

从这些不同立场的期刊论辩中我们可以看到，民盟一届二中全会在当时并不是一次普通平常的会议。正因为它不普通、不平常，才会有来自反对势力长篇大论“说理”或是“谩骂”的攻击，各种反对势力的“说理”或是“谩骂”，也反衬出了会议的成功与意义。

各种报纸的全程关注、各类期刊的争辩评论，通过对70年前的这些历史文献的回顾，我们能够发现，中国民主同盟一届二中全会在当时的确是一场能够引发公众关注、具有重要影响力的会议。正是民盟二中全会体现出的坚定的民主政治立场，民盟进一步成了国民党政府眼中钉、肉中刺。当年的10月，国民党政府宣布民盟为“非法团体”，11月，民盟总部被迫解散。到了一年后的民盟的一届三中全会，会议则只能在香港召开，此次会议公开宣布了同中国共产党的携手合作，为彻底摧毁国民党反动政府，实现民主、和平、独立、统一的新中国而奋斗。回望历史，民盟先贤在当年纷繁复杂的历史大潮中能够秉持正道、无惧强权、为民争理的精神，至今仍旧值得我们后人尊崇与景仰。

（作者简介：田润，华东师范大学学生资助管理中心副主任。）

路线的转折

民盟被迫解散的前前后后

叶笃义

自1947年3月，中共代表团从国民党统治区撤退之后，民盟便成为国民党的主要压迫对象。当年7月1日，蒋介石发布《动员戡乱令》，国统区的宣传机构就动员起来向民盟进攻，谩骂民盟为“奸盟”，盟员为“奸匪”，“为中共操纵指使之工具”。孙科在记者招待会上对民盟进行恫吓，说“反内战就是反政府，反政府就按照处置共产党办法处置”。民盟在重庆、西安、昆明等地的机关报纸和刊物先后在几个月内被封闭。

1947年10月初，国民党捏造了一个“贩卖毒品”的罪名，逮捕了民盟西北总支部主任委员杜斌丞。民盟总部一直通过合法手续向蒋介石请求释放，被他置之不理。到10月7日，蒋介石突然以“中共关中地委负责人”“勾结匪军，密谋暴动，贩卖烟毒”等莫须有的诬陷罪名，把杜斌丞公开枪决了。一年以前蒋介石杀害了民盟负责人李公朴、闻一多，采取的是暗杀手段，事后还假装一直追查惩凶，这次对杜斌丞则以“通共匪”的罪名公开杀害，这件事给民盟一个很大的震动。民盟当时仍然以合法的手续向蒋介石提出书面严重抗议，同时张澜以主席的名义在报上登了个公开声明，“将案情诉诸全国及全世界之公道与正义”。蒋介石置之不理。民盟同蒋介石之间的关系搞到如此僵化的地步了，这时却仍然沉溺于对美国的幻想。于是，派沈钧儒、章伯钧、罗隆基和我到南京找司徒雷登，请他出面调解民盟和蒋介石政府的关系。我记得司徒雷登对这次谈话看得非常郑重，平时他同民盟不会讲英语的领导人谈话时，多半用中国话交谈，这次他完全说的是英语，旁边还坐着一个名字叫“拉登”（LUDDEN）的美国参赞做记录，司徒雷登当时以“不便于干涉中国内政”为辞，给民盟碰了个软钉子。

10月中旬以后，山雨欲来风满楼，国民党动员各地的御用团体开始在报上叫嚣要求解散民盟，陶希圣甚至辱骂民盟是“张邦昌、石敬瑭、郑孝胥、赵欣伯”。10月20日,民盟南京梅园新村总部突然被包围,民盟人员的行动被跟踪监视,对罗隆基的监视尤其厉害。当时民盟领导人都住在上海,罗隆基一人坐镇南京,代表民盟与各方交涉。他一连从南京打了几次电话到上海,向张澜告急,请示办法。10月26日张澜在寓所召集一个紧急会议,讨论如何应付。参加者为沈钧儒、黄炎培、史良和我。在开会过程中,黄炎培写了一个小纸条给张澜,纸条上写的是“自动解散”4个字。当时大家不同意这个意见,最后决定推黄炎培和我即日由上海到南京,会同罗隆基找国民党和司徒雷登办交涉。

我当日夜车去南京,黄迟了一天,27日夜车动身去南京。我28日到南京下关车站去接他。当天报上用特大标题登出:“政府宣布民盟为非法团体”的消息。黄到达南京后,立即同我到邵力子家中。邵先生平日待人一向是和颜悦色的,这次却表现得非常严肃。他直截了当地对我们说,事情发展到现在这步田地,一切都无能为力了,“民盟不成仁,便成义”(这是他当时的原话,他并没有加以引申解释,我们当时认为这句话的含义是非常厉害的:民盟或者牺牲,或者投降)。邵先生还责怪民盟对杜斌丞被杀害这件事,一方面向蒋提抗议;另一方面又在报上发表声明“要诉诸全国及全世界之公道与正义”。从邵先生的口气看来,对国民党方面对这个问题已没有交涉与和谈的余地了。

因为梅园新村民盟总部已被军警特务包围,我和黄炎培只好分头各找自己的亲友借住。黄炎培住到他儿子黄大能的家中,我住到我妹夫的寓所。这个时候接待民盟的人居住,是要担很大风险的。

在罗隆基的提议下,我们三个人当天在司徒雷登的寓所碰了头。从10月28日到11月4日我们离开南京止。黄、罗和我三个人的会面,前三天都是在司徒雷登处,后几天邵力子在国民参政会让出一间房子来给我们碰头。司徒雷登当时的态度同国民党是一致的,他一方面推说这是中国的内政,他无法干涉,但同时又直截了当地提出了“民盟光荣解散”的建议。我们每天上午先在司徒雷登那里碰头,下午去找国民党办交涉。我们会见了吴铁城和张群,他们的说法和邵力子完全一致。

10月29日,国民党中央社发表了所谓民盟参加叛乱的经过的报道,国统区各地军警机关陆续公布取缔民盟活动的办法,限令民盟成员登记自首。我们在南京办交涉的三个人,下一步棋怎么走呢?当时任国民党政府行政院长的张群最后说:同民盟办交涉的责任蒋介石已委托给陈立夫。而陈立夫表示只愿意同黄炎培一人接头，而不接见罗隆基和我。这时候我们三个人也只好俯仰由人，没有一点独立自由的余地了。我们的活动已不是争人权争自由的合法斗争，而是在答应停止活动和解散的前提下如何做文章了。

黄炎培同陈立夫单独办交涉，每天上午我们三个人在国民参政会碰头，由黄炎培介绍交涉情况。交涉结果最后搞成一个书面文件，那就是 11 月 6 日民盟在蒋管区各报上发表的解散公告。据黄炎培说，陈立夫向他表示，文件上的文字一个也不许更动，发表的时候如有只字变动即全部作废。当时国民党对罗隆基的监视比其他人都更严。罗一出门，特务军警便紧紧跟在后面盯梢。罗在讨论时希望在文件上提出免除对他的监视，黄炎培对这点也未能办到，而文件上却把某几处的房产移交和借用等琐碎的问题定得仔仔细细。罗一度非常愤怒，打长途电话给在上海的张澜，表示反对黄的做法。后来黄得到陈立夫的口头应许，答应罗隆基可以离开南京，到上海住进医院，费用由国民党包下来，可以免于监视。这样罗隆基才同意了。我们三人 11 月 4 日乘夜车从南京返回上海。在黄炎培同陈立夫办交涉的过程中，司徒雷登要求我们把交涉的最后结果告诉他。在我们离开南京之前，取得黄、罗的同意后，我把所拟的民盟解散文件抄了一份送给司徒雷登。

我们三个人 5 日早晨回到上海，立刻到集益里张澜寓所开紧急会议。这时沈钧儒、史良已经等在那里，章伯钧躲起来了，后来听说他已经或正在准备去香港。张云川适于此时到达上海，也参加了会议。陈新桂以表老（张澜）秘书的名义旁听。张澜的卧室在 2 楼，我们挤在那个小房间里开会。楼下客厅这时已经挤满了军警和等候在那里准备发表新闻的各报社记者。集益里 8 号门前的小弄堂里挤满了军警特务的汽车。

民盟参加这次决定命运的会议的人是张澜、沈钧儒、黄炎培、罗隆基、史良、张云川和我。首先由黄炎培报告交涉经过，随后宣读我们三人由南京带回那份宣布解散的书面文件。会上沈钧儒、史良和张云川最初表示不同意，提出是不是还有讨论其他办法的余地。张澜最初也表示犹豫，最后经黄炎培陈说其利害，罗隆基和我自然也加以附和。无论怎样说，文件是由我们三人共同负责的。当时集益里 8 号内外军警特务云集的气氛，确实也证明了邵力子“不成仁便成义”的说法。最后大家勉强同意下来。我含着眼泪下楼，把这个痛心的文件交给等候在那里的大批记者。我当时心情有如战败国的代表手捧着投降书递交给战胜国代表似的。第二天(11月6日)全国见了报。

解散的文件是张澜以主席的名义发布的。他感到非常沉痛,当晚一夜未眠。第二天清早便叫我根据他口述的大意,替他拟了一个以个人名义发表的书面谈话。全文是这样的:

> 余迫不得已,忍痛于11月6日通告全体民主同盟盟员,停止政治活动,并宣布民盟总部解散,但我个人对国家之和平民主统一团结之信念及为此而努力之决心,绝不变更。我希望以往之全体盟员,站在忠诚国民之立场,谨守法律范围,继续为国家之和平民主统一团结而努力,以求达到其目的。

我把这个谈话稿发至上海各个报社。张澜希望通过这个书面谈话,使全国盟员了解到,他在头一天以民盟主席名义发布的解散公告,在形势上是“迫不得已”的,在心情上是“忍痛”的。即使这样一个照顾到客观形势号召盟员“谨守法律范围”的书面谈话,除了当时苏联在上海所办的中文《时代日报》于11月7日全文发表外,其余所有中文报纸都拒绝或不敢登载。张澜沉痛地对我说:“杀头我是不怕的。我之所以这样做完全是为了照顾到全体盟员的安全。至于我的一切早已置之度外了。”这番话道出了他当时的心情。

黄任老(黄炎培)11月15日在《国讯》(当时职教社的机关刊物)上发表《我与民盟》的文章,概述民盟历年活动情况及终以被认为非法团体而遭解散之经历。结语有这样一段文字:“一部大历史,信而见疑、忠而被谤者不知凡几。民盟已矣,自我发之(任老是民盟的创始人之一),自我收之。知我罪我其惟春秋。请大家公正检讨民盟从创始到结束,前前后后所有文件,曾有一字一句是以构成危害国家颠覆政府的罪行否?”他为民盟作了有力的辩护。

[作者简介:叶笃义(1912—2004),民盟中央原副主席。]

缘由、经过及意义：民盟关键抉择的三维透视

邵　伟　杜玉华

2021年是中国共产党建党100周年，也是中国民主同盟（以下简称"民盟"）建盟80周年。80年来，民盟经历了初创、被迫解散、重建与辉煌等4个时期。1947年是各民主党派发展史上最特殊的一年，和谈失败使得国共关系彻底破裂，民盟及其他民主党派的爱国民主活动也遭到打压。1947年10月，国民党政府公开宣布民盟为"非法团体"，随后被迫解散，其他民主党派也受到了非法迫害。此后，民盟转入地下，放弃之前奉行的中间路线，转而坚持武装斗争的革命路线，与中国共产党全面合作，为国民党反动政府的最终垮台、解放战争的最终胜利及新中国的顺利建成作出了应有的贡献。

一、民盟关键抉择的主要原因

由最初的坚持走"第三条道路"，奉行中间路线，到坚持武装斗争的革命路线，即从爱国进步逐渐地走向革命的道路，民盟发生这种转折的原因是多方面的，但主要的有国共两党截然不同的态度与政策、其他民主党派的态度与通力合作以及内部进步势力的有力推动和自身惨痛的遭遇。

（一）直接原因：国民党的内战独裁、排斥打压政策

国民党实行一党独裁的反动政策，对民盟采取压制、排斥、打击、迫害，同时对民盟中个别不坚定分子采取引诱的手段，处心积虑地破坏、瓦解民盟并最终宣布民盟为"非法团体"，迫使民盟解散。具体的事例，如在民盟成立之时，国民党的态度是"不能容许这样一个以国民党共产党两党之上的自明为仲裁

的政团成立"[①]，千方百计阻挠、压制民主政团同盟成立，封锁其公布成立组织的消息；抗日战争结束后，民盟和平建国的方案及活动遭到国民党的打击迫害，同时民盟与中国共产党的密切合作招致了国民党的忌恨，于是，国民党加紧了对民盟的迫害：蒋介石一方面用高官厚禄拉拢收买民盟中的右翼分子；另一方面则逮捕、暗杀民盟成员，民盟中委李公朴、闻一多、杜斌丞的被杀害，大批盟员被列入继续逮捕杀害的黑名单，直到1947年10月，民盟被宣布为"非法团体"，被迫解散等。国民党这一系列的反动行径使得民盟意识到，国民党蒋介石是不允许民主党派存在和发展的。就这样，国民党反动政府长期的恐怖压迫政策，一步步地把民盟从中间党派的行列中推出来，又加上中国共产党对民盟的支持帮助、主动合作的正确方针的吸引力，结果使得民盟"在国民党和共产党两个大党的对立斗争中选择了共产党"[②]，放弃了中间路线，与中国共产党携手合作，走上了新民主主义的革命道路。

（二）重要原因：中国共产党的统一战线、守望相助政策

和国民党相反的是，中国共产党自成立之日起，就宣称是无产阶级政党，坚持大公无私、光明磊落的作风；处处以人民群众的切身利益为重，坚持全心全意为人民服务的宗旨；对宣扬求和平、求民主的民盟采取支持、团结、合作的统一战线政策，在呼吁和平与民主、反对独裁与专制的斗争中，中国共产党与民盟患难相助，生死与共，结下了深厚的战斗友谊。具体的事例，如在民主政团同盟秘密成立和公开组织的这个问题上，中国共产党支持他们联合起来，对建立组织"深表赞同"[③]；抗日战争结束后，民盟主张和平建国、反对内战、建立联合政府等的政策得到了中国共产党的肯定，不仅如此，中国共产党还大力支持民盟争取和平、反对内战的民主活动，帮助他们解决实际困难等；当民盟派遣梁漱溟到香港办报公开民盟成立的消息时，中国共产党从人力、物力及财力上大力协助，使得《光明报》顺利出版；在民盟最困难之时，中国共产党伸出友谊之手，抗议蒋介石解散民盟的法西斯暴行，肯定民盟的光荣历史，鼓励民盟继续奋斗等。中国共产党的这一系列友好的政策、态度与做法使得民盟逐渐地认识到，中国共产党是可

① 张军民：《中国民主党派史》，华夏出版社1989年版，第328页。
② 《周恩来统一战线文选》，人民出版社1984年版，第348页。
③ 《"皖南事变"资料选集》，中国共产党中央党校出版社1982年版，第265页。

信赖的真正的朋友，因而不断地与中国共产党靠近并进而密切合作，实现了民盟的根本转变。

（三）间接原因：其他民主党派的友好态度与通力合作

1947 年 1 月，民盟一届二中全会在上海召开。全会分析了全面内战以来国共双方的形势，认为国民党悍然发动内战，民心向背，而共产党虽取得阶段性胜利，但由于装备等实力上有悬殊，因此，“任何一方都没有消灭对方的可能，故迟早必趋于和平”①。所以，全会认为民盟今后的工作方针仍然是反对内战，恢复和平，实现国家民主化，重开政协会议，践行政协决议，成立联合政府。为了适应新的斗争形式，与民盟互相协调和配合，1947 年 2 月 3 日，中华民族解放行动委员会在上海召开第四次全国干部会议，正式更名为“中国农工民主党”并表示，农工民主党要与“全国同胞及民主党派共同推进民主团结，实现和平统一，建立独立富强之中国”②。如同民盟中央常委张东荪所说，“中间派的政治路线不仅是资本主义与共产主义之间的折衷方案，而且是一条介于国共两党之间的路线。具体来说，这条路线既反对国民党的官僚资本，又不赞成共产党用斗争的方法来平分土地的政策。”③可见，此时中间路线在各民主党派的政策主张中仍占据着主导地位。

1947 年 5 月 3 日，国民党在《中央日报》上公布了一个捏造的《中国共产党地下斗争总路线纲领》，公然声称“民盟及其他民主党派已为中共所实际控制，其行动亦系循中共意旨而行，受中共之命，正在倡议建立民主统一战线，准备甘为中共之新的暴乱工具。”④针对国民党这一捏造，中国共产党随即发表声明，指出国民党这一行径背后的真实意图在于摧残打击各民主党派人士及其民主活动，包括民盟在内的民主党派也纷纷发表宣言和谈话，强烈谴责国民党的无理言论。1947 年 7 月，国民党政府颁布《戡平共匪叛乱总动员令》，对各民主党派人士采取暴力打压、暗杀等措施，一时间国统区弥漫着一片白色恐怖的气氛。同年 10 月 27 日，国民党政府公开宣布民盟为“非法团体”，并将之前逮捕的民盟中

① 《中国民主同盟历史文献》，文史资料出版社 1983 年版，第 261 页。
② 《中国民主党派史文献选编》（新民主主义革命时期），第 409 页。
③ 张忆军主编：《风雨同舟七十年——中国共产党与民主党派关系史》，学林出版社 2001 年版，第 342 页。
④ 《中国民主同盟历史文献》，文史资料出版社 1983 年版，第 326 页。

央常委西北总支部主任杜斌丞枪杀，随后，民盟被迫宣布解散。

民盟的解散使得民主党派受到深刻打击，各民主党派人士纷纷著书立说，一致抗议国民党统治集团的法西斯暴行，坚决反对国民党反动政府的独裁专制。在民盟被迫宣布解散后，各民主党派与民盟一道纷纷转移到香港开展地下斗争工作。云集香港的各民主党派形成了一个强大的民主革命阵线，与中国共产党公开全面合作，发布一系列反对国民党反动政府暴行的声明，支持并参与中国共产党所领导的人民解放战争，逐渐地走向了坚持武装斗争的革命路线，实现了历史性的转折。

（四）决定性原因：民盟内部进步势力的有力推动与自身惨痛的遭遇

1. 更名改组、反对分裂：民盟逐步地加深与中国共产党的合作关系

民盟刚成立时并不是单一的阶级政党，而是由三党三派（青年党、国社党、第三党、职教社、乡建社、救国会）所组成的，盟员的出身不同，有来自封建阶级的，有来自资产阶级的，还有大量的来自小资产阶级知识分子及其他成分，民盟内部成分的复杂性决定了他们在以后的斗争中必然发生分化。如青年党和国社党，他们大多数与蒋介石集团有着密切联系，并且极力拉拢民盟投靠蒋介石政权，企图将民盟带向反动独裁、卖国求荣的道路，这与民盟的初衷是背道而驰的，因此遭到盟内爱国进步分子的极力反对与斗争。为打破青年党等右翼势力掌控民盟的局面，盟内进步分子在 1943 年向盟中央提出，将“中国民主政团同盟”改组为“中国民主同盟”，取消“政团”二字，以便广泛吸收无党派爱国民主人士加入民盟。次年 9 月，民盟召开大会，正式宣布对民盟进行改组，取消民盟的团体会员制，允许其他的无党派爱国民主人士以个人身份加入民盟，如此一来，使得三党三派以外的尤其是在社会上有些声望的爱国民主人士加入民盟，如李公朴、闻一多、陶行知、史良等。这些人的加入，壮大了民盟内进步分子的队伍，促使民盟得到了迅速的发展与进步，从而更好地开展爱国民主活动。

在重大的历史关头面前，盟内进步分子团结广大盟员，在中国共产党的帮助之下，打击了右翼势力，经受住了严峻考验，避免民盟走向分裂，逐步走向革命的道路，向中国共产党靠近了一步。1946 年 1 月政协会议在重庆召开，民盟与中国共产党一致要求和平民主，反对独裁专制和内战，坚持召开党派联席会议，建立民主联合政府。但是国民党为了操纵政协会议，唆使民盟右翼分子搞分裂，在

参会名额上提出无理要求，盟内进步分子在中国共产党的帮助下，妥善解决了名额问题，并把青年党清除出民盟。1946 年 11 月，蒋介石违背政协决议公开宣布单方面召开“国大”，国民党极力拉拢民盟内国社党成员参加伪国大，盟内进步分子极力反对，随后，民盟将国社党开除出盟。至此，民盟内右翼势力基本上得到清除，民盟中的左翼爱国进步分子的力量不断加强，与中国共产党的合作关系也进一步地加深。

民盟坚决反对蒋介石反动独裁卖国求荣的政策以及与中国共产党的公开合作遭到了蒋介石的极端仇视，1947 年 11 月，民盟被迫宣布解散。解散以后的民盟并没有放弃反蒋活动，而是转入地下继续斗争，盟内进步分子沈钧儒公开宣布，“国内各地盟务不会因总部解散而停顿，决不放弃反蒋活动，决不承认国民党强迫解散民盟。”①在中国共产党及各民主党派的帮助之下，1948 年 1 月，民盟一届三中全会在香港召开，恢复民盟与重建总部，实现了其政治路线的正式转折。

2. 痛苦的经历、血的教训：民盟由中间路线转向革命路线

除了民盟内部爱国进步分子的有力推动外，这些进步分子的惨痛遭遇也促使民盟逐渐地走向了蒋介石的对立面，放弃了中间路线，从而走向革命路线，与中国共产党站在了一起。

全面内战爆发后，爱国民主人士纷纷开展反内战、求和平的民主活动。1946 年 6 月 23 日，以马叙伦为团长的上海和平请愿团赴南京请愿，上海各界群众 5 万余人在北火车站举行欢送大会。当晚，请愿团在南京下关火车站遭国民党组织的暴徒殴打，请愿代表团代表马叙伦、阎宝航、雷洁琼、叶笃义、浦熙修等民主党派人士被特务打成重伤，造成了震惊国内的“下关惨案”。1946 年 7 月中旬，民盟中央委员李公朴、闻一多因在公共场合宣讲反对蒋介石反动独裁的言论，相继被国民党的特务暗杀，造成“李闻血案”。1947 年 2 月 9 日，上海三区百货工会在南京路劝工大楼召开“爱用国货抵制美货筹备委员会”成立大会，大会开始不久便遭国民党组织的暴徒袭击，永安百货公司职员梁仁达被打致死，造成了“二九惨案”。1947 年 3 月 20 日，国民党西北地方当局以“贩卖毒品”的罪名逮捕了著名教育家、民盟西北总支部主任杜斌丞，同年 10 月，杜斌丞惨遭杀害。1947 年 6 月初，国民党军警特宪在沪、平、津等地逮捕民主人士和进步师

① 中国共产党中央文献研究室注释组：《文献与研究》，1987 年第 5 期。

生 1 000 余人，民盟 100 余名盟员被捕。1947 年 7 月，国民政府颁布《戡平共匪叛乱总动员令》，随后，蒋介石发表广播讲话，将国统区的爱国民主人士的民主运动统指为共产党的“叛乱”，声称要进行镇压，各地的盟员陆续遭到无端逮捕与暗杀。1947 年 10 月，国民党迫害民盟达到了高潮：公开宣布民盟为“中共之附庸”，大批警察特务围困民盟南京总部，公开宣称民盟为“非法团体”。同年 11 月，民盟被迫宣布解散。痛苦的经历，血的教训，使民盟认识到，要谋求自身的生存和发展，要想为中国找到出路就必须找到合作者，就必须放弃中间路线从而走向武装斗争的革命路线。

二、民盟关键抉择的具体经过

1946 年 1 月召开的旧政协，民盟清除了青年党；1946 年 11 月召开的“伪国大”，民盟清除了国社党。民盟内部的右翼势力基本上得到了清除。在左翼进步势力的努力下，民盟坚持和平民主的政治宣言，企图在中国建立苏联式的经济民主和英美式的政治民主，走“第三条道路”。1947 年 10 月 27 日，国民政府公开宣布民盟为“非法团体”。同年 11 月，民盟被迫宣布解散，民盟的政治路线也逐渐地由中间路线转向革命路线。解散后的民盟与其他民主党派皆转移到香港继续参加反蒋爱国民主活动，1948 年 1 月，民盟在香港召开了一届三中全会，宣布恢复民盟，民盟一届三中全会的召开标志着其做出了政治路线转折的关键抉择，也开启了民盟崭新的历程。民盟做出关键抉择的过程具体如下：

1947 年 1 月，民盟一届二中全会在上海召开，全会确定了民盟的行动纲领和基本方针仍然是以“第三者”的立场，“努力促成和谈、重新举行政治协商、实行以往的政协决议、成立联合政府。”①，从而实现和平民主的政治愿望。由于民盟不愿意倒向国民党一边，国民党就加紧对民盟的压迫。“二九惨案”发生后，国民党上海支部书记方治扬言，这次惨案，主持者民盟，而幕后则是黄炎培。3 月，国民党政府责令限期中国共产党在京沪两地的工作人员撤离，国共和谈正式破裂。为此，黄炎培不顾沈钧儒等人的反对而对中国共产党有所批评，继续以中立的态度呼吁和平民主。但是，此时的国民党已容不得半点批评，随即编造所谓中国共

① 金冲及：《转折年代——中国·1947》，生活·读书·新知三联书店 2017 年版，第 411 页。

产党的《地下斗争路线纲领》并于 5 月公开发布，同时，国民党还抨击民盟实际上已被中国共产党所控制。“5・20 惨案”的爆发，得到了民盟参政员的同情与反对，他们极力抨击国民党暴力镇压的结果就是遭到了国民党更加严厉的打压。

1947 年 7 月，国民党政府宣布戡乱总动员后，遭到民盟的强烈反对。7 月 11 日，参政会驻会委员会第二次会议，潘朝栋提议，请政府励行总动员令，经黄炎培的极力驳斥，主张提案人撤回，经多数人的反对后，最终被迫撤回。10 月 27 日，国民党加大排除异己势头，官方宣布民盟为“非法团体”并指责民盟为“中共之附庸”。黄炎培予以反驳，并坚称民盟的政治主张为呼吁和平民主、建立联合政府，坚守“第三者”的立场。随后，国民党政府责令民盟自行解散，并包围了民盟南京总部，民盟盟员的出行及其他活动遭到监视，失去了自由。为缓解国民党对民盟的压迫，民盟决定请黄炎培到南京与国民政府商谈，并表示如若政府取消解散民盟的命令，则通告盟员停止政治活动。但是，国民政府对这一要求不予理会，继续宣称民盟的非法性，继续打压民盟盟员及其活动。双方谈判的结果就是国民政府要求民盟自行宣布解散，虽然这一结果不是民盟盟员所希望看到的，但是它为民盟盟员转入地下参与反蒋斗争赢得了时间。

被迫宣布解散后的民盟和其他民主党派皆转移至香港参与地下斗争，在中国共产党与各民主党派及无党派爱国民主人士的帮助之下，1948 年 1 月 5 日—19 日，民盟一届三中全会在香港召开。民盟一届三中全会的胜利召开，不仅宣告了民盟的恢复与重建，开启了民盟崭新的历程，也标志着民盟政治路线的正式转折。全会确定要支持人民武装反对反人民的武装、彻底摧毁蒋介石反动政权、实行耕者有其田的政策、放弃原来的“第三条道路”而与中国共产党密切的政治路线，并对过去“中间”“中立”的说法加以批判。针对民盟的这一转变，毛泽东曾指出，“由于对美国和蒋介石存着某种幻想，对我党和人民具有足以战胜一切内外敌人的力量表示怀疑，并因此认为所谓第三条道路尚有存在可能、将自己处于国共两党之间的中间地位的某些民主人士，在国民党的突然攻势之下，使自己处于被动地位，最终于一九四八年一月间采用我党的口号，声明反蒋反美，联共联苏。”[①]这些新路线的提出，不仅标志着民盟关键抉择的完成，也标志着民盟基本接受了新民主主义革命纲领，走上了与中国共产党全面合作共同反

① 《毛泽东选集》(第四卷)，人民出版社 1966 年版，第 1241 页。

蒋的政治道路，开启了民盟崭新的历程，同时也带动了其他民主党派及无党派民主人士向新民主主义的历史转变。

民盟被迫解散的深刻教训和客观历史进程的发展并不是要让民盟去直接从事武装斗争，而是要转变对武装和战争的看法和态度，不是一般地反对武装和战争，而是要反对反革命的武装和斗争，坚决拥护和支持人民武装和战争；不是一般地只是遵循着“以和平的方式争民主”，而是依靠革命战争去消灭反革命力量，以取得真正的永久的和平民主；在新的革命高潮的形势下，将民盟的一切工作和斗争都纳入积极支持和配合人民革命武装斗争的轨道上。在争取国家和平民主的艰难斗争中，在中国共产党强有力的影响之下，民盟的政治立场和主张发生了历史性的改变，1948 年 1 月在香港召开的民盟一届三中全会顺应历史发展潮流，以大无畏的英雄气概，勇于检讨自身，作出明智的历史性选择，成为民盟从中间路线走向革命路线的转折点，也是民盟获得新生的伟大转折点。

三、民盟关键抉择的重大意义

民盟一届三中全会的召开标志着民盟政治路线的正式转折，这一关键抉择开启了民盟崭新的历程。民盟关键抉择的重大意义具体而言主要有三方面，即对民盟自身发展的意义、对当时国内局势的影响和对当代中国政治发展的启示。

（一）重获新生：对民盟自身发展的意义

以民盟为主要代表的中国民主党派创立之后，就一直为了实现民主共和的政治抱负而进行着长期不懈的努力奋斗。民盟与中国共产党不同的是，它代表的是中间阶级阶层的利益和要求并努力追求着和平民主的道路，虽然与中国共产党有着亲密的合作关系，可民盟至解散之前一直坚守着中间路线的政治路线，充当着调节国共关系的第三者立场，坚持走“第三条道路”。抗战结束之后的实践证明，所谓的“第三条道路”在中国是行不通的，中间路线也是一种幻想罢了。国共两党截然不同的态度及政策逐渐地使得民盟选择了接受中国共产党的领导并全力支持中国共产党所领导的人民解放战争，走上了彻底推翻国民党反动统治的革命道路。

民盟一届三中全会的召开标志着政治路线的正式转变，开启了民盟崭新的历程。作出关键抉择之后的民盟实现了政治上的初步转变，在组织上得到了巩固和加强，进一步地提升了民盟的凝聚力，吸引了更多的爱国进步分子加入民盟，使得民盟的组织更加健全，战斗力也进一步增强。由于民盟接受了中国共产党的领导，参与了新中国的创建与管理，其政治地位和性质也开始发生了历史性变化，走上了更加光明的政治道路。政治地位的提升，进一步提升了民盟盟员的政治积极性和民族自豪感，从而为新中国的建设与改革，为实现中华民族的复兴贡献着自身应有的智慧与力量。

（二）对当时国内局势的影响

1. 有力地推进了人民解放战争的顺利进行，加速了蒋家王朝的瓦解

民盟一届三中全会以后，会聚香港的民盟及其他民主党派看清了蒋介石的真实面目，他们不仅与中国共产党全面合作，而且公开拥护中国共产党的领导，积极支持中国共产党领导的人民解放战争，参加国统区反对美蒋反动派的第二条战线的斗争，参与解放区各种民主活动，积极献言献策，为新中国的建立作出了重要的贡献。拥护中国共产党的领导与支持人民革命斗争是一致的，包括民盟在内的各民主党派都以实际行动积极拥护和参加中国共产党领导的人民革命斗争。民盟于 1948 年 4 月 18 日发表声明，号召全国人民积极投身革命斗争，并指出："现在全中国人民和独裁政府已经处不两立的地位，要获得生存，要获得自由和幸福，就唯有靠自己的力量奋斗到底。"[①]同时还号召那些在国民党反动政府里工作的公务员们用适当的形式开展反蒋独裁的爱国活动，号召他们为国家的光明前途贡献自己的力量。其他民主党派如民革、民促等也不断地向国民党官兵尤其是掌管军队的爱国将领发表文告，号召他们起义，弃暗投明。如 1949 年年初，民革和民盟华北总支部配合中国共产党，在平津战役期间影响傅作义率部在北平起义，北平的和平解放不仅避免了北平古建筑的毁坏，且促使了新中国的顺利建成。

除了号召起义、军事策反，组织武装、搜集情报、协助接管城市等都是民主党派直接配合人民解放战争的主要活动。民盟及其他民主党派积极参与并帮助中国共产党进行解放战争，贡献了人力、物力、财力，甚至献出了生命，他们的积极

---

① 《中国民主同盟历史文献》，文史资料出版社 1983 年版，第 444 页。

参与和帮助有力地促成了人民解放战争的顺利进行，加速了蒋家王朝的土崩瓦解，迎来了人民当家作主的新时代。

2. 有效地与中国共产党携手共建新中国，基本形成了中国特色的政党制度

随着人民解放战争的顺利发展，建立新的人民民主政权时机和条件已经成熟。早在1948年5月2日，中国共产党中央便电示中国共产党上海局，拟定邀请民主党派及无党派民主人士李济深、冯玉祥、张澜、黄炎培、沈钧儒、史良、罗隆基、马叙伦等人来解放区协商召开新政协会议和成立民主联合政府。从1948年9月—1949年3月，各党派及无党派爱国民主人士先后分4批经香港北上进入解放区，与此同时，中国共产党中央与分批到达解放区的以及尚在上海（如民盟的张澜、罗隆基）、香港的民主党派及无党派人士的代表，就召开新政协的时间、地点、会议任务等问题反复磋商并达成了一致意见。1949年6月，新政协筹备会议在北平中南海举行，出席会议的有中国共产党、各民主党派、各人民团体、无党派人士及海外华侨。1949年9月21日，新政协即中国人民政治协商会议第一届全体会议在北平中南海怀仁堂隆重举行，中国共产党中央主席毛泽东致开幕词，民主党派人士李济深、张澜、黄炎培等先后致辞。会议选举产生了中华人民共和国中央人民政府委员会委员及各部部长，在组建的中央人民政府委员中，民主党派及无党派民主人士约占一半，由此可见，以民盟为主要代表的中国民主党派在筹建新中国和参与新政权之中占据了重要的地位。新政协会议的召开宣告了新中国的诞生，与此同时，中国共产党领导的多党合作和政治协商制度也基本形成。

（三）对当代中国政治发展的启示

1. 坚持"协商民主"不松懈，继续推进民主党派与中国共产党的更好合作

从民盟发展的历程可以看出，民盟与中国共产党的合作、接受中国共产党的领导、与中国共产党及其他民主党派一起共商国是等是历史发展的一种必然趋势。在全面内战爆发后，民盟与其他民主党派一起反对内战，企图说服国民党政府停止攻击共产党所在的解放区，但是，国民党政权并没有理睬而是继续打压各种民主活动，迫害民主人士。民盟的民主活动遭到国民党的忌恨，于是公开宣布民盟为"非法团体"，之后民盟被迫宣布解散。解散之后的民盟并没有失其初心，而是继续参与斗争，选择了与中国共产党站在一起，与人民站在一起，接受中国

共产党的领导，并与其他民主党派及无党派民主人士一起为新中国的建立贡献智慧与力量。

当代中国政治的进一步发展也要借鉴这一基本经验，继续坚持与时俱进和协商民主。当前，世情、国情、党情都在发生着新的变化，一些新的问题、新的矛盾、新的社会阶层不断地涌现，给中国的发展带来了一定的挑战。因此，我们要提出适合时代发展的新的政策，与时俱进，强调创新思维，坚持实事求是，始终以新的姿态、新的智慧、新的方案来迎接新的挑战。党的十九大报告指出，有事好商量，众人的事情由众人商量，是人民民主的真谛。协商民主是实现党的领导的重要方式，是我国社会主义民主政治的特有形式和独特优势。为此，要坚持协商民主，坚持在中国共产党的领导之下，注重各民主党派的意见与建议，集中各方智慧，尊重社情民意，构建新型政党关系，继续推进各民主党派与中国共产党的更好合作，从而带领中国朝着更加健康、更加光明的道路前进。

2. 坚持“统一战线”不动摇，进一步推进中国特色社会主义政党制度建设

民盟作为民主党派的重要代表，无论是抗日战争时期，还是解放战争时期都是中国共产党统一战线的重要组成部分，在中国共产党统一战线的领导下，民盟与中国共产党密切友好合作，长期保持着良好关系，为抗日战争的胜利、为新中国的建立、为中国社会主义建设与发展都发挥了积极的作用。中国共产党与民盟及其他民主党派的合作建国，充分体现了中国共产党三大法宝之一的“统一战线”的思想，也基本形成了中国特色的政党制度，即中国共产党领导的多党合作与政治协商制度，这一政党制度作为中国一项基本的政治制度为中国社会主义的建设、改革与发展都发挥了重要的作用。

随着社会的发展，一些新的社会阶层逐渐涌现，一些新的问题也相应出现，我国的社会主要矛盾也发生了变化。2017 年 10 月，习近平总书记在十九大报告中指出，中国特色社会主义进入新时代，我国社会主要矛盾已经转化为人民日益增长的美好生活需要和不平衡不充分的发展之间的矛盾。应对新挑战、新问题、新矛盾，我们应该继续坚持这一基本政治制度，始终坚持“统一战线”不动摇，进一步推进中国特色社会主义政党制度建设。要高举爱国主义、社会主义旗帜，牢牢把握大团结大联合的主题，坚持一致性和多样性统一，找到最大公约数，画出最大同心圆。要继续坚持统一战线的优良传统，吸纳更多的爱国进步知识分子，充分发挥他们的聪明才智，群策群力，为中国的发展献言献策，提升中国发展

方案的科学性、先进性、民主性，在中国共产党与其他民主党派的共同努力下，让中国特色社会主义的发展道路更加宽广，更加光明，更加通畅。

光阴荏苒，岁月如梭。中国共产党即将迎来建党100周年，民盟也将迎来建盟80周年。中国特色社会主义已经进入了新时代，民盟的发展也迎来了新天地。面对一些新的问题、新的挑战、新的任务的出现，中国特色社会主义事业的发展面临着前所未有的大好时机与全新挑战，特别是2020年新冠肺炎疫情的爆发，有力地说明了中华民族的凝聚力，彰显了中国共产党与各民主党派团结一致、共克时艰的优良传统。在中国共产党的坚强领导下，在习近平新时代中国特色社会主义思想的指引下，在中国特色政党制度的有力保障下，在中国共产党与各民主党派及海内外的中华儿女的紧密团结下，我们决胜全面建成小康社会的目标就一定会实现！我们建成富强民主文明和谐美丽的社会主义现代化强国的目标就一定会实现！我们中华民族伟大复兴的中国梦也就一定会实现！

（作者简介：邵　伟，宁波市北仑区泰河中学政治教师；
杜玉华，上海交通大学马克思主义学院教授、博士生导师。）

从中立走向团结

——张澜在民盟解散至一届三中全会期间救国策略的变迁

唐 静

张澜，(1872—1955)，字表方，四川省南充县人。1941年10月，张澜继任中国民主政团同盟主席。1944年9月，中国民主政团同盟改组为中国民主同盟。次年10月，中国民主同盟第一次全国代表大会召开，张澜被推举为主席，开始了领导民盟反对内战、主张和平与民主的道路。

一、中间路线：凝聚各方力量促和谈

抗日战争胜利结束的消息传出，国共两党的关系随即进入紧张状态，内战一触即发。张澜及其代表的民盟作为当时最大的第三方面党派，为实现中国的民主与和平，从中进行了调解。在这一阶段，张澜主张“我们是超然的独立的第三者”①。此时，张澜一直以“第三方”的身份凝聚各方力量，坚持通过和平、民主、合法的政治斗争，促使国共停止内战，进行和谈，建立民主联合政府。

张澜之所以坚持对国共两党关系进行调停，促成双方和谈，首先是因抗日战争胜利结束后，人民生活困苦，继续进行内战违背人民心意。“抗战的胜利，是中国经过八年长时间的艰苦撑持，付了几千万人以上的血换来的。”②抗战胜利后，中国人民陷入了无止境的国内战争当中，悲惨的生活现状并没有改善，持续的战争让人民群众再次陷入水深火热之中。张澜对于人民挣扎在死亡线的痛苦十分

①② 张澜：《在沪十一个民主团体欢迎会上的讲话》，《民主报》1946年12月23日。

忧虑，对于持续的战争深感痛心。如果内战继续无限期地扩展下去，于国于民都是十分不利的。这是张澜在解放战争初期一直强调“民主、统一、和平、建国是中国光明的坦途”①的最根本原因。只有通过国共两党的和谈，进行各民主党派的政治协商，才能够避免战争的持续与扩大，尽快实现联合政府，实现真正的民主与和平。

张澜坚持在解放战争中扮演国共关系调停者角色的缘由，还应追溯于民盟成立之初的动机与主张。民盟最初是皖南事变时，各民主党派为缓解国共关系紧张状态而进行的联合，目的是为“民主和反内战而团结”②。随着各民主人士与党派在国共关系中扮演的调停者角色越来越重要，中国民主同盟政团应运而生。张澜自民盟成立起就一直坚持超然独立的调停者角色，参与到国共和谈当中。张澜曾于 1945 年 2 月 26 日在《华西晚报》上刊文介绍民盟，认为民盟自成立之初的动机便是组织成为一个民主政团同盟，是独立于国民党和共产党的第三方力量，目的是为了促进国内各方力量的团结，从而壮大建国的组织力量，以期共同建立民主和自由的国家。对待国共两党的态度在张澜认为是“极其公正明白的”③。1945 年 8 月 3 日，张澜在招待外国记者会上谈到过民盟的立场，他认为民盟始终将民族国家作为自己的立场，民盟的成立是为了建设民主自由的国家。但是张澜所坚持的立场是以“第三方”的身份提出的。当然，这不仅是张澜个人政治理想的表现，也是民盟广大盟员的政治立场。因此可知，张澜在此时的“第三者”主张，符合民盟在这一阶段的发展目标。日本投降消息传来，时任民盟中央主席张澜对抗战胜利结束发表谈话。张澜在谈话中强调国共两党应该停止一切内战和摩擦，就目前形势而言，应该促成时机达成合作与协商，确切地解决内部的问题。1945 年 10 月，在社会各方爱国民主人士的呼吁下，国共两党在重庆进行了谈判，最终签署了《双十协定》。该协议的落地意味着国共双方达成了暂时的合作，并以协议的形式确立了双方合法平等的地位，在此基础上，双方决定召开政治协商会议，洽谈国是，共同探讨救国方案。国共和谈的成果与政治协商会议的召开为张澜政治理想的实现带来希望，这使得张澜对中立的“第三者”立场更为坚定。国共双方的和谈意向与暂时性成果，成为促使张澜坚持超然

① 张澜：《在沪十一个民主团体欢迎会上的讲话》，《民主报》1946 年 12 月 23 日。
② 中国民主同盟中央委员会编：《中国民主同盟七十年》，群言出版社 2011 年版，第 6 页。
③ 张澜：《中国民主同盟的缘起主张与目的》，《华西晚报》1945 年 2 月 26 日。

独立的“第三者”立场的外部动力。与此同时，国际社会对于中国未来发展方向也给予了相当的关注。在国共和谈时期，马歇尔来华参与调停的举动引起了国人的广泛关注，甚至让许多知识分子与民主人士对国外势力抱有一定希望，把和平建国的希望寄托在国外势力上。从侧面来讲，这也是对张澜坚持和平建国主张的刺激，尽管实际情况并不乐观。因为在当时美苏对立的全球背景下，美国人更倾向于国民党一方，暗中支持国民党进行内战，并从中获得在华利益。由此可知，外部势力参与调停并不是为了中国的发展，而是以此实现在华利益。张澜对于美国人来华进行调停也做过表态，他认为对于外部势力提供的帮助，中国人民应该感激，而不是一味地拒绝，毕竟马歇尔将军曾在结束中国内战方面发挥了巨大的作用，进一步促进了中国问题的解决。在马歇尔将军的帮助下，促成了国共双方停战合作，团结合作的局面进一步打开，并就此调整了双方的整军方案。针对国外势力的帮助，特别是在国外势力的帮助下，中国局势朝着有利的方向转变时，张澜认为中国人民应该对此表示感谢。可以看到，张澜对于美国来华是抱有希望的，但同时也是清醒的。在争取民主、和平的同时，张澜认为美国不能干涉中国内政，更不能打着帮助中国的旗号趁机获得在华的特殊利益。对此，虽然张澜对美国抱有希望，但是还是希望在解决和平建国问题上，中国人民能够独立开展民主和平运动。当然，面对外来势力的善意的帮助，张澜认为如果真的可以帮助中国结束内战，尽早建立民主自由的新中国，中国人民不应该反对，相反还要表示热烈的欢迎。但是如果不能提供善意的帮助，从而帮助中国结束内战的话，张澜希望那些外部势力最好保持中立的态度，不要干涉中国的内政。从张澜对待美国这一调停者的态度中可以看出，他没有任何私利，完全是抱着国家独立、人民安定的理想进行政治活动，体现出张澜坚持超然独立的特征。

抗战胜利结束后，在国共两党关系尖锐对立的状态下，张澜坚持通过民主、和平、合法的方式达成和谈对暂时避免大规模内战的发生起到了促进作用，为民盟等第三方面争取到了最广大的舆论支持与同情。但同时也使得在之后的内战调解中，张澜一直对国共党争实现民主的团结抱有幻想。《双十协定》发表不久，蒋介石便发布“剿匪”密令，向解放区发动了进攻。国民党军队先挑起了东北内战，引起了各方的不满与反抗。随后又在民盟的调和与敦促下，国共两党签订了《东北停战协定》。但是该协定并没有起到有效的约束作用，国民党军队却出尔反尔，无视《东北停战协定》，继续在东北进行内战，并且内战还有向华北地区蔓延的趋势。张澜于 1946 年 5 月对各报记者发表的谈话中直接指明:“我们邀请国共双方会谈解决办法,我们所提出的详细方案,已在报端公布,自信无所偏袒,不料遭到了政府的拒绝。”①张澜已经认识到国民党在和平方面是十分没有诚意的,但他仍坚持以国家民族为立场,对蒋介石抱有以民主求和平的希望。在 1946 年 10 月 11 日,在晋察冀解放区的张家口战役,国民党军队获得胜利。因此,蒋介石政府认为内战的全面胜利在望,于是公然违背政治协商会议决议,并决定于同年的 11 月召开国民大会。消息传来,张澜很失望。在随后 10 月 14 日对记者就时局发表谈话时,张澜直接表示:“如果国民党硬要一意孤行下去,他的政治、经济、财政、教育,一切不能改良,人民的痛苦一天天加深,这对他是非常不利的。我一直劝国民党改良,不是要革命,但我们是要不折不扣坚持我们的一贯主张的!”②这个时候的张澜还是坚持自己的立场与主张,希望国民党能够自行改良,但张澜以公正明白的态度拒绝参加伪国大引起国民党的憎恨。除了张澜对国民党政府本身抱有和谈幻想之外,另外一个原因还在于张澜将国民党中党派分化的问题扩大,把蒋介石个人与国民党内的反动派与好战派区别对待。在“李闻惨案”发生之后,张澜致电蒋介石。虽然电文中张澜并没有明确表示昆明事件与蒋介石有直接的关系,但在电报中张澜分析了昆明事件的背后力量,认为凶手特务之所以如此猖狂,是因为有背后的力量作支撑。张澜希望蒋介石应该尽早做好防备,防患于未然。他还强调,如果蒋介石未能做好防备事宜,将对蒋介石的声望有所损害,电文中写道:“则天下人对主席保障人权之诺言,讵能相信?”③由此可知,张澜并未将话题的矛盾直接指向蒋介石,而是在文后要求蒋介石严惩凶手,废除特务机关,以彰显法治,保障人权,挽回人心。面对国民党政府的迫害,张澜还是坚持将特务系统的残忍行径与蒋介石求和平的态度区分开来,这样做是仍寄希望于蒋介石能认真履行主席职责,保证民主与法治,并通过舆论制裁来使蒋介石能够脱离反动派与好战派分子的包围。

1947 年 1 月 6 日—10 日民盟在上海召开了一届二中全会。会上张澜分别作了开幕词与闭幕词的发言。在开幕式上,张澜提出有两件事需要注意:一件事是赢取同情,坚定拥护政协的态度。二是加强组织,独立自主解决问题。从这

---

① 谢增寿、何尊沛、张广华著:《张澜文集》(上)(1911—1946),群言出版社 2014 年版,第 286 页。
② 《张澜文集》(上)(1911—1946),群言出版社 2014 年版,第 302 页。
③ 《张澜文集》(上)(1911—1946),群言出版社 2014 年版,第 291 页。

两点来看，张澜当时对于民盟未来的政治路线与目标主要是集中于将国共两党拉回到政治协商会议的和平谈判中来。张澜认为，在舆论的压力下，和平谈判势必会获得社会各界的同情与帮助，由此可以推进和平建国的进程。但是同样重要的是，还需要注意保持民盟的独立性，加强组织性与纪律性，警惕外部势力对民盟的分化与打压，各盟员应坚定政治立场，不能被国民党反动派所动摇。在国共多次和谈之后，特别是在国民党宣布召开所谓国民大会之后，张澜对国民党政府无意组成新的联合政府，并仍要继续实施一党专政的意图是十分了解的，但他仍希望国民党政府能回到和谈桌，对实现全面停战仍然抱有幻想。但民盟作为中立的“第三者”所坚持的以民主求和平的方式，皆与国民党发动内战，召开伪国大，实行一党专政的目标不符，这导致国民党政府仇视民盟，加紧了对民盟及盟员的打击、分化与迫害。因而张澜对国民党政府的能够实现停止内战、走向民主的幻想也在民盟盟员受到接连迫害而渐渐破灭。

二、和谈破灭：对抗国民党独裁统治

民盟一届二中全会后，张澜对国共停止内战，中国走向和平与民主的希望与耐心，在国民党当局接二连三的法西斯暴行下逐渐消失。首先表现在国民党血腥镇压爱国民主运动以及污蔑民盟及其他民主党派的方面。1946 年 12 月 25 日，国民党召开的“国民大会”通过了《中华民国宪法》，确定了蒋介石的核心地位，形成了以蒋介石为核心的国家制度，使得蒋介石可以凭借其统治地位进行独裁统治。由于蒋介石已经独揽了一切大权，他凭借手中的权力与外国势力勾结，公开承认美国的在华特权。由于这个宪法扰乱了国家秩序，承认了蒋介石的独裁统治，并为蒋介石的统治提供了制度上的便利，遭到了中国共产党、民盟及其他爱国人士的强烈不满，进而引发了反美反蒋的爱国民主运动。此时，张澜及民盟对于国大及其宪法的看法是“明揭十一月十五日国大的非统一性与不合政协决议”①。之后，张澜坚持在国统区进行公开合法的斗争，这当然引起国民党的不满和仇恨。到 1947 年 3 月 7 日，蒋介石要求中共在南京、上海和重庆等地担

① 中国民主同盟中央文史资料委员会编：《中国民主同盟历史文献（1941—1949）》，文史资料出版社 1983 年版，第 293 页。

任国共和谈的代表和其他工作人员全部退出国统区，国内形势急转直下。4月22日，国民党在其机关报《中央日报》上公开污蔑中国民主同盟，没有经过合法的程序就否认民盟在中国的合法地位。在5月3日的时候，国民党通过伪造文件，将矛头指向了各民主党派，谎称民盟及其组织已为中共所控制，其行动亦均系循中共意志而行，“亦甘为中共之新的暴乱工具”①。张澜随即致函给当时国民党政府行政院长，对此表示强烈抗议，认为这是国民党的诽谤：“中央社此种举动，实已构成犯法行为，应负法律上之责任。又中央社及中央日报今日名义虽为国民党机关，实际仍系政府宣传机关，则该社与该报此项言论，政府亦不能辞其责也。……本盟行动，遵循民主轨道，采取合法手段，乃举世共知之识。”②这是指明了国民党政府对于民主与法治的践踏。考虑到当时民盟盟员杜斌丞被捕之事，为避免摩擦，伤及被捕盟员，张澜仍表示“依然愿以其在野身份，准备与政府遇事商谈”③。希望在商谈过程中减少党派之间的摩擦，通过协商的方式达成谅解。可以说张澜此时仍以民主抗议为斗争方式，对国民党放弃一党独裁，实现民主联合政府残存一丝希望，其争取和平与民主的行动并未停下。但同时，面对国民党对爱国民主运动的镇压以及对民盟的诽谤与污蔑，张澜在国共关系中已对国民党逐渐失望，其超然独立的“主张”在这一阶段已不再被提及，仅坚持其最初以国家民族的立场开展政治活动，反对国民党政府的独裁统治与卖国政策。

1947年7月8日，蒋介石发表七月七日广播演说，颁布“全国动员令”，发起全面内战。张澜主席第二日便在《大公报》发表《对国民党政府颁布总动员令及蒋介石七月七日广播演说发表的书面谈话》。文中张澜首先表示了自己与民盟各位盟员自参与到国共党争的调解之时，是本着国家民主、和平的政治理想而行动，在遭受国民党政府诽谤与迫害的情况下，仍坚持政治理想与立场，为国家统一而努力。继而批评国民党政府一意孤行，不顾国民意愿，批评了蒋介石“假和平”的虚伪行径，揭露其利用和谈为幌子而进行战争的欺诈行为。除了对蒋介石不留情面的批评之外，张澜在文后依然表达了自己的政治理想与态度：“同人一日为中华民国之民，矢愿一日为民主和平统一而努力！”④蒋介石动员令下，人心

① 中国民主同盟中央委员会编：《中国民主同盟七十年》，群言出版社2011年版，第56页。

② 《张澜文集》（上）（1911—1946），群言出版社2014年版，第329页。

③ 《张澜文集》（上）（1911—1946），群言出版社2014年版，第329页。

④ 张澜：《对国民党政府颁布总动员令及蒋介石七月七日广播演说发表的书面谈话》，《大公报》，1947年7月9日。

惶惶，局势更加动荡不安。张澜也意识到，之前对蒋介石与国民党好战派的区分是不符合事实的。自始至终，蒋介石都抱有“假和平、真内战”的目标，并且扩大内战之势愈演愈烈。张澜的心情颇为复杂，一面是自己依然坚持的民主与和平之主张；一面是面对国民党政府迫害在野党派、继续内战的行为，民主与和平的政治理想似乎难以实现。1947 年 7 月 12 日，在致范朴斋的一封信中，张澜这样说道：“总动员令下，形势更恶，不准呼吁和平，有反对内战即是反对政府，不容其存在”[①]，这应该是对张澜政治主张的一个最大困难，其表示可“暂做静观”，“此时以能忍耐能冷静能团结为要”[②]。张澜对国民党政府已认识清楚，但因时局所迫，民盟自成立之初就不具备任何武装斗争力量的限制，故只能对国民党一党专政与独裁统治的行为采取忍耐态度，继续进行合法斗争。

张澜及诸位民主人士对国民党独裁统治的反抗加剧了国民党对民盟及各地盟员的迫害。1947 年 8 月，国民党无端逮捕多地民盟成员，张澜三次致函与国民党行政院长张群，促其释放被捕盟员。张澜在一致张群函时主要强调民盟和平民主的立场与国民党政府无端逮捕的非法行为：“本盟一向主张以和平方式争取和平，以民主方式争取民主”，“近政府对本盟盟员不断加以违法之逮捕拘禁，将使所谓实施宪政、实现民主将何以取信于国人？”“以重法治而保人权为荷”[③]。但国民党政府并未理会。张澜再致张群函时便语气有所严厉，指出“此等狭隘苛刻之举措，徒益增人反感耳”。[④] 待到三致张群函时，便挑明了国民党政府的阴谋：“查政府对于民盟早有孤立上层，打击下层之传言，今得成都盟员报告，已可证传言之非无因也……政府对于民盟若仍目为反动集团，采取对上敷衍，对下压迫办法，一任各种特务之胡行，则所有实施宪政保障民权之诺言，何能取信于人？”[⑤]三致张群函后，民盟盟员被捕一事并没有得到国民党政府的回应。10 月 1 日，国民党政府新闻局局长董显光在记者招待会上公开诽谤民主同盟，将其划为反动组织。10 月 7 日，国民党公然枪杀了民盟成员杜斌丞。在杜斌丞遇难后，民盟中央主席张澜立即表示了严重抗议，对杜斌丞被枪杀一案做出声明，在

① 《张澜文集》（上）（1911—1946），群言出版社 2014 年版，第 335 页。
② 《张澜文集》（上）（1911—1946），群言出版社 2014 年版，第 335 页。
③ 《张澜文集》（上）（1911—1946），群言出版社 2014 年版，第 336 页。
④ 《张澜文集》（上）（1911—1946），群言出版社 2014 年版，第 337 页。
⑤ 中国民主同盟中央文史资料委员会编：《中国民主同盟历史文献（1941—1949）》，文史资料出版社 1983 年版，第 342 页。

声明中表示“本人极端愤慨，同时亦极感悲痛”，“政府对如此和平的在野政团欲凭其权势与武力加以摧毁以达根绝在野党派之目的，则政府今日自可如愿以偿”①。23日美联社南京电讯称，国民政府或将民盟列为不法组织，这成为民盟即将被迫解散的先兆。张澜已看清了国民党政府的根本目的，就是为了实现一党专政，根除民盟的存在，但为时已晚。

1947年10月27日，国民党政府宣告民盟“勾结共匪，参加叛乱”，进而宣布民盟为“非法团体”。面对国民党政府的莫名诽谤，民盟方也做出了积极响应，派出黄炎培、叶笃义和罗隆基与国民党进行交涉，希望能够获得国民党政府的承认，以合法的身份推动建国事业。可会谈伊始，国民党代表陈立夫就表示，宣布民盟非法一事，是“蒋主席直接交办的”②，民盟因非法必须被取缔，没有任何回转的余地。与此同时，陈立夫将已事先写好的解散公告交与民盟代表，由民盟主席张澜签署之后发表。11月5日晚，民盟解散公告发表前夜，民盟总部的相关领导人就在张澜位于上海集益里的居处进行商讨，当时周围布满了国民党政府的军警，整个会议处于特务的监视之下。尽管会上有各种反对意见，但考虑到民盟盟员的人身安全与民盟的前途问题，最终被迫自行宣布解散。1947年11月6日，民盟主席张澜发表民盟解散公告，公告即日生效。当晚，张澜彻夜未眠。次日清晨张澜以个人名义发表《在民盟总部解散后的声明》，表示解散民盟为“迫不得已”，“忍痛”宣布，然而这并不能阻碍民盟实现民主和平的理想。在民盟解散之后，民盟的负责人依然发出呼吁，号召各盟员们要继续为了和平和民主的理想积极奋斗。这意味着民盟虽已解散，但只是将实际上的工作由地上转为地下。民盟的政治理想与主张不变，民盟的组织作风不变。此时张澜虽十分悲愤，但继续进行政治斗争的立场不变。

三、团结合作：与中国共产党协商建国

民盟被迫宣布解散当日，新华社发表时评，明确表示民盟被迫解散有助于民盟成员看清蒋介石的反动面目，已经不能再对美国和国民党政府有任何幻想了。

① 俞润生：《黄炎培与中国民主建国会》，广东人民出版社2004年版，第128页。
② 《张澜文集》(上)(1911—1946)，群言出版社2014年版，第347页。

就目前的局势而言，中间道路是行不通的，必须破除幻想，站在人民民主革命的这边来。并进一步分析认为，如果民盟能够以此为教训，重新探寻建国的新道路，那么纵然民盟被国民党政府宣布为非法组织，也不能对民盟造成更大的损害了。相反，国民党的独裁统治让民盟彻底放弃了联合的计划，转而开辟新的建国道路。正是在这种转变中，反而"给了民盟以走向较之过去更为光明道路的可能性"①。新华社的评论一针见血。确实如此，民盟虽然在国民党政府的迫害下自行解散，但仍有一些盟员为民盟的重新恢复而积极奔走。自 1947 年 11 月起，经与张澜主席密商，沈钧儒等民盟成员离开上海前往香港，与香港的中央委员会汇合，着手准备召开民盟一届三中全会，商讨恢复民盟组织的相关事宜。在此期间，由于张澜、罗隆基等人一直都被国民党特务监视着，所以没有办法离开前往商讨组织会议的事宜。但是，却一直与民盟在港的领导人保持密切联系。上海解放之后，1949 年 5 月 31 日沈钧儒等人曾致电张澜，"诸同志久困沪滨，领导盟务，殊为敬佩"②。足以看出张澜为民盟能够顺利召开一届三中全会所做出的重要贡献。

1948 年 1 月 5 日至 19 日，民盟在香港召开一届三中全会。全会发布了"紧急声明"，坚决不接受蒋介石政府宣布民盟为"非法团体"，认为国民党政府的举动是无理而又狂妄的，强调南京反动独裁政府的行为是根本违法的。在此基础之上，民盟全体盟员提出了"辞职""解散总部"及"停止盟员活动"等声明。在盟员看来，没有经过合法会议就宣布民盟是"非法团体"的行为是违法的，也是全体盟员所不能接受的。除此而外，有的盟员们提出要彻底反抗国民党的独裁统治，推翻国民党政府，为建立民主和平的新中国而奋斗。沈钧儒在民盟一届三中全会的闭幕词上说道：对于民盟发布的紧急声明，"上海同志们的来信说，他们每一句每一字都同意"③。由此可见，张澜对待如何实现中国民主与和平的态度已经发生了非常明确的转变，即由原来主张的超然独立的"第三者"主张，变为推翻国民党政府的独裁统治，实现与中国共产党的联合。民盟一届三中全会还一致通过了《中国民主同盟一届三中全会宣言》。该宣言表明中国民主同盟的目标始

① 中国民主同盟中央文史资料委员会编：《中国民主同盟历史文献（1941—1949）》，文史资料出版社 1983 年版，第 359 页。

② 《张澜文集》（上）（1911—1946），群言出版社 2014 年版，第 434 页。

③ 中国民主同盟中央文史资料委员会编：《中国民主同盟历史文献（1941—1949）》，文史资料出版社 1983 年版，第 400 页。

终不变，愿意为了实现中国的和平与民主作艰苦奋斗。但鉴于国内国际的恶劣形势，实现这一目标的方式必须做出改变。因为在二中全会时，民盟主张合法竞争，寻求合作的机会。但是而今，国民党政府已经关上了合作的大门，甚至以非法的手段迫害民盟组织，将民盟视为非法组织，曾经想要促成谈判的希望在当下的环境中已然不能实现了。但是张澜始终没有放弃和平民主的政治理想，为了实现真正的和平与民主，张澜强调必须反对国民党的独裁统治，站在人民群众的一方，探索救国的新出路。因而可以看出，中国民主同盟在遭受国民党政府的非法迫害后，确实走向了一条更为光明的道路，使得民盟的民主与和平之政治理想得以有更充分的实现。张澜此时对于国民党和平与民主的幻想不复存在，并带领民盟转向了与中国共产党的团结合作之中。

民盟解散后的张澜被国民党政府软禁于上海集益里，当时张澜已76岁高龄，生活条件艰苦，活动十分不便。张澜便于家中以“今当清理古代文化，剔除其封建性的糟粕，吸收其民主性的精华”[①]为宗旨，先后撰写了《论无常》《墨子贵义》等文章，张澜在文章中表达了自己对理想未来的理解，张澜想要借此文章来批判国民党的独裁统治，对国民党政府统治下社会黑暗现实的不满。张澜虽然“赋闲在家”，但其主张与立场已经发生实质变化。由此前对国民党政府和谈幻想以及坚持超然独立“第三者”的立场，转变为加强团结中国共产党与广大人民群众的主张，积极地推动中国和平统一历史进程的发展。在这一过程中，张澜对中国民主和平统一的理想不变，这也是为何张澜及民盟能够在后期与中国共产党实现亲密合作的重要原因。

自1949年7月起，国民党军队主力已基本被共产党歼灭，尤其是在解放战争后期，国民党军队处处败退，接连输掉三大战役。美国方面也逐渐失去对国民党政府的信任和耐心，蒋介石遭受党内部与外部的巨大压力。在人民解放战争的胜利形势下，蒋介石1949年元旦发出“求和”声明，声明中表示只要中国共产党有诚意，那么国民党愿意开诚相见，停止内战。1月6日，纵然张澜在国民党特务的监视下，也甘愿冒着风险接受合众社中国分社主任高尔雅的访问，发表关于蒋介石求和声明的谈话：“谁都要和平，这是很明白的，但蒋介石曾经破坏了结束内战的机会。和平是人人所愿望的，但据我看，和平的希望不大，因为显然蒋

① 《张澜文集》(上)(1911—1946)，群言出版社2014年版，第397页。

介石不愿意和。特别是蒋介石所提出的两个条件，不仅中共，就是全国人民也不能接受。这两个条件就是关于保持法统与保障国民党军队这两点。这两个条件是人民所不愿接受的。而且在文告的末端，蒋强调如有必要，他将继续作战。这表示他并不真正要和平。"[①]在问及张澜行动是否受到限制时，张澜微笑答道："我始终想到别的地方去。"[②]张澜对于国民党政府的监视是淡然的，也是不畏惧的。他始终想要到的地方，应该是更加民主、富强的新中国。这一政治理想的实现，集中表现在解放战争胜利前夕，张澜及民盟积极响应中共提出的"五一口号"。在中国共产党的号召下，各民主党派、人民团体及社会贤达汇聚一堂召开政治协商会议，讨论组建民主联合政府。由中国民主同盟积极响应了这一口号可以看出，民盟愿意与中国共产党团结合作，进行政治协商，共商建国方案。除此而外，民盟对中国共产党的主张表示了赞同，这正是民盟和中国共产党得以合作的政治前提。由此民盟表示愿意实现民主联合政府，并愿意为实现这一主张积极奋斗。经过中共地下组织的秘密安排，全国先后有 200 余人到达东北解放区，共同筹备新的政治协商会议。在各方的民主协商后达成一致协议，决定组成新政协筹备会，制定共同纲领，筹建中华人民共和国中央人民政府。到此，张澜关于中国民主与和平的理想真正开始逐步实现。

张澜在民盟解散至一届三中全会召开期间心路历程的转变巨大。从起初一直坚持超然独立的"第三者"立场，积极促进国共和谈，实现和平建国，到受到国民党当局的政治迫害与人身迫害，认清国民党"假和平，真内战"的真实企图，转变为坚决致力于推翻国民党独裁统治，紧密联合和团结中国共产党，建立民主联合政府。张澜本人及民盟的政治理想与目标始终未变，即希望建立民主、和平、统一的新中国。回顾这段历史岁月与张澜的心路历程，对正确认识民盟被迫解散的史实，理解民盟与中国共产党进行亲密合作的历史原因具有重要意义。

（作者简介：唐静，华东师范大学马克思主义学院副教授。）

① 《张澜文集》(上)(1911—1946)，群言出版社 2014 年版，第 424 页。
② 《张澜文集》(上)(1911—1946)，群言出版社 2014 年版，第 423 页。

沈钧儒与中国民主同盟转向

侯定凯

沈钧儒出身于书香门第,受过良好教育,尤其擅长政治和法律。自晚清至抗战时期,沈老的政治思想以立宪救国为特征。抗战爆发后,沈钧儒反对国民党一党专政,追求民主共和。抗战胜利后,国共的党派冲突重新浮出水面。沈钧儒和民盟一度作为国共对立之间的第三政党力量,积极谋求一条中间道路,争取以和平方式建立一个民主的国家。全面内战开启后,领导民盟的政治立场逐步转向共产党。而 1947 年民盟被取缔之后,民盟事实上已抛弃了长期奉行的中间路线。通过 1948 年的一届三中全会,沈钧儒等人重建了民盟,并引导民盟转向新式革命道路,成为中共的坚定朋友。

一、积极谋划建国大计

抗战胜利之后,摆在中国人民面前的最大课题是中国应该建立什么样的国家。对此,国内各社会阶层、各党派政治力量都纷纷提出各自的建国方案。当时处于国共两党之间、一向以国内第三大党自居的中国民主同盟也提出了“民主统一、和平建国”的方案,希望通过和平的道路实现中国的政治变革,逐步建立起一个民主的共和国。

民盟的建国主张和政治构想,在其第一次全国代表大会(1945 年 10 月)上的《政治报告》中得到了充分表述,即政治上采用英美资产阶级民主制度,经济上借鉴苏联社会主义的原则。它既不同于国民党的模式,也不同于共产党的模式。在民盟一大上,沈钧儒等 18 人当选为中央常务委员,同时他还担任青年运动委员会主任。此时民盟提出的政治主张和建国纲领,本质上反映了它所代表的社会中间阶层的利益,同时对于吸引当时社会各界(特别是文化教育界、工商界的民主人士)参加和平民主运动,具有积极的推动作用。

民盟一大以后,沈钧儒积极声援社会各界的反内战运动,发动全国各界组织反内战联合会,担任陪都各界反内战联合会常务理事之一,谴责国民党在西南联大“一二·一惨案”中的暴行。他在中国人民救国会的机关报《民主生活》发刊词中指出:“过去,我们曾用笔和舌来主张抗战;今后我们将用笔和舌来号召团结,争取民主。”1945 年 12 月原先的救国会改组为中国人民救国会,并召开了第一次会员大会,沈钧儒当选为救国会中央执行委员,并任中央常务委员及主席。在沈钧儒的领导下,救国会召开了一系列会议,通过了组织规程、政治纲领等文件。其中的组织规程提出,“本会宗旨在团结国人建立独立自由幸福的民主的新中国。”

当时,救国会的政治纲领虽没有提及工人阶级的领导权问题,但提出“民主主义的革命目标,是建立一个以全国绝大多数人民为基础的联合战线的民主联盟的民主国家制度”,这与共产党在新民主主义革命时期所规定的总路线相符。它要求结束国民党一党专政、成立民主联合政府的主张,也与共产党的主张相一致。①

二、政协会议上的政治主张

国共两党签署《双十协议》之后,国民党政府在各方压力下被迫承认各党派的平等合法地位,并于 1946 年 1 月 10 日在重庆召开由国民党、共产党、民盟、青年党、无党派人士参加的全国政协会议。由于国民党和共产党代表的名额接近(分别为 8 人和 7 人),民盟和社会贤达的态度对于决定会议方向至关重要。值得注意的是,当时周恩来把民盟和无党派代表中的沈钧儒、郭沫若、章伯钧和张申府四人划入共产党的一方,认为他们是能同中共密切合作的左派人士。②

沈钧儒代表民盟在政协会议的开幕式上致辞,就和平与民主、复员与救济、开发政权、制定共同纲领、召开国民大会、制定宪法、实行宪政等议题提出了民盟的政治主张。在会议期间,沈钧儒还专门就宪法草案中的地方政权问题,提出了

① 周天度、孙彩霞:《沈钧儒传》,人民出版社 2006 年版,第 245 页。
② 周天度、孙彩霞:《沈钧儒传》,人民出版社 2006 年版,第 246 页。

自己的意见。他主张“地方分权，尊重地方”，提出在中共领导区域的管理中体现“联邦联省的精神”。沈钧儒本人还是当时宪草审议委员之一。会议最后通过了《关于宪草问题的协议》，确定实行国会制、内阁制和省自治。会议虽未能确立一部得到各方一致认可的宪法草案，但在推动中国政治民主化、确立和平建国的道路上迈出了一大步。

本次政协会议结束后，沈钧儒曾一度对会议达成的决议持有谨慎的乐观，他评价会议“不能不谓有所成就，但前途暗礁也复不少”。但 1946 年 2 月 10 日，重庆较场口举行的社会各界庆祝政协成功大会上发生的“较场口惨案”，彻底粉碎了沈钧儒的这种乐观情绪，政协协议的相关决议名存实亡。

三、调停东北问题失败

抗战胜利后，东北问题演变为国民党和共产党矛盾的焦点之一。1946 年年初，苏联从东北撤军。蒋介石坚持要“接收东北”，并不惜采用武力手段，而这有违当时东北民主联军驻守东北部分地区的事实。在政协会议上，国民党也拒绝将东北问题列入议程。民盟注意到东北问题的复杂性，自 1945 年年底开始，沈钧儒等民盟人士就主张，政治上东北成立地方联合政府，实行东北人民自治；军事上国共双方都不驻军，有警察维持治安，成为和平民主的试验区。1946 年 2 月，沈钧儒等人再次呼吁：“东北一切内部纠纷，应依政治方式协商解决，对任何方面，都反对以中国人打中国人。”后国共虽达成停战协议，但协议迅即被国民党撕毁。

为阻止内战在东北爆发，1946 年 4 月 10 日，民盟政协代表张澜、沈钧儒等在重庆特园举行调解东北问题座谈会，邀请国共代表参加，并提出折中方案，建议中共军队让出东北的铁路沿线，停战 5 天，让国民党军队和平进入长春，然后举行国共谈判。该提议虽得到共产党方面的接受，但遭到国民党的拒绝。民盟第一次以中间人身份直接参与国共军事冲突的调停行动失败。随即，沈钧儒等民盟负责人再次向美国总统特使马歇尔提出实现东北和平的建议：中共军队退出后，不再进兵长春。但蒋介石坚持要打到长春。民盟第二次正式调停失败。

1946 年 5 月初，国民党政府还都南京，民盟总部也迁至南京。沈钧儒由重庆回到上海，参加民盟总部的领导工作，并继续调停东北内战的工作。停战虽得到毛泽东的赞同，但蒋介石勉强同意停战 15 天，又于 6 月—7 月初向中原、苏皖等解放区进攻。全面内战爆发，和平谈判破裂，标志着沈钧儒等民盟领导人调停东北的努力最终失败。

反思东北问题的调停经历，沈钧儒曾说："在奔走调停中，我发现中共说话算数，说到一定做到，他们是真正为了人民，为了国家。还有一点，中共不仅方针正确，主张正确，论个人人品，他们每个人都品质高尚，作风正派。[①] 鲁迅生前曾说过，中国的希望在他们肩上，这一论断完全正确。"调停东北内战的亲身经历，让沈钧儒进一步认清国民党坚持内战的面目，对于国民党政府的幻想消退殆尽；同时，他对共产党的信心越发坚定，认识到中国共产党才是中国真正的希望所在。

四、反对伪"国大"

1946 年 1 月的政协会议通过《国民大会案》，规定当年 5 月 5 日召开国民大会。后因政协决议中规定的先改组政府再召开国大的程序无法实现，国民党被迫延期举行国大。最终，国民党在内战的枪炮声中宣布于 1946 年 11 月 12 日召开国民大会。此举遭到中共以及沈钧儒在内的民主党派人士的强烈反对。

沈钧儒认为，国大召开前要先改组政府，改组政府先要恢复政协会议。召开国民大会是为了制定宪法、实施宪政。他认为，政治协商的道路是新的法统。国民党单方面召开国大，是取消政协决议和恢复一党独裁的做法(《民主周刊》，1946 年 7 月 13 日)。为了使国大能顺利召开，蒋介石曾极力动员第三方面(包括青年党、社会贤达和民盟)人士参加，并声称要重启国共两党和谈，希望民盟代表多向共产党劝说。共产党代表周恩来、李维汉等赴南京开始和谈，但以坚持政协决议为谈判前提，双方未有正式会商。11 月 15 日，国民党依然坚持单方面召集国民大会。民盟表示拒绝参加国民大会。会议当天，沈钧儒即离开南京返回上海，并表示不承认大会以及确立的宪法。

国民党在片面召开的国大上通过了"宪法"，彻底破坏了政协决议，使得国共两党的和谈陷于破裂。同时，民盟组织内部也发生了很大变化，青年党与民社党因参会立场与民盟主流出现分歧，因而脱离了民盟。在新的形势下，中国民主同

---

① 沈谱、沈人骅：《沈钧儒年谱》，群言出版社 2013 年版。

盟于1947年1月6日—10日在上海召开一届二次会议，沈钧儒参会并当选财务委员会主任。会议再次明确了民盟在国共两党之间的“第三者”立场。

五、民盟解散与“一边倒”

由于民盟二中全会取消了党派盟员的制度，之后盟员只能以个人身份参加民盟活动。1947年5月，中国人民救国会在上海召开一届二次会议，沈钧儒在会上担任主席，会议决定救国会以自身名义继续积极活动（自1942年沈钧儒率领救国会参加民盟以来，救国会便主要通过民盟的政治活动来实现自己的主张）。由于当时全国处于国民党白色恐怖统治之下，救国会不可能公开活动，通过的大会宣言也无法公开发表。但救国会宣言提出的“与国内各民主政团共同努力，以争取独立、和平、民主的早日实现”等主张，与中国共产党领导的人民民主统一战线的任务相一致，表明沈钧儒领导的救国会已站到了中国共产党一边，已把救国会的斗争融入中国共产党领导的人民革命之中。

1947年6月，共产党军队开始进入全国规模的战略反攻阶段。为了挽救统治颓势，国民党政府开始从中央到地方实施“戡乱救国”“剿匪建国”。蒋介石强迫中共在南京、上海和重庆的谈判联络代表团撤出国统区，民盟发表《为国共和谈正式破裂宣言》。沈钧儒和章伯钧反对宣言的言语过于“中立”，不分是非，责备双方。沈钧儒从国民党戡乱总动员的局势，看到了中国共产党取得胜利的曙光。

民盟长期坚持政协路线，积极投身和平民主运动，在许多问题上与中共立场一致，让国民党累积了越来越多的忌恨。国民党政府开始有计划地打压和迫害民盟及其他民主党派，认定民盟“与中共曾公开否认宪法及国民大会之合法性”，“是中共之附庸”，并于1947年10月27日宣布民盟为“非法团体”，令各地治安机关对于民盟及其分子一切活动“严加取缔，以遏乱萌，而维治安”（1947年10月28日《中央日报》）。之后，国民党希望民盟自行宣布解散，否则逮捕全体中委，并起草了一份民盟愿意自行解散的公告，通过黄炎培交由在上海的中央委员（沈钧儒、史良等）讨论。11月5日，民盟在上海的集益里（现永嘉路张澜故居）召开中央常委扩大会议，商议对策。根据张澜之女张茂延回忆，会议期间沈钧儒发问“有没有更改的余地”，席间沈钧儒还与其他代表发生了激烈争执。[①] 虽沈钧儒对解散民盟表示不同意，但因局势所迫，最后会议对公告只字未改就报送了。

民盟被迫解散后，沈钧儒为继续寻求救国途径，在中共地下党的安排和帮助下，离开上海，于 1947 年 11 月 30 日秘密来到香港(事实上，当时其他民主党派，如民建、民促，也来到香港转入地下工作)。随后民盟在香港中执委和南方总支部利用各种机会和报刊，开展民盟路线的讨论，认为民盟总部被摧毁的教训，说明“资产阶级中间路线”行不通，只有与中共合作，走新民主主义道路才有出路。[②] 沈钧儒与先后抵港的中央常委委员章伯钧、周新民、邓初民、朱蕴山、柳亚子等人，共同酝酿恢复民盟总部事宜，并决定在香港召开民盟第一届中央委员第三次会议，以重新订立民盟的路线和工作方针，沈钧儒和章伯钧被推选为召集人。

为响应中共“十二月会议”的号召，1948 年元旦，沈钧儒在香港《华商报》撰文《我们今后努力的方向》，指出：“我们今后努力的第一个方向，在唤起民众，实行土地改革”，“我们必须彻底消灭反动政权，把反动政权所借作护符的一切外来侵略势力驱赶出去……今后必本此方针，团结各阶层的民主力量，以更坚决的行动，来促使反动政权的及早崩溃，民主政治的及早实现。”此言进一步表达了沈钧儒接受中国共产党政治主张的意愿。

1948 年 1 月 5 日—19 日，民盟一届三中全会在香港湾仔罗士打道 50 号召开。沈钧儒在开幕词中说：“今天国内形势，民主与反民主已壁垒分明，谁也看得清楚。过去国民党发动内战，加诸人民的痛苦太深。反过来看中共解放区实行了土地改革，人民生活得到了改善，这是民主与反民主的对照……民盟坚决地站在人民的立场，坚决地站在人民这方面战斗，这个信念是始终不渝的。”经过激烈辩论，会议通过了一系列议案，制定了民盟新的政治路线。

从会议通过的《今后组织工作计划》和《政治报告》中，我们可见民盟早前的中间路线已过渡为革命路线。《今后组织工作计划》中写道：“本盟在今后政治斗争发展的道路上，已走上一个新的革命的阶段，在组织上必然是要采取群众性的革命路线——就是必须从‘争取合法公开’的组织路线变为‘革命性的群众性的

---

① 张茂延：《我亲历的 1947 年民盟被迫解散的历史》，《文史天地》2013 年第 11 期。
② 邱钱牧：《中国民主党派》，浙江教育出版社 1987 年版。

组织路线'。没有这种改变,是决不能执行今后民主革命斗争任务的。"同时,《政治报告》提出:"与中国共产党密切合作,同时联合其他民主党派,彻底推翻国民党反动集团的统治和驱逐美帝国主义出中国。决不对反动集团存有丝毫幻想,在人民与反人民、民主与反民主的问题上绝不能有中立的态度,中间路线是行不通的。"

可以说,民盟一届三中全会制定的新政治路线和中共的"新民主主义革命路线"是一致的。其工作组织计划提出"实行民主集中制",以"清洗过去一切组织上的松懈现象",并使用了"深入群众,组织群众","到农村去"等中共常用的词语。[①] 全会鉴于民盟主席张澜仍在上海,决定以香港为民盟总部临时所在地,由沈钧儒、章伯钧以中央名义领导全盟工作。

在民盟被迫解散、停止活动的关键之际,沈钧儒毅然与民盟部分中委筹备召开一届三中全会,确立了反蒋、反美、反封建和与中国共产党密切合作的新政治路线,促成了民盟历史上的一次重大转向。对此,周恩来曾在民盟四中全会扩大会议上有评论道:"民盟三中全会在香港召开,成立了总部,一直到现在,沈钧儒、章伯钧二位先生重新树起民盟旗帜,领导工作,大家一同努力奋斗。这个时期用一句话说,就是'一面倒',倒在新民主主义方面"。

(作者简介:侯定凯,华东师范大学教育学部上海终身教育研究院副教授。)

① 叶汉明:《从"中间派"到"民主党派":中国民主同盟在香港(1946—1949)》,《近代史研究》2003年第6期。

从“中间道路”到“人民道路”

——民盟作出历史性选择的原因及其启示

吴原元

1947年1月6日至10日，民盟在上海召开了一届二中全会。会议确定民盟今后的斗争方针仍然是“反对内战，恢复和平”，并提出了民盟对未来中国走向的几条建议：努力促成和谈，重新举行政治协商，实行以往的政协决议，成立联合政府。此时，民盟的主张是提倡反战，继续谈判，从中立的角度来解决中国政治的党派之争。到1948年1月，民盟在香港召开三中全会，会议宣布要与中共等民主党派携手合作，推翻国民党独裁反动贪污腐化的政权，采用人民的革命斗争为建立新中国而奋斗。短短一年时间，民盟的政治道路发生了根本性的改变，从“中间道路”走上了与中共合作的正确道路。那么，是什么原因导致民盟道路发生了这样的转变呢？这是我们今天需要探讨的问题，厘清其背后的原因有助于新时代民盟的自我发展，并为确立与其他党派关系提供历史经验。

一、民盟内部斗争使左派力量明显增强

抗日战争进入相持阶段后，为了实现国内的团结抗日，民主人士决定成立一个由多党派所组成的团体。正是在这样的背景之下，中国民主政团同盟于1941年3月在重庆正式成立。由三党三派构成的中国民主政团同盟，是一个松散的政治联盟。第三党与救国会比较亲近共产党，是盟内的左翼，青年党、国社党则比较倾向国民党，是盟内的右翼，而职教社、乡建派与无党派人士则属于中间派。抗战胜利前，民主同盟的内部斗争主要是反对青年党把持党务，这主要是因为青年党是反共亲国民党的，所以反对青年党把持盟务，也含有反对国民党之

意。1944 年 9 月 19 日，民主政团同盟全国代表会议召开，经过讨论，决定将民主政团同盟改名为民主同盟，取消同盟的团体会员制，今后盟员一律以个人名义加入。如此，既不再依照党派大小而决定其在盟内地位，也使得众多无党派知识分子甚至部分共产党员得以加入民盟。1945 年的全国代表大会，则进一步削弱了青年党的地位。在此次会议上，无党派盟员代表同救国会、第三党以及国社党、职教社、乡建派的盟员代表联合起来，压倒了盟内的青年党党员。在增选民盟 33 个新执委时，经张澜调节，青年党的两个盟员才得以当选新的中央执委。为开好政协会议，民盟和中共密切配合。中共代表团与民盟代表团达成协议，即双方在提出重大政治主张之前，必须经过事先协商，如此民盟基本上能与中共保持一致立场。民盟明确支持中共提出的“和平建国纲领”，反对蒋介石与青年党提出的“抗战建国纲领”[①]。由此可见，民盟已经在一定程度上同中共站到了一起。

国社党主张以国家民族为本位，反对阶级斗争和暴力革命，主张渐进的社会主义。抗战胜利后，国社党(后改为民主社会党，简称民社党)基本上还能与民盟保持一致。在参加伪国大问题上，它同国民党站到了一起，也开始走向与民盟的分裂。民社党内的张东荪、孙宝毅、叶笃义等，由于接受民盟与中共的密切关系，他们由此宣布退出民社党，继续留在民盟内。青年党和民社党从民盟内部分裂出去后，民盟与中共的关系进一步加深，他们不再坚持“超然独立”的中间立场，认识到在是非曲直之间绝无中立之余地。

民盟一届三中全会以后，民盟中央领导机构进行了相应的调整和充实。由沈钧儒、章伯钧以民盟中常委名义领导全盟工作。周新民代理秘书主任，沈志远代理宣传委员会主任，冯裕芳代理国内关系委员会主任，萨空了代理国外关系委员会主任。其中，沈钧儒、沈志远、萨空了是救国会成员，章伯钧是中国农工民主党成员，周新民同时还是共产党员。至此，民盟基本上已为左派所控制。同时，颇值得注意的是，民盟内部还有许多共产党员，他们从多方面影响民盟的政治立场，推动民盟不断向共产党靠近。由此可见，民盟政治立场的转变，首先是民盟内部力量斗争和博弈的结果，这是历史的选择，也是必然的选择。

---

① 张小曼、周昭坎：《中国民主同盟》，河北人民出版社 2001 年版，第 50、54 页。

二、国民党的专制独裁统治和迫害

从政协会议到一届二中全会召开前，国民党的言行已然让民盟对其失望。到1947年，国民党则在拉拢失败后，开始对民主人士、进步青年开展更为疯狂的暴力摧残和暗杀。1947年，国民党特务殴打参与“爱用国货抵制美货委员会”成立大会的职工和代表，打死爱国青年梁仁达；1947年5月20日南京、上海、苏州、杭州等16个专科以上的学校学生，6 000余人在南京举行了“挽救教育危机联合大游行”，提出增加伙食费及全国教育经费五项（反饥饿、争生存、爱和平、反内战、反压迫）要求等，遭到了国民党军警的残暴镇压。国民党派出大批军警用水龙头、钉耙、木棍冲击学生游行队伍，毒打学生，受伤118人，重伤致死20余人，又非法逮捕请愿学生20余人；同日，天津学生的游行也遭到袭击，伤达50余人，这就是有名的“五二〇血案”。6月国民党在上海，北平、天津、武汉、重庆、成都等大城市对民盟等民主党派人士、进步师生进行逮捕，民盟立即严正抗议，要求释放被捕盟员，但迎来的是更为无情的暴力行为。10月7日国民党西安警备司令部公然枪杀了民盟中央委员兼西北总支部组委杜斌丞。民主的要义在于保障人民生命财产及身体自由、学术思想之自由，保护合法言论出版的自由，国民党的行为践踏了民主精神，揭示了其一党专制的本质。

自建立伊始，民盟就奉行中立政策，曾想走一条“中间路线”，其核心是将西方的政治民主与苏联的经济民主加以综合，在此基础上建立一个公平、公正、合理的社会。1946年，国民党主导召开了所谓的国民大会。对于国民党组织召开的非法国民大会，民盟在南京发表书面讲话，明确表示民盟“只有超然置身于事外的途径，以求良心之所安”，“我们愿保持在内战环境中超然独立的第三者地位，以调节武力党争上继续尽其最大的努力”①。可见，民盟坚决反对国民党的内战政策。正是因为如此，国民党将屠刀指向民盟。1947年5月，国民党中央社发表了所谓的《中共地下斗争路线纲领》及某观察家谈话，诬蔑民盟已成“暴乱工具”；1947年10月1日，国民党政府新闻局局长董显光在记者招待会上宣布：民盟是中共之附庸，民盟分子破坏总动员，参加叛乱，反对政府；1947年10月7

① 邱钱牧等：《民主革命时期的民主党派》，湖南人民出版社1986年版，第282页。

日,国民党西安警备司令部公然枪杀了民盟中央常委兼西北总支部主委杜斌丞;10月27日,国民党政府内政部发言人以民盟"勾结共匪,参加叛乱"的罪名宣布民盟为"非法团体";11月5日,在上海的民盟部分领导人被迫同意民盟解散,次日以张澜名义发表《中国民主同盟总部解散公告》,宣布自即日起民盟总部负责人辞职,总部解散,盟员一律停止政治活动。存在了7年的民盟被非法解散,这实际上亦宣告了中间路线的破灭。

面对国民党疯狂制造"流血"惨案,其假民主的实质昭然若揭。在抗议和抗议无效的现实中,民盟逐渐对国民党心灰意冷,不得不反思过去的方针政策和重新确立新的道路方向。就像沈钧儒在一届三中全会开幕词中说道:"要检讨过去的政纲政策,对当前的政治形势重新估计,而后确定当前应走的政治路线和新的工作方针"①。可以说,正是国民党的一党专政和独裁统治,将民盟从中间道路上推到了中共的一方。就像在三中全会政治报告中所说,"到了今天,容忍已经到了极限,我们和南京反动独裁政府之间,实已到了无法并存的境地了"②。民盟表示,"必须与目前政见相同的政党及一切民主人士真诚携手合作",站在人民立场,参与人民革命与国民党反动势力坚决斗争。

三、中共对民盟的支持、帮助与引导

众所周知,中国共产党的宗旨是全心全意为人民服务,一直站在人民的立场。民盟则是以"把中国造成一个十足道地的民主国家",实现中国政治民主化。正如民盟在1947年1月召开的民盟一届二中全会的《政治报告》中所说,"民主同盟的目的是中国民主,是中国的真民主。民主与反民主之间,真民主与假民主之间,就绝对没有中立的余地。这是我们中国民主同盟坚定不移的方针。……亦唯有切实把握住这个方针,我们民主同盟才能应付今后中国那个纷繁复杂的政治局面,以完成我们消弭内战,争取和平的历史使命,以达到

① 中国民主同盟中央文史资料委员会编:《中国民主同盟历史文献1941—1949》,文史资料出版社1983年版,第365页。

② 中国民主同盟中央文史资料委员会编:《中国民主同盟历史文献1941—1949》,文史资料出版社1983年版,第387页。

中国真民主的目的。”[①]由此可见，中国共产党和民盟有着共同的追求，那就是在中国实现民主，实现人民当家作主，谋求中华民族的崛起与复兴。

正是出发点和根本愿望的不谋而合，使得中共与民盟之间相互支持。同时，中共亦对民盟内部存在的错误认识或动摇情绪有针对性地予以教育和斗争，推动着民盟不断进步。早在抗战期间，毛泽东就曾明确指出：“共产党的这个同党外人士实行民主合作的原则，是固定不移的，是永远不变的。”“我们一定要学会打开大门和党外人士实行民主合作的方法，我们一定要学会善于同别人商量问题。”[②]抗日战争胜利以后，中国革命迎来了新阶段。中共对于民盟积极包容，使其与自身站在一起。1948 年 1 月 14 日，中共中央关于对中间派的工作，在给叶剑英、李维汉等的指示中写道：“对民主同盟的恢复活动，……不管他们言论行动中包含多少动摇性及错误成分，我们应采积极争取与合作态度，对他们的错误缺点，采取口头的善意的批评态度。”[③]在统一战线方针的指导下，民盟感受到来自中共的尊重、支持。民盟成立时，中国共产党就给予高度关注，《解放日报》不仅为此发表社论，还刊登民盟成立宣言。民盟遭受挫折时，中国共产党则积极协助其渡过难关。中共还特别注意在斗争中提高民盟的认识。例如，全面内战爆发后，针对梁漱溟所谓“折衷方案”，周恩来给予了严厉的批评，后来梁漱溟撤回方案；民盟被迫解散后，新华社发表时评抗议蒋介石的法西斯暴行，对民盟的历史予以高度肯定。

不仅如此，中共还积极争取使民盟认同自己的政治主张。1947 年 1 月 20 日，中共中央致电董必武、王炳南、叶剑英……对揭穿美蒋和谈真相的宣传工作“要理直气壮地向各方作广泛解释，说服民盟、民革、民联及民建与一般朋友……使他们不仅敢于同我们作同一主张，而且敢于进一步揭露美蒋和谈欺骗，坚持向他们斗争，相信人民胜利前途”[④]。在民盟被迫宣布解散后，1947 年 11 月 5 日新华社时评公然发声，强烈谴责蒋介石的行为并揭露其本质，声援民盟并引导呼吁民盟“坚决地站到真正的人民民主革命的方面来，中间的道路是没有的”，让民盟

---

① 中国民主同盟中央文史资料委员会编：《中国民主同盟历史文献 1941—1949》，文史资料出版社 1983 年版，第 284—288 页。

② 《毛泽东选集：第三卷》，人民出版社 1991 年版，第 809—810 页。

③ 中共中央文献研究室、中央档案馆编：《建党以来重要文件选编(1921—1949)》中央文献出版社 2011 年版，第 36 页。

④ 董必武年谱编纂组编：《董必武年谱》，中央文献出版社 2007 版，第 282 页。

认清当前的局势，放弃原来中立的位置，放弃依赖谈判的妥协心态，加入人民的革命队伍，向反动势力彻底宣战并指出这将“给民盟一走向较之过去更为光明的道路的可能性”[①]。中共向民盟展现了自身的人民立场和民主追求，用实践向民盟展示谁才是真正的朋友，谁才是真正代表人民的利益，谁追求的才是真民主。中国共产党灵活的统战政策，很大程度上推动了民盟政治立场的转变。

四、民盟道路转向的历史启示

从“中间道路”转向“人民道路”，民盟之所以作出这一历史性选择，既有自身内部斗争的因素，亦是外部因素作用的结果。但是，民盟在这一变化过程之中亦有其不变。其不变之处就在于对民主的追求、对于人民的关切和对中华民族复兴的期待。张澜在民盟一届二中全会闭幕词：“我们为全中国人民争和平、团结、民主，我们负着为全国人民谋福利的历史使命……这是我们同志间的唯一责任和努力方向！”沈钧儒在三中全会闭幕词中亦强调：“为着新的目标，新的路线，为着独立、统一、民主、和平、繁荣、幸福的新中国而奋斗！”可见，民盟的变化只在于方式和手段，所不变的是对民主的不懈追求和对为人民谋福利的初心。正是因为如此，民盟在对历史发展趋势进行审视之后而作出了这一历史性选择。

今天，当我们重新回看并审视民盟作出这一选择的具体历史过程时，从中所感受到的不仅仅是民盟那让人引以为豪的历史及感佩其对民主矢志不渝的追求，更重要的是其为当前民盟的发展提供了值得深思的历史启示：

（一）深刻洞悉历史发展的趋势，坚守民盟初心

历史潮流是人类历史进程中不以人的意志为转变的客观实在，是符合人类历史发展客观规律的总体趋势。回看中国近代历史，对民主的追求，对于国家独立和富强的渴望，是近代中国历史的主题，是中国人民所奋斗的目标。正是准确地把握了这一历史的脉搏，顺应历史发展的趋势，民盟才能有其生存和发展的坚实土壤，才能赢得支持与尊重，才能创造出让后人景仰的历史。

---

① 中共中央文献研究室、中央档案馆编：《建党以来重要文件选编（1921—1949）》，中央文献出版社2011年版，第461页。

今天的中国已然进入了一个新时代，正如中共十九大报告中所说，“经过长期努力，中国特色社会主义进入了新时代，这是我国发展新的历史方位。中国特色社会主义进入新时代，意味着近代以来久经磨难的中华民族迎来了从站起来、富起来到强起来的伟大飞跃，迎来了实现中华民族伟大复兴的光明前景；意味着科学社会主义在21世纪的中国焕发出强大生机活力，在世界上高高举起了中国特色社会主义伟大旗帜；意味着中国特色社会主义道路、理论、制度、文化不断发展，拓展了发展中国家走向现代化的途径，给世界上那些既希望加快发展又希望保持自身独立性的国家和民族提供了全新选择，为解决人类问题贡献了中国智慧和中国方案。”在中国发展进入新时代之后，民盟作为一个党派，它必须思考如何才能在新时代坚守民盟初心，创造出让后人称道的历史作为。

（二）坚守人民立场

政党本质上是特定阶级利益的集中代表者，是特定阶级政治力量中的领导力量，是由各阶级的政治中坚分子为了夺取或巩固国家政治权力而组成的政治组织。[①] 人民群众是历史的主人、历史的创造者。没有人民就没有国家，更谈不上政党，只有代表最广大人民群众的根本利益，站在人民的立场上，为人民的利益而奋斗的党才能受到人民的拥护，实现自身的政治目的。这既是中国共产党最后能够成为执政党的根本原因，也是民盟一直以来所坚守的立场。对此，我们只要看看张澜在民盟一届二中全会上所作的政治报告，“民盟既是一个独立自主的政团，我们依据我们的政纲政策以争取国家及人民的福利”，“不过，在中国当前的环境下，内战不能停止，和平不能恢复，老百姓的痛苦总是加重加深。老百姓所要求的，是生存的机会，是活得下去，做得了人。老百姓要活下去，要做人，那末当前唯一的出路仍然是停止战争，恢复和平。”“今天中国老百姓活不下去，做不了人，这绝对不是过甚其词的渲染。我们今天只好承认语言文字绝对不能描写出来中国社会的痛苦、凄惨与悲哀。我们且来看看内战赐给我们老百姓的是些什么？中国通常有所谓士农工商各界。试问，今天那一界的人，活得下去，做得了人？公教人员靠俸给过活。今天的公教人员，尽一月的收入不足供半月的开支。他们真是‘仰不足以事父母，俯不足以畜妻子’。今天的公教人员，竟是

① 聂平平、武建强：《政治学导论》，武汉大学出版社2012年版，第108页。

寒无衣，饥无食，疾病无以医治，死亡无以葬埋。这是怎样的一个绝境！今天中国的农村，中央征兵征实，地方勒捐勒税，绑捉壮丁，竭泽而渔；搜缴实物，杀鸡取卵。少而强者死战场，老而弱者填沟壑。年不荒而饥，岁无灾而馑。鬻妻卖子，买者无人。典田当地，受者无主。倾家则无家可倾，破产则无产可破。这又是何等的凄惨！今天中国的工商，一方面受美国外货倾销的打击，一方面受本国官僚资本的压迫，再加上通货恶性膨胀，物价猖獗飞腾，已全部陷于倒闭停业境地。实则今天厂家店主，倒闭停业而能安然了事者犹是幸运。实际他们无论厂主与劳工，无论老板与店员，都是一筹莫展，束手待毙，等候着在经济崩溃的洪流中毁灭。这一切都是内战的恩惠。”“在我们民主同盟站在老百姓的立场看来，国共两党的停止内战恢复和平，早则人民的利益大，迟则国家的牺牲多。”

民盟在从成立之初到抗战胜利的短短 4 年期间，就迅速成长为遍布全国主要城市、拥有 3 000 名盟员（大都为知识界精英）、仅次于国共的“第三大党”。直到今天，当我们谈起民盟时，浮现在我们脑海中的依然是民盟先贤们的身影，究其原因，即在于它始终将人民置于心中，饱含对民众的关切，以民众的利益为出发点和归宿。对于今天的民盟而言，所应思考的是如何继承和发扬民盟的传统，如何在新时代里更好地关切民众利益、反映民众的呼声。唯有将人民始终牢记于心，始终以民众利益为关切中心，民盟才能赢得人民的尊重和历史的尊重，才能无愧于民盟先贤。

（作者简介：吴原元，华东师范大学马克思主义学院教授。）

历史的选择

民盟响应“五一口号”的历史与展望

马 驰

1948年4月30日，中共中央发布《纪念五一劳动节口号》，简称“五一口号”，这份1948年5月2日刊登在晋冀鲁豫解放区《人民日报》上的23条口号，最为重要的是第5条，即号召“各民主党派、各人民团体、各社会贤达迅速召开政治协商会议，讨论并实现召集人民代表大会，成立民主联合政府”[①]。从“五一口号”的内容，以及“五一口号”前后各民主党派主要领导包括民盟领导人的表态，不难看出其核心为：第一，实行多党合作，建立联合政府；第二，联合政府的领导者是中国共产党。就此，中国新型政党体制，以“五一口号”为标志，逐渐成型，民盟也走上了自觉接受中国共产党领导的正确道路。

回顾民盟的历史不难看出，民盟的成立及发展壮大离不开中共的支持与帮助，1941年3月19日，国共两党以外一些主张抗日的政党和社会贤达，为坚持团结民主抗日而联合起来，成立了中国民主政团同盟。民主政团同盟最初的政治主张是：贯彻抗日主张，实践民主精神，加强国内团结，并积极组织成员参加国民党统治区的民主宪政运动。1944年9月，中国民主政团同盟全国代表会议决定取消同盟的团体会员制，名称改为中国民主同盟。会议决定响应中国共产党提出的组织抗日联合政府的主张，把建立联合政府、建设民主国家作为民盟的奋斗目标。1945年民盟提出“反对独裁，要求民主；反对内战，要求和平”的政治主张。1946年1月，在重庆召开了由国民党、共产党、民主同盟等三方代表和社会贤达参加的政治协商会议。在政协会议和国共两党和谈的过程中，民盟奔走于国共两党之间，力促和谈成功。尤其在反对国民党非法召开的“国民大会”的斗争中，民盟与中共一致行动，拒绝出席，并先后把投靠国民党反动派的青年党

---

① 中共中央统战部：《中国共产党统一战线史》，华文出版社2017年版，第164页。

和民社党成员清除出民盟。

1947 年 10 月 1 日，国民党政府新闻局局长董显光招待记者，宣布民盟是“中共之附庸”，“民盟分子破坏总动员，参加叛乱，反对政府”。10 月 7 日，国民党西安警备司令部公然枪杀了民盟中常委兼西北总支部主任委员杜斌丞。10 月 27 日，国民党政府内务部发言人宣布民盟为“非法团体”。10 月 28 日，国民党中央社发表声明《政府宣布民盟非法》，“严加取缔”。11 月 5 日，在沪民盟中常委扩大会议召开，决定为了换取盟员免于向当局公开登记，以保护广大盟员的安全，民盟总部宣布自动解散。

就在民盟处于最困难危险的时刻，中共强烈抗议蒋介石解散民盟和大肆迫害民主人士的法西斯暴行，并热情鼓励民盟放弃幻想继续奋斗。新华社 11 月 6 日发表《蒋介石解散民盟》的时评，指出：“民主同盟在若干历史关节中，实行了与中共在部分民主纲领上的政治合作，从而推进了中国民主事业，乃是民主同盟的光荣。”

1948 年 1 月 5 日至 19 日，民盟在香港召开意义重大的一届三中全会，会场上悬挂着李公朴、闻一多、杜斌丞和陶行知遗像。经过认真讨论，通过了《三中全会紧急声明》《三中全会政治报告》《三中全会宣言》《今后组织工作计划》等决议案，决定恢复民盟总部，制定了和中国共产党密切合作，联合各民主党派和无党派民主人士，为彻底摧毁国民党反动政府、建立联合政府而奋斗的政治路线。[①]三中全会是民盟历史上具有划时代性的决定意义的会议，它鲜明而坚决地确定了一条人民的、民主的、革命的总政治路线。中共中央发言人 3 月 6 日发表谈话，高度评价民盟三中全会的纲领，表示热烈欢迎：“愿意在新民主主义的革命事业中和所有一切反帝反封建的民主团体，一道为共同目的而携手前进。”三中全会标志着民盟与中共的携手合作，为彻底摧毁南京反动独裁政府，实现民主、独立、统一的新中国而奋斗到底。

1948 年 3 月 2 日—5 月 1 日，国民党召开“行宪国大”，选举国民政府总统和副总统。民盟在 5 月 3 日发表《否认伪国大伪宪法伪总统的紧急声明》，严正指出：由国民党“所豢养的党棍、特务、贪官、土劣之流”任“国大代表”的“行宪国大”及其选举的“总统”是完全非法的。民盟还向各级组织发出了《关于发动声讨

① 《中国民主同盟历史文献》，文史资料出版社 1983 年版，第 399 页。

伪国大及伪宪法的通知》。

1948 年 5 月 6 日民盟与民革、民进、致公党、农工党、救国会等和无党派人士郭沫若联名致电毛泽东，响应中共“五一”号召。6 月 19 日，民盟总部通过《中国民主同盟现阶段工作纲领》，决定把开展新政协运动，积极准备新政协的召开作为重要任务。民盟总部宣传委员会拟定了《新政协的提出与本盟的态度讨论提纲》，正确说明了新政协的根据、性质、意义及民盟对新政协的态度诸问题，发动全盟开展讨论，取得了比较一致的正确意见。6 月 24 日，民盟发表《致全国各民主党派和人民团体各报馆暨全国同胞书》，指出：召开政治协商会议，成立民主联合政府“事关国家民族前途，至关重要。全国人士自宜迅速集中意志，研讨办法，以期根绝反动，实现民主”[①]。9 月 13 日，在中共华南分局、香港工委的缜密安排下，沈钧儒、章伯钧和其他在港民主党派负责人分三批出发进入解放区大连、哈尔滨。10 月 2 日，致电毛泽东、周恩来、朱德表示“愿竭所能，尽效绵薄”。11 月 25 日，中共代表高岗、李富春在哈尔滨与民盟负责人沈钧儒、章伯钧、高崇民以及其他民主党派、民主人士代表，对政治协商会议的性质、任务等问题进行协商，达成了《关于召开新的政治协商会议诸问题》的协议。决定由中共及赞成中共“五一”号召的 23 个单位的代表组成新政协筹备会。11 月 16 日，沈钧儒、章伯钧代表民盟发表对时局的声明，重申民盟一届三中全会以来的政治立场，表示坚决“跟人民公敌反动集团斗争到底，决不动摇，决不妥协”。就此，民盟做出了正确的政治选择。

1949 年 1 月，北平和平解放。3 月 5 日，中国民主同盟总部临时工作委员会在北平正式成立，同时宣布民盟香港总部结束。接着，致函中共中央毛泽东主席，坚决表示“愿以至诚接受贵党领导，在新民主主义建设的伟大事业中，并愿与贵党配合，尽其应尽之责”。公开宣告接受中国共产党领导。1949 年 4 月，中国共产党和各民主党派在北平开始进行新政协的筹备工作。9 月 21 日，中国人民政治协商会议第一次全体会议在北平正式开幕。会议选举毛泽东为政协主席，民盟沈钧儒当选为副主席。会议选举产生了以毛泽东为主席，朱德、刘少奇、宋庆龄、李济深、张澜（民盟主席）、高岗为副主席的中央人民政府委员会。10 月 1 日，中华人民共和国宣告成立，民盟领导人参加了开国大典。中国民主同盟

① 《中国民主同盟历史文献》，文史资料出版社 1983 年版，第 430 页。

作为一个重要的政治集团，在中国共产党帮助和领导下，参加了缔造中华人民共和国的活动，为新中国的诞生贡献了力量。

纵观盟史，民盟响应中共“五一口号”，选择接受中国共产党的领导，是历史的必然。当前，中国已进入全面建成小康社会、加快推进社会主义现代化建设的新阶段，多党合作事业也迎来新时期。我们要牢记历史，继承传统，薪火相传，共创未来。

今天我们重温这段光辉历史，弘扬优良传统，对于学习贯彻习近平新时代中国特色社会主义思想和中共十九大精神，夯实新时代多党合作共同思想政治基础，对于坚持和完善中国共产党领导的多党合作和政治协商制度，推进新时代多党合作事业不断向前发展，履职尽责具有十分重要的现实意义和指导意义。回顾历史，我们深切体会到：中国共产党领导的多党合作和政治协商制度是中国共产党、中国人民和各民主党派、无党派人士的伟大政治创造，协商民主是中国社会主义民主政治的特有形式和独特优势。中国人民政治协商会议是实行中国共产党领导的多党合作和政治协商制度的重要政治形式和组织形式。有事好商量，众人的事情由众人商量，是人民民主的真谛。在新时代，建设社会主义现代化强国、实现国家治理体系和治理能力现代化，必须发展好、完善好协商民主。要在继承中发展、在发展中创新，推动协商民主广泛多层制度化发展。弘扬民主精神，营造良好氛围，努力增进共识，促进团结，不断开创多党合作和人民政协事业的新局面。

70多年的光辉历史证明，在为人民革命和建设事业奋斗的实践中，民盟经受了各种风风雨雨的锻炼和考验，与中国共产党结成了肝胆相照、荣辱与共的友谊，并通过自我教育不断成长进步，成为我国政治格局中重要的政治力量。70年后的今天，我们回顾历史，其目的就是要进一步加深对坚持中国特色社会主义政治发展道路的必然性、合理性和优越性的认识，进一步夯实统一战线的共同思想政治基础，进一步增强对坚持中国共产党领导，坚持多党合作和政治协商制度，坚持中国特色社会主义政治发展道路的信念、信心和决心，进一步理解民盟作为参政党的性质、地位和时代赋予的历史使命，增强责任感和紧迫感，从而不断推动自身建设，全面提高履行参政议政、民主监督职能的本领和水平，在全面建设小康社会和构建社会主义和谐社会的实践中做出新的贡献。

（作者简介：马驰，上海社会科学院思想文化研究中心研究员。）

"五一口号"与多党合作和政治协商制度的建立

廖大伟　孙菲菲

1948年4月30日，中共中央为迎接全国革命的胜利到来，发布了纪念"五一"劳动节的口号，向全国各民主党派、无党派民主人士郑重提出"迅速召开政治协商会议，讨论并召集全国人民代表大会，成立民主联合政府"①。"五一口号"发布后，各民主党派、无党派民主人士纷纷响应并积极行动，公开表示自己愿意在中国共产党的领导下为建立美好的新中国而奋斗，为把中国建设成民主、自由、独立、统一、富强的国家而奋斗。

"五一口号"的发表彰显了多党合作、政治协商和民主法治的精神，它的发布加速了新中国胜利曙光的到来，掀开了中国政党制度的新篇章，对当代中国凝聚力量、攻克难关、稳步推进中华民族事业的伟大复兴有着重要意义。本文拟就"五一口号"的发布、响应及影响等方面进行梳理，并探讨它对于当代的价值与意义。

一、廖承志拟电，毛泽东修改和正式发布

抗战结束后，国共双方举行和谈，于1945年在重庆签订了《双十协定》，确定政治协商、共商国是的原则。可是协议公布后不久，即被蒋介石撕毁，在1946年3月召开的国民党六届二中全会上遭到公开否认。不仅如此，国民党军队在同年6月向中原解放区大举进攻，进而引发全面内战。国民党反动派悍然挑起

---

① 政协全国委员会办公厅编：《开国盛典：中华人民共和国诞生重要文献资料汇编》(上编)，中国文史出版社2009年版，第9页。

内战,引起了全国上下的一致反对。

随着内战爆发,蒋介石不顾中共与民盟的反对,拉拢民社党和青年党召开“国民代表大会”,于 1947 年 3 月驱逐南京的中共代表团,关闭了国共和谈的大门。1947 年 10 月 27 日,南京国民政府宣布民盟为非法团体并强令其解散。民盟解散后,沈钧儒、章伯钧等人秘密离沪抵港,重新组织盟员召开新的中央全会。1948 年 1 月,民盟一届三中全会在香港召开,先后做出和发表了一系列决议,以否认民盟总部的解散声明,表示要消灭国民党反动集团,自此民盟终于抛弃了一直坚持的中间路线,正式表明了其反对国民党政权的立场。与此同时,国民党民主派也在行动。1947 年 11 月 12 日,国民党民主派在香港召开第一次联合代表大会,并于 1948 年 1 月 1 日成立新的组织——中国国民党革命委员会,正式声明要推翻蒋介石独裁政权,自此国民党民主派与国民党反动派彻底决裂。

民盟的转变与民革的成立,对其他中间党派产生了巨大影响,他们先后也开始批判中间道路,最终走上了反对国民党反动派的道路。全国人心的变化及中间党派的转变,是中共“五一口号”提出的背景之一,为它的提出奠定了基础。

另一方面,战争进行到 1948 年,国共双方军事力量发生了巨大变化,人民解放军已明显占据战场优势。1947 年 3 月 11 日国民党反动派轰炸延安,3 月 19 日中共撤离延安,26 日在枣林沟召开会议,决定由毛泽东、周恩来、任弼时等组成中央前敌委员会,留守陕甘宁边区领导全国解放战争;由刘少奇、朱德以及部分中央委员组成中央工作委员会,前往晋西北或其他适当地点进行中央委托的工作。

1947 年 4 月 17 日,新华社发表社论指出:“蒋介石占领延安将标志着蒋介石的灭亡,人民解放军放弃延安将标志着中国人民的胜利。”[①]事实的确如此。1947 年 3 月底至 5 月初,彭德怀率领西北野战军接连取得青化砭、羊马河等系列大捷,基本稳定了陕北局势。5 月中旬,陈毅、粟裕等率领华东野战军一举歼灭国民党“五大主力”之一的整编 74 师,击毙师长张灵甫,夺取了孟良崮战役的胜利。6 月底,刘伯承、邓小平等率领晋冀鲁豫野战军主力 12 万余人,突破黄河天险,千里跃进大别山,正式揭开了人民解放军战略进攻的序幕。1948 年上半年,人民解放军在各个战场上继续发动攻势,狠狠打击了国民党军队。

① 新华社社论 1947 年 4 月 17 日。

经过两年的艰苦作战，中国人民解放军共歼敌军264余万，自己总兵力增至280余万人。人民解放军基本形成了野战军、地方部队和游击部队三者结合的完整作战体系，在军政素质、作战水平和武器装备等方面都有了较大提高。而国民党军队则迅速下降至365万人，虽然数量上还具优势，但内部矛盾加重，官兵士气低落。蒋介石虽有心做些调整，但无济于事，仍难以挽救危局。随着解放战争战略转折的到来，中共中央提出解决战争问题主张的时机业已成熟，"五一口号"随之应运而生。

中共中央每年五月一日前后都会通过党的主要宣传部门新华社发表宣言、口号或报道集会、游行等内容，用意在于顺势传达中共有关重要决定。那么1948年的五一节又会怎样呢？此时的新华社正驻扎河北涉县的西戎村，没有随中共中央住在一起，但经验丰富和政治敏感的廖承志社长觉得今年五一国际劳动节马上就要到了，虽然目前党中央还没有具体指示，而负责新闻发布的新华社是否有必要就此请示一下中央呢？思索之后，廖承志给党中央发去了一份电报，意思五一节快到了，中央有什么精神要对外宣传。电报到了西柏坡，机要负责人罗青长很快将其送给了周恩来。党中央非常重视，认为中共中央确实有必要在五一节到来这天发出声音，以揭露国民党反动派假民主行为，进一步宣传中国共产党的领导方略与政策主张。此时时机成熟，于是"五一口号"在毛泽东秘书胡乔木的执笔下很快起草完成。

起草后的"五一口号"共24条，除了五一国际劳动节来临之际向社会各方表示致敬和问候外，毛泽东还基于对中国共产党历史使命、中国革命斗争经验及中国政治进程的正确把握，对"五一口号"做了一定的修改，尤其是修改后的第五条，勾画出了中国共产党建立新政权的"两步走"战略，即邀请各民主党派、人民团体和社会贤达代表在解放区召开政治协商会议，商讨召开人民代表大会，选举产生民主联合政府。4月30日，中共中央在河北城南庄召开书记处扩大会议，讨论发布中共"五一口号"。1948年5月1日，《晋察冀日报》率先在头版头条刊登了《中共中央纪念"五一"劳动节口号》，5月2日《人民日报》全文转载。如此郑重其事的过程，最后发布的"五一口号"也确实字字千钧，如春天惊雷振聋发聩，产生了重大影响，发挥了重大作用，也奠定了它的历史地位。

这是我国统一战线、多党合作发展史上一件具有里程碑意义的事件，标志着各民主党派和其他无党派民主人士纷纷公开、自觉地接受了中国共产党的领导，也标志着各民主党派和无党派民主人士坚定地走上了新民主主义、社会主义的道路，从此掀开了中国的民主政治建设和政党制度建设的新篇章，开中国共产党人、民主党派及无党派民主人士长期合作之先河。

二、各民主党派人士纷纷响应

“五一口号”发布后，很快在国内外引起强烈的反应，各民主党派和人民团体纷纷发表讲话声明，热烈响应中国共产党的主张。

（一）百郭传书定，千猷借箸筹——李济深、沈钧儒等民主人士的响应

李济深是国民党民主促进会的代表人物，曾任黄埔军校副校长，国民革命军第四军军长。“九一八”事变后，中日矛盾日趋上升，李济深反对蒋介石的反共及对外政策，对第二次国共合作的实现起到了积极的推动作用。抗日战争时期，他主张国共合作，共同抗战。抗战胜利后，李济深又积极投入反对蒋介石独裁统治和制止内战的民主运动当中去，并联合黄炎培、冯玉祥、龙云等人，严厉谴责蒋介石破坏政协决议召开伪国大的行径。1947 年 3 月 9 日，他在香港《华商报》上发表《对时局的意见》一文，呼吁“停止内战，废除党内独裁”，“重开政治协商会议，成立民主联合政府”，同时号召国民党内部“每一个对国家负有责任感的人”，都应该勇敢地站出来，“改正党内反动派的错误政策”①。李济深是一位积极的民主革命人士，但同年 5 月却被国民党中央以“背叛党国”罪将其“永远开除党籍”。1948 年，李济深联合国民党民主派成立中国国民党革命委员会，被推选为主席，宣布“脱离蒋介石统治下的中央，并集中党内忠于革命的同志，为实现革命的三民主义而奋斗”②。

这时在香港的李济深听到广播中的“五一口号”显得十分激动，当他收到毛泽东给他送去的亲笔信时更是喜出望外。信中毛泽东以协商的口吻说，成立民主联合政府、加强各民主党派和人民团体相互合作的时机业已成熟，希望二兄（中国国民党革命委员会主席李济深、中国民主同盟中央常务委员沈钧儒）及

---

① 《华商报》香港 1947 年 3 月 9 日。
② 史宝强：《“五一口号”史稿》，河北人民出版社 2015 年版，第 97 页。

各民主党派、各人民团体代表共赴哈尔滨召开政治协商会议，共商国是，并希望民革、民盟和中共一起发表三党联合声明，以为号召。眼看推翻独裁统治，使国家走上和平、民主、富强的道路，召开新政协等理想将要实现，李济深不禁感慨万千，随即他就对来港送信的潘汉年表示完全赞同和支持中共中央的提议，并立即与同在香港的沈钧儒取得了联系。[①]

沈钧儒，浙江嘉兴人，是民主人士左派的代表人物。1905 年以新科进士身份赴日留学，学习政法，回国后积极参加立宪运动和辛亥革命。1912 年加入同盟会，后参加倒袁、护法等运动。在第一次国共合作时期，他任职浙江省政府，与中共党员联系密切，为此在“清党”运动中遭蒋介石反动派逮捕并列入处决名单，后侥幸逃脱，在上海以律师为业，参与政治活动。

1931 年，国民党政府颁布《危害民国紧急治罪法》，很多革命者和爱国者以“危害民国罪”被关进监牢甚至惨遭杀戮，沈钧儒知道后积极予以法律援救。此外，他也设法营救了不少因共产党案子而被捕的共产党人。“九一八”事变后，他对蒋介石“攘外必先安内”的政策十分愤怒，虽然对西北的中共并不了解，但他对中共抗日的主张却极为赞同。1935 年他成立了上海文化界救国联合会，1936 年他又成立了全国各界救国联合会。同年 10 月，毛泽东公开致函沈钧儒，希望他能和其他抗日组织一起到陕北参加苏维埃政府，沈钧儒受到极大鼓舞。在此过程中，沈钧儒对中共不断加深了解，救国会与中共的长期合作也由此开端。1937 年 11 月，沈钧儒在重庆与周恩来、董必武等中共领导人取得了直接联系。后来中国共产党在分析中国民主政团同盟内部的政治倾向时，毫无疑问地将救国会列入首类，认为这是“与我最接近”的革命团体。

抗战胜利后，沈钧儒在上海恢复救国会的活动。这段时间，他对中共的信心愈来愈坚定。沈钧儒曾对孙晓村说：“在奔走调停中，我发现中共是说话算数，说到一定做到。他们是真正为了人民，为了国家。”“还有一点，中共不仅方针正确，主张正确，论个人人品，他们每个人都品质高尚，作风正派。就像鲁迅生前曾说过，中国的希望在他们肩上，这一论断完全正确。”[②]所以民盟解散后，沈钧儒能够坚决出走香港，重建民盟，宣布接受中共领导，不是偶然的，这需要很大的政治

---

① 李筱桐、李筱微：《李济深在“五一口号”发表以后》，《中国统一战线》2008 年第 6 期。

② 史宝强：《“五一口号”史稿》，河北人民出版社 2015 年版，第 99 页。

勇气和坚定的思想力量。

5月2日,李济深、沈钧儒等与在港的民主党派代表共同讨论了中共的“五一口号”的内容。大家很受鼓舞,一致拥护中国共产党的领导,认为召开新政协会议,组建民主联合政府,是我国政治上的必经之路。民主人士应热烈响应并积极拥护。5月3日,李济深召集在港的各民主党派负责人开会,向他们传达了毛泽东来信的内容并进行讨论。除了李济深外,中国国民党革命委员会负责人何香凝,中国民主同盟负责人沈钧儒、章伯钧,中国民主促进会负责人马叙伦、王绍鏊,中国致公党负责人陈其尤,中国农工民主党负责人彭泽民,中国人民救国会负责人李章达,中国国民党民主促进会负责人蔡廷锴,三民主义同志联合会负责人谭平山,无党派民主人士郭沫若等出席了会议。[①] 与会12人商定,立即联名响应中共“五一口号”的号召,砥砺奋进,完成大业。5月5日,李济深等12名民主党派负责人和无党派民主人士代表向全国同胞联合发出通电,并联名致电中共中央毛泽东,表示“五一口号”适应人民和时势之要求,“尤符同人之本旨”,完全赞同中共的倡议,并且将电文公开发表。[②]

李济深和沈钧儒两人身处香港,摆脱了国民党的控制,有了言论自由的空间。他们是民主党派的代表,也是当时活跃于香港的民主人士们的政治代言人。中共中央把他们二人作为打开政治协商、开启党派合作的钥匙是合适和正确的,彰显了中共中央高度的政治睿智。

(二) 南来将岁晚,北去夜登程——马叙伦等民主党派的响应

马叙伦,浙江余杭人,出生于清朝光绪年间,学者、书法家、教育家,更是坚强的民主战士和忠诚的爱国主义者。1895年《马关条约》签订时,他10岁,幼小的心灵承受了沉重的国辱家屈。五年后八国联军的入侵以及《辛丑条约》的签订更是让他愤慨无比。辛亥革命时期,他宣传“爱国、保种、存学”思想,参加同盟会,见证了清王朝的灭亡。参与浙江光复运动,任都督府秘书。协助章太炎在上海创办《大共和日报》,任总编辑。民国期间,奋起讨袁,曾积极投身“五四”等各种爱国民主运动。担任过浙江省立第一师范学校校长、浙江省教育厅厅长、北洋政

---

① 史宝强:《“五一口号”史稿》,河北人民出版社2015年版,第103—106页。

② 中国民主同盟中央文史资料委员会:《中国民主同盟历史文献(1941—1949)》,文史资料出版社1983年版,第417—419页。

府及国民政府教育部部长。抗战胜利后，马叙伦精神再次振奋，热切关心国家前途和命运，希望国共两党顺应民意，以期通过谈判实现和平、民主、统一。1945年12月他和王绍鏊、许广平、赵朴初等人创建了中国民主促进会，积极投入到和平、民主的爱国运动，同时他还不断地抨击蒋介石内战政策。

1946年6月23日，马叙伦主持召开了上海人民团体联合会理事会，组成赴南京请愿的上海人民请愿代表团，目的是为了揭露和反对蒋介石的内战阴谋，敦促国民党政府及时悬崖勒马，呼吁美国政府停止助纣为虐，结果他本人和其他请愿代表被国民党特务殴至重伤。中共代表周恩来前来慰问，毛泽东主席和朱德总司令也发来慰问电，马叙伦非常感动，从此他的心和中国共产党连在了一起。

1947年12月在中共安排下，马叙伦与一批民主人士由上海转达香港继续从事民主活动。1948年4月30日当他从广播中听到"五一口号"的消息时，感到十分振奋。他说："除了反动派以外，都延颈企踵，希望即刻看到全文。因为这些口号给新中国的前途带来了无限的喜慰！"接着他立即在香港发表《读了中共"五一口号"以后》一文，说："这次口号，是历史上重要的文献，是转折时局的曙钟。"[①]他说全国人民一直都在期盼着自己民主政权的早日成立，期望着真正的人民革命的领导者——中国共产党给以启示，现在这个愿望就要实现了。5月5日，马叙伦代表中国民主促进会发表了《响应中共"五一号召"宣言》，充分表明了中国民主促进会接受中国共产党领导的愿望和决心。

（三）群贤非易聚，庄重达神州——其他党派的响应

除此以外，"五一口号"还受到了其他各民主党派、民主人士的拥护和响应，如中国民主促进会、三民主义同志联合会等都纷纷发表电文，表示拥护。

"五一口号"发布后，中国民主促进会于香港发表《宣言》表示拥护。中国民主建国会在上海召开常务理事监事联席会议，决议响应中共筹开新政协的号召，并指定章乃器和孙起孟为驻港代表，与中共方面取得联系，开展工作。1948年6月9日，中国致公党发表《响应中共"五一"口号的宣言》，以示态度。1948年6月14日，中国民主同盟发布《致全国各民主党派各人民团体各报馆暨全国同胞书》，响应中共"五一口号"的号召。

---

① 康大寿：《马叙伦与读了中共"五一口号"以后》，《民主》2015年第5期。

1948年5月4日，中国农工民主党发表声明斥责国民党破坏政协，6月16日，又发表《中国农工民主党对时局宣言》，认为帝国主义在中国的势力和南京独裁的统治已经到了"最后挣扎的阶段"，"中国人民伟大的反帝爱国运动与民主和平运动，必能取得最后的胜利"，而现在的任务就是"巩固和扩大统一战线，加速最后胜利的到来"，而农工民主党的全体同志，应"团结广大的群众进行战斗"，和广大民主战友，携手并进，"帮助和加速人民解放军的胜利"[①]。1948年7月7日，中国人民救国会发表《"七七"宣言》，响应中共"五一口号"的号召。1949年1月26日，九三学社在《新民报》上发表《拥护中共"五一"号召暨毛泽东八项主张的宣言》，以作响应。

另外，在港各界人士、人民团体及海内外华侨同胞也热切响应，如1948年5月4日新加坡华侨陈嘉庚致电毛泽东说："贵党中央本月一日呼吁召开新政协。讨论建立联合政府，海外侨胞，闻讯欢跃。""盼早日召开新政协会议，迅速建立联合政府，以解除人民痛苦，保障华侨利益！"[②]另外，1948年5月5日—19日，马来亚霹雳州、吉灵丹、槟榔屿等众多侨团纷纷致电中共中央，表明态度。另外，泰国、缅甸、加拿大、古巴等侨胞也纷纷发表宣言，拥护中共。

"五一口号"发布后，各民主党派、无党派民主人士，各海外侨团、侨胞等均态度鲜明地表示坚决拥护中国共产党，对参加新政治协商会议、成立民主联合政府、建立伟大新中国均表现出极大的热情，深切感觉到新中国胜利曙光的即将来临。

三、"五一口号"下的多党合作与政治协商

"五一口号"提倡并践行多党合作、政治协商和民主法治等精神，不仅加速了新中国胜利曙光的到来，还掀开了中国政党制度和民主协商的新篇章，这对当代中国凝聚力量、攻克难关、稳步推进中华民族的伟大复兴具有重要价值和意义。

"五一口号"第5条内容为："各民主党派、各人民团体、各社会贤达迅速召开政治协商会议，讨论并召集人民代表大会，成立民主联合政府！"此倡议一出，全

---

① 于刚：《中国各民主党派》，中国文史出版社1987年版，第610页。

② 中国人民政治协商会议全国委员会文史资料研究委员会：《五星红旗从这里升起——中国人民政治协商会议诞生记事暨资料选编》，文史资料出版社1984版，第192页。

国各民主党派、人民团体、无党派民主爱国人士等纷纷热烈响应。他们表示愿意接受中国共产党的领导，愿意与中国共产党团结合作，共商建国大计，共同为建立美好的新中国而奋斗。

中国共产党领导下的多党合作、民主协商制度的道路并不是一帆风顺的。马克思、恩格斯也曾在自己伟大的政治蓝图中谈到过，但由于历史条件的尚未成熟而未付诸实践。而后在俄国，列宁在领导革命斗争中也曾试图把这一构想落于实际，却因俄国资产阶级政党拒绝与布尔什维克合作而作罢。然而在中国，中国共产党发出"五一口号"的号召，实实在在得到了各民主党派和民主爱国人士的积极响应，这是中国共产党从自身实际情况出发，结合本国国情，理论联系实践，愿同中国各民主党派各无党派民主爱国人士一起，共商国是，协同发展所获得的效果。这样的邀请、倡议和愿望、设计，不仅是一种新的政党制度的创新，更是体现了多党合作、团结协进的新的政党关系和执政方式，是中国共产党审时度势、结合国情、理论联系实践的产物，是对国内外形势和敌我力量对比合理分析和准确把握的结果。

随着人民解放战争的胜利，在全国人民的支持下，中国共产党成功召开新政治协商会议，建立起中华人民共和国，从此"共产党领导、多党派合作，共产党执政、多党派参政"的新型政党关系和中国特色政治协商制度得以创立，中国新型政党制度和民主建设由此进入了新时代。

时至今日，"五一口号"发布已经过去 70 多年了，当年中共领导人和那些冒着生命危险到达解放区的民主爱国人士、社会贤达们大多已经相继离世，但他们殚精竭虑，纵论时局，英明决策，共趋光明，为新中国建立所做出的贡献将永远留在我们心中，启迪我们不忘初心，加强合作，以坚定的姿态走向更好的明天。

（作者简介：廖大伟，上海大学特聘教授；孙菲菲，东华大学出版社编辑。）

从《共同纲领》看民主党派与中共多党合作协商建国的历史和现实意义

商志刚

1949年9月29日，中国人民政治协商会议第一届全体会议选举出中央人民政府委员会，会议还通过了具有临时宪法作用的《中国人民政治协商会议共同纲领》(以下简称《共同纲领》)。这部《共同纲领》共7章60条，主要确立了新中国的性质和任务、政权机关、军事制度、经济政策、文教政策、民族政策、外交政策的总原则，还规定了公民的基本政治权利和自由等方面的内容。70年前诞生的《共同纲领》是中华人民共和国成立时代行宪法作用的根本大法，是中国共产党领导的多党合作和政治协商制度的渊薮，也是被历史所证明适合中国国情、符合全国各民族人民当家做主愿望、保障各界民众获得最大利益和权利的一部宪章，它的出台对新中国的稳定发展及至壮大，以及国家由新民主主义顺利过渡至社会主义及至当下都具有重要意义。

一、《共同纲领》出台前后的历史背景

八年抗战胜利后，中国往何处去成为全国人民最为迫切要考虑的问题，寄托着全国各族、各界人民厚望的政协会议被国民党单方废止了，其逆历史潮流而动的一党独裁专制思想之大成见蒋介石的《中国之命运》，被世人公知其假民主之名、行独裁之举是伪国大的召开。各党派团体、各界民主人士为了追求民主与光明，在中共的领导下奋起反抗，通过艰苦卓绝的斗争，众志成城，推翻了国民党反动统治。这时，建设一个怎么样的新中国，如何把革命胜利的成果用法律形式固定下来，并且规定中华人民共和国成立后的大政方针，作为全国人民共同遵循的

准则，以便团结全国各族人民把革命和建设事业继续推向前进，这就迫切需要制定一部具有根本法性质的文件。但在当时大陆还未全部解放，战争尚在进行，反革命势力还很猖獗，各项社会改革尚未开展，社会秩序还不够安定，遭受长期战争破坏的国民经济尚未恢复，人民群众的组织程度和觉悟程度尚未达到应有的水平，因此，还不能立即召开由普选产生的全国人民代表大会并且制定一部完善的正式宪法。

在这种情况下，从 1948 年 10 月上旬开始，《共同纲领》开始起草，中国共产党邀请各民主党派、人民团体、人民解放军、各地区、各民族以及国外华侨等各方面的代表反复协商，通过广泛地吸收各方面的意见，数易其稿，共同纲领最终正式变更为《中国人民政治协商会议共同纲领》。相对于《新民主主义的共同纲领》，新的版本在结构上作了较大的变动，缩减为 7 000 多字。1949 年 9 月 29 日，中国人民政治协商会议第一届全体会议一致通过了《中国人民政治协商会议共同纲领(草案)》。1954 年 9 月 20 日，第一届全国人民代表大会第一次全体会议通过了《中华人民共和国宪法》。《共同纲领》结束了作为“临时宪法”的历史使命。

二、《共同纲领》的历史意义

(一) 照顾同盟者利益，纲领确保了民主党派有位有为

成立于 1941 年的民盟不论是在成立之初，还是在政治协商会议和国共两党和谈过程中，始终与中共代表团密切配合。因为高举爱国和民主大旗反对独裁统治，民盟一度被解散。不屈的民盟于 1948 年 1 月在香港召开一届三中全会，成立临时总部，公开宣布同中国共产党携手合作，为彻底摧毁国民党反动政府，实现民主、和平、独立、统一的新中国而奋斗。同年 5 月，又与各民主党派一起，通电响应中国共产党召开新政治协商会议，成立民主联合政府的“五一口号”。新中国成立前，面对为了民主和光明付出巨大牺牲的同盟者，中共不仅兑现了协商建国的承诺一起召开了新政协筹备会议，更以极大的诚意拿出了近一半部级以上的领导岗位礼让给自己的同盟者和老朋友。于是新生的共和国有了民盟的张澜任国家副主席，黄炎培任政务院副总理，政务院下属 34 个的部、委、院、署、行中，担任正职的民主党派人士共 15 人，担任副职的 42 人，其中民盟又占多数。

代表知识分子阶层和中小工商业阶层的民主党派人员得到了充分尊重，为他们发挥专业优势，为百废待兴的新中国奉献聪明才智提供了平台和动力。对于如何照顾同盟者利益，反对并制止当时社会上一些极左甚至是要取消民主党派的观点，毛泽东说："要团结他们，帮助他们解决问题，如民主党派的经费问题，民主人士的经费问题等。要给事做，尊重他们，当作自己的干部一样看待，手掌手背都是肉，不能有厚薄。对他们要平等，不能莲花出水有高有低。"[①]

（二）充分听取和采纳意见，纲领充分体现了协商民主精神

《共同纲领》从起草到讨论到通过的全过程，是中国近代以来举世公认的民主协商立宪的典范。《共同纲领》的制定主体包括了共产党和其他民主党派，充分听取了各方意见，使《共同纲领》具备了广泛的民主的基础。《共同纲领》中确立的是人民民主专政的国体和人民代表大会的政体，坚持了民主集中制的组织原则，同时将民主协商制度以"临时宪法"的权威形式予以规定。为了充分听取意见，中共广开言路，就是否以新民主主义为原则建立新中国的基本问题上，就要不要将革命进行到底、革命胜利后共产党还要不要民主党派等问题进行了协商。此外，"人身自由"问题、"中国要不要实行联邦制"等问题均是当时协商的焦点。这些争论一直持续到 1949 年 6 月新政协筹备会正式开幕之前。《共同纲领》还就如何确保中小工商业者利益，保障处于弱势地位的少数民族同胞、妇女同胞的基本权利提出切实措施，这些也为 1954 年《宪法》的制定打下了民主协商、兼顾各方的良好政治基础。

（三）划出最大同心圆，纲领确保了新型政党制度和政协制度的建立

《共同纲领》内容涉及方方面面，虽然没有明确中共和民主党派的关系，以及民主党派的具体职能和作用，但却确保了当时民主党派如何和中共一起划出最大的同心圆来管理国家事务，即各民主党派以《共同纲领》为政治基础，一致宣布自觉接受中国共产党的领导并成立民主的联合政府。以政协会议为新的起点，新型政党制度在中国扎根。正如民盟中央主席张澜在谈及《共同纲领》时说："我要赞许那个将要通过的共同纲领，这是新中国的一个人民大宪章。它确定了新中国的政治理

---

① 李维汉：《回忆与研究》(下)，中共党史资料出版社 1986 年版，第 680 页。

论和政治制度，它有了‘革命到底’的大方针，它有了稳步建设的大原则。它没有高调，它更没有空想。这真是切合实际，切合人民今天需要的共同纲领。”

这一有宪章性质的纲领无形中已将新型政党制度的特征表述了出来，即共产党领导、多党派合作，共产党执政、多党派参政。实践证明，各民主党派以自己的专业优势积极参加国家政权，参与国家事务的管理，参与国家大政方针和国家领导人选的协商，参与国家方针、政策、法律、法规的制定执行，为新中国进入社会主义阶段发挥了重要作用。正如周恩来总理在第一次全国统战会议上所言："有些工作他们（民主党派）去做，在时比我们更有效，在国际上也有影响。民主党派的成员，在我们的帮助下，愿意同我们一道进入社会主义，我们多了一批帮手，这不是很好吗？"[①]为此，中共在20世纪50年代初，主动推荐了如苏步青等一大批社会名流加入民盟等民主党派，使党派的智力优势和专业特长更加集聚，作用更加明显。也正是以《共同纲领》为基地，中共才相继提出了“长期共存互相监督”到“长期共存互相监督肝胆相照荣辱与共”的方针，1989年《中共中央关于坚持和完善中国共产党领导的多党合作和政治协商制度的意见》的出台，标志着中国共产党领导的新型政党制度和政协制度终于落地。

三、新中国早期民主党派对《共同纲领》的贡献与践行

各民主党派既是《共同纲领》出台的形成者，也是坚定的拥护者和贯彻者。在宪法出台前，包括民盟在内的民主党派均以《共同纲领》为自己党派的政治纲领，努力为社会主义建设事业服务。以民盟为例，1949年底召开的民盟一届四中全会通过的《中国民主同盟四中全会扩大会议政治报告》提出七条具体奋斗目标：一是拥护《共同纲领》并为它的实现而奋斗；二是将革命进行到底，巩固人民民主专政的政权；三是扩大和加强人民民主统一战线；四是动员一切力量，恢复和发展生产建设；五是加强新中国的文化建设，提高人民的文化水平；六是维护世界和平，反对侵略战争；七是实现华侨政策，保护侨胞利益。

1950年6月6日，邓小平在中共重庆市第二次代表会议上批评那些不学习

① 李维汉：《回忆与研究》（下），中共党史资料出版社1986年版，第681页。

不运用《共同纲领》的党员:“今天的不幸情况,恰恰是有些共产党员不学习不运用共同纲领。党外人士把共同纲领背得烂熟,在讨论工作和政策时,能够引经据典,充分说理。而我们的一些共产党员却往往瞠目不知所对,有的甚至最后拿出蛮不讲理的本事来。”①

《共同纲领》是根本大法,如何对其内容进行贯彻,需要出台相应的法律法规。民盟杰出女领导人、新中国第一任司法部部长史良针对“有些地方统治妇女,不准出村,甚至命令所有寡妇一定要嫁贫雇农光棍,把地富妇女当成胜利果实分配……”这些封建陋习,主持定制了新中国第一部《中华人民共和国婚姻法》。《婚姻法》一举“废除包办强迫、男尊女卑等封建主义婚姻制度。实行了婚姻自由,男女平等,一夫一妻制”。政府颁发的婚姻证,用法律的形式赋予妇女婚姻自由的权利,中国的妇女终于和男子一样,拥有了爱与被爱的权利。《共同纲领》中尊重妇女的内容被首先付诸实践。

之后,在抗美援朝、参加土改、镇压反革命运动、“三反”“五反”运动和社会主义三大改造运动这一系列被称为“五大运动”的过程中,各民主党派均以《共同纲领》为自己的政治纲领,号召带领各自成员积极投身这些运动。如抗美援朝期间,民革中央在本党内发出指示,动员党员参加保家卫国的伟大斗争;又如民建在 1950 年 6 月 28 日发表《拥护政府土改办法和财经措施的决议》,确定积极拥护土改是民建的首要任务。“三反”“五反”时,九三学社中央发表《关于开展反贪污反浪费反官僚主义运动的指示》,要求社员积极参与。② 民主党派与中共密切合作,与全国人民团结一致,为多党合作贡献了力量。至 1953 年底,代行政协和人大职能的代表中,各民主党派和无党派民主人士占 45%,充分体现了中共与各民主党派的团结合作。

四、《共同纲领》对当下的启示

(一) 中共的“四个创新”离不开多党合作和政治协商制度

由习近平总书记在庆祝中国共产党成立 95 周年大会上提出的“四个自信”

① 邓小平:《克服目前西南党内的不良倾向》,《邓小平文选》第一卷,人民出版社 1994 年版,第 156—157 页。

② 朱建华、宋春:《中国政党史》,黑龙江人民出版社 1991 年版,第 582—583 页。

即中国特色社会主义道路自信、理论自信、制度自信、文化自信，是《共同纲领》在新时代的完善和发展，它彰显了中国共产党完全不同于国民党政党制度的自信和创新，既体现在理论上，也体现在实践中，行之有效地聚集起了民主党派成员拥护新中国、建设新中国的空前积极性和广泛参与度。包括民盟在内的参政党在《共同纲领》形成后，在国内外各种场合明确表示自己不是在野党，更不是反对党，在国家政治生活中，共产党作为执政党，处于统揽全局、协调各方的地位，进行全面领导；民主党派作为参政党，是接受共产党领导的、同中国共产党通力合作的亲密友党。而所谓共产党的领导，不是由共产党包办一切，而是在民主平等基础上的政治领导，即政治原则、政治方向和重大方针政策的领导。

这种新型的政党关系横空出世，既不同于西方的多党制和两党制，也不同于以苏联为代表的社会主义国家的一党制，是对世界政党制度的创新和践行。“履不必同，期于适足；治不必同，期于利民。”中国共产党领导的新型政党制度，不仅符合当代中国实际，而且符合中华民族一贯倡导的天下为公、兼容并蓄、求同存异等优秀传统文化，能够形成更广泛、更有效的民主，画出最大同心圆，最大限度把各阶层各方面的智慧和力量凝聚起来，把全社会全民族的积极性、主动性、创造性发挥出来。这也是对人类政治文明的重大贡献。这一表述无疑是《共同纲领》对政党关系和作用在新时代的创新和运用。这一提法彰显了新时代中国和中国共产党人坚定的制度自信，为坚持和完善这一新型制度指明了方向，也为催生世界政党政治文明新形态贡献了中国智慧和中国方案。

（二）复杂多变的国内外政治环境仍然需要《共同纲领》内核作支撑

今天的中国正走在民族复兴的伟大征程上。习近平总书记指出：“政治制度是用来调节政治关系、建立政治秩序、推动国家发展、维护国家稳定的。”[①]当下，中美贸易摩擦，港岛乱象丛生，对国计民生发挥至关重要作用的中小企业困难重重，这些都对执政党提出了更高的要求，从颁布施行《共同纲领》，到提炼概括、完善发展为习近平总书记提出的“新型政党制度”，民主党派高度认同习近平总书记所指出的“中国共产党领导的多党合作和政治协商制度作为我国一项基本政治制度，是中国共产党、中国人民和各民主党派、无党派人士的伟大政治创造，是

① 《习近平谈治国理政》第二卷第八章，外文出版社 2017 年版。

从中国土壤中生长出来的新型政党制度”这一重要表述。

表述中的“新”字，不是凭空而来，它来自历史的传承，提醒我们不论中国面临怎样的国内外环境，都需要汲取历史的宝贵经验，就是中共要充分相信民主党派和无党派人士，尊重同盟者的权益和建议。在不同层级都充分发扬民主，广开言路，鼓励和支持民主党派与无党派人士对党和国家的方针政策、各项工作提出意见、批评、建议，做到知无不言，言无不尽，并且勇于坚持正确的意见。为了更好地让党派成员参政议政，各级政府也可以拿出更多的行政岗位让党派成员任职，让他们有位有为，在其位谋其职，识大体顾大局，真正做到出主意，想办法，做实事，做好事，与国家的命运休戚与共，紧密相连。

历史表明，从《共同纲领》应运而生的中国共产党领导的多党合作和政治协商制度，既发扬了民主又体现了集中，是在多党参政议政、政治协商、民主监督的基础上实现民主，在共产党政治领导的前提下体现集中。这样既有效避免了一党制因缺乏监督而导致专制的弊端，又避免了由于多党制和两党因竞选而造成的政治资源的巨大浪费和政治成本的显著提高，这是其他政党制度所没有的优势所在。

（作者简介：商志刚，民盟静安区委秘书长。）

民盟与中共合作方式的演变与启示

王云飞

抗战胜利后，中国面临着如何重建的重大抉择。面对企图维持一党专政的国民党统治集团，中共领导广大人民与之展开了复杂而激烈的斗争。作为独立于国共两党之外的第三党，民盟在解放战争期间与中共合作奋斗，为新民主主义革命的胜利和中华人民共和国的成立作出了重要贡献。那么，抗战胜利之初坚持中间路线、对国共双方态度“不偏不倚”的民盟，是怎样逐步加强与中共合作，走上与中共合作建国道路的呢？本文试对这一过程进行梳理，考察民盟与中共合作方式的演变，得出启示。

一、为实现和平与民主的共同目标，民盟与中共互相支持、密切合作

（一）为争取和平建国共同努力

抗战胜利后，民盟与中共分别提出了和平、民主的口号，并为争取和平建国进行初步合作。1945 年 8 月 25 日，中共中央发表《对目前时局的宣言》，明确提出“和平、民主、团结”三大口号，阐明中共关于“在和平民主团结的基础上，实现全国的统一，建设独立自由与富强的新中国”的主张。① 民盟多次发表宣言，疾呼反对内战、独裁，要求民主、和平。8 月 15 日，民盟中央发表《在抗战胜利中的紧急呼吁》，提出“民主统一、和平建国”的口号。10 月，民盟第一次全国代表大会提出，通过和平、团结、统一的途径，使中国成为真正民主的国家。②

---

① 中央档案馆编：《中共中央文件选集》(第十五册)，中共中央党校出版社 1991 年版，第 247 页。

② 中国民主同盟中央文史资料委员会编：《中国民主同盟历史文献(1941—1949)》，文史资料出版社 1983 年版，第 60 页、第 88 页。

8月—10月，毛泽东率中共代表团赴重庆与蒋介石进行谈判。谈判期间，中共代表广泛地与各民主党派和民主人士会晤，阐明中共和谈立场，表明诚意。毛泽东等曾多次与民盟领导人接触，对民盟建议召开各党派和无党派参加政协会议的主张表示赞赏，希望与民盟在为民主和平所作的努力中相互支持。这期间，毛泽东在会谈中向民盟主席张澜指出国共会谈的关键问题，揭露了蒋介石假和谈真内战的本质。张澜建议中共将两党会谈取得一致的应当公之于众，并表示民盟愿代做此事。9月中旬，国共会谈一度出现僵局，毛泽东拜访张澜，请他促成谈判成功。张澜便于9月10日发表《给国共两党领袖的公开信》，在舆论上敦促蒋介石认真将谈判进行下去。在各方共同努力下，谈判决议通过了避免内战、和平建国的基本方针和废除一党专政、建立独立富强的新中国的协定。

（二）在政协会议期间协商合作

政治协商会议召开前后，中共与民盟代表团合作，结成了反内战、反独裁的政治联盟，在重大问题上互相商量、互相支持。1945年11月，中共与民盟达成了合作协定，约定：1. 任何一方不得与国民党妥协；2. 在任何会议上双方互相支持；3. 双方有意见分歧尽量内部解决；4. 民盟可在解放区建立组织。在政治协商会议上，中共与民盟又达成谅解，在提出重大政治主张之前，事先彼此协商。这种政治上的互相信任与合作，使民盟在反对国民党一党独裁、建立民主联合政府等重大原则问题上与中共采取一致立场。

政府改组问题是政协会议的关键问题。蒋介石想在保留一党专政的前提下，把各党派骗到国民政府委员会这样一个没有实权的清议机关，就算完成政府改组。中共与民盟对此坚决反对，认为要在改变专制独裁的前提下，使国民政府委员会成为有实际政治权力的最高国务机构，使各党派代表都能真正参加政府领导。在国民大会问题上，国民党坚持近10年前国民党包办“选出”的国大代表除死亡附逆者外一律有效。中共和民盟代表一致主张重新选举，并坚持在政府改组后召开国民大会。为防止蒋介石把国大变成他的表决机器，民盟与中共向国民党提出，要求在未来的国府委员会和国民大会中保留一定比例的否决权。在宪法草案问题上，国民党坚持以《五五宪草》制定宪法以维护其专制统治。民盟主张仿效欧美国家的议会制来实现民主，限制总统权力。中共与民盟共同与国民党进行斗争，迫使政协宪草小组通过的决议基本接受了民盟的意见。对解放区和中共领导的地方政权问题，沈钧儒在政协发言中认为，国民党应该承认中共"抗日的历史性"和"中共设施的进步性"，从法律上承认解放区，并应"加以鼓励保存和发展"①。

政协会议通过了政府组织、施政纲领、国民大会、宪法草案、军事问题等5项决议案，否认了国民党的专制独裁制度和内战政策。民盟与中共在政协会议上的密切合作，团结和教育了民主人士和人民群众，使国民党陷于孤立，为实现和平民主作出了贡献。

（三）为维护政协决议共同斗争

政协会议后，中共坚持政协路线，坚决反对国民党撕毁政协决议、坚持内战独裁的反动政策。民盟也积极参加维护政协决议的斗争。

1946年3月国民党六届二中全会召开后，周恩来两次在记者招待会上揭露国民党破坏政协决议的行为，号召全国人民各界人士为实现政协决议进行坚决斗争。3月20日，张澜在对记者谈话中指出，国民党二中全会的决议无非在维持国民党一党专政的实质与形式，把各党派参加政府变成请客，明确表示为对全国人民负责，民盟"不愿贸然参加政府"②。之后，罗隆基发表声明，拒交民盟的国大代表名单；在4月的宪草审议会上，民盟代表反对国民党对政协宪草原则的篡改。维护政协决议的同时，民盟还积极参加国统区的争民主反内战运动。坚决拒绝参加伪国大、伪政府，拒绝承认伪宪法，在政治上与中共保持一致；参加上海各界组织的"二九"惨案后援会，支持并参加反饥饿、反内战、反迫害的学生运动。这期间，民盟与中共并肩合作，为在国统区形成反对国民党反动派的第二条战线起了重要作用。

斗争中，民盟组织及盟员多次受到国民党特务的迫害。面对国民党的白色恐怖，中共与民盟互相支援，患难与共。"较场口事件"中，李公朴等60余位民主人士被打伤；中共重庆《新华日报》和民盟机关报《民主报》营业部被国民党指使暴徒捣毁；西北民盟机关报被封闭，报社人员被杀害；李公朴、闻一多先后被国民党特务暗杀；民盟西北区总支部主委杜斌丞被国民党枪杀……民盟向国民党政

① 中国民主同盟中央文史资料委员会编：《中国民主同盟历史文献(1941—1949)》，文史资料出版社1983年版，第136—137页。

② 中国民主同盟中央文史资料委员会编：《中国民主同盟历史文献(1941—1949)》，文史资料出版社1983年版，第153页。

府提出严重抗议的同时，中共多次及时通过电文或记者招待会表示对民盟的支持，严厉谴责国民党的法西斯暴行，揭露国民党政府的反动本质。1947 年 10 月，国民党借口民盟“勾结共匪参加叛乱”，“煽动五月学潮及上海工潮”，“作叛乱宣传掩护共匪之间谍活动”，“企图颠覆政府”①。11 月，在国民党高压之下，民盟总部被迫解散。

这一时期的斗争中，民盟与中共作为两个独立的政党，为了实现和平、民主进行了密切合作。其中，既有为实现和平、民主进行的政治上的合作，也有在面对国民党迫害时的互相声援和支持。尽管民盟一直以“中间党派”面目出现，在国共两党之间保持“独立”和“中立”，但这种“独立与中立，并不是不辨是非曲直的乡愿”，它“评判是非曲直的标准，亦就是民主与反民主。凡是民主的都是朋友，凡是反民主的都是敌人”②。面对国民党逐步暴露的内战、独裁的本质，见到中共为争取和平、民主所作的努力，民盟坚定地站在了民主的朋友一边，与民主的敌人进行了坚决的斗争。

二、为推翻国民党反动独裁统治，民盟实现转变，与中共全面合作

民盟被迫解散后，新华社发表《蒋介石解散民盟》的时评，斥责国民党迫害和解散民盟的罪行，鼓励民盟继续同国民党反动派斗争。1948 年 1 月，民盟在香港召开一届三中全会，恢复了民盟组织，使民盟确定了正确的政治路线。会议主张彻底推翻南京国民党反动政府，建立民主联合政府；坚决反对美帝国主义的侵略；赞成土地改革和没收官僚资本；放弃中间立场，支持武装斗争，与中共携手合作，共同奋斗。民盟一届三中全会基本上接受了中共的新民主主义革命纲领。之后，民盟开始了与中共的全面合作。

（一）支援人民解放战争

民盟各地组织以各种方式支持人民解放战争。民盟北京、上海、广州、江西

① 俞云波编：《中国民主党派史述略》，上海人民出版社 1989 年版，第 86 页。

② 中国民主同盟中央文史资料委员会编：《中国民主同盟历史文献（1941—1949）》，文史资料出版社 1983 年版，第 87 页。

等支部先后组织多批盟员知识分子或青年学生赴解放区或游击区，参加人民解放战争。民盟湖北支部发动盟员搜集武昌营房、武汉城郊城防布置、武汉三镇党政军警重要机关资料等情报，送交中共地下组织或直接送往解放区。民盟福建省支部派遣成员打入国民党军队，搜集驻闽国民党军队军事情报，交给中共党组织和游击队。1948 年 11 月，民盟中央发表《告蒋军官佐士兵书》，奉劝蒋军官兵赶快放下武器，退出内战，率部起义，站到人民方面来。1948 年，民盟中央委员张云川在北平与其他有关人士一起，策动傅作义率部起义。

（二）参加反蒋爱国民主运动

配合人民解放战争的进行，民盟直接参加了国统区第二条战线的斗争。1948 年 3 月—5 月，国民党“行宪国大”召开后，民盟要求各级组织声讨行宪丑剧；反对国民党盗用民意实行独裁暴政的伪国大、伪宪法及其产生的蒋政府；声援国统区学生、教职工的反迫害、反饥饿斗争，抗议国民党政府的镇压暴行；揭露美国扶日的阴谋，组织盟员散发反对美国扶日的传单，支持学生反对美国扶日的爱国运动。

（三）响应中共“五一”号召

1948 年 4 月 30 日，中共中央发出纪念“五一”劳动节的口号，号召各民主党派、各人民团体、各社会贤达迅速召开新的政治协商会议，讨论并召开人民代表大会，成立民主联合政府。号召发表后，各民主党派热烈响应。5 月 6 日，民盟与各民主党派领导人联名通电全国，指出中共中央的号召符合人民要求和同人主张。同一天，他们又致电中共中央主席毛泽东，表示拥护中共中央“五一”号召。6 月 14 日，民盟又单独发表《响应中共“五一”号召致全国各民主党派各人民团体各报馆暨全国同胞书》，重申召开政协会议是民盟的一贯主张，揭露蒋家政权僭窃名位，伪装宪政，拍卖主权，横征暴敛，吁请各民主党派共同为迅速实现新政协而努力，并提出了对建立新中国的四点基本认识。

中共中央对各民主党派响应“五一”号召十分重视。5 月 2 日，中共中央向上海局发出指示，提出准备邀请各民主党派及重要人民团体的代表到解放区，开会讨论成立联合政府、加强与各民主党派各人民团体的合作及政策纲领问题，并要求上海局同志就召开会议时机及是否愿派代表到解放区等问题征求各民主党派意见。8月1日，毛泽东给民盟等民主党派负责人回电，对他们赞同召开新政协、建立联合政府的主张并热心促其实现"极为钦佩"，重申了召集各民主党派、各人民团体及无党派民主人士的代表们共同协商的必要性。[①] 这期间，民盟中央联合在香港的各民主党派负责人及各界爱国人士，就民主统一战线纲领、新中国工商业建设以及文化建设等政策进行广泛深入的讨论，汇集讨论结果供新政协会议参考。

1948年9月，应中共中央邀请，沈钧儒、章伯钧等与其他民主党派领导人进入东北解放区。10月，沈、章致电毛泽东、周恩来、朱德，表示"愿竭所能，借效绵薄；今后一切，伫待明教"。11月，沈、章代表民盟发表对时局声明，重申对建立民主、和平、统一的新中国的看法，表示要"跟人民公敌反动集团斗争到底，决不动摇，决不妥协"[②]。1949年1月，面对蒋介石的元旦"求和"声明，在民盟主席张澜、香港民盟总部先后揭露蒋介石假求和的实质，敦促蒋介石迅速无条件投降。

这一时期的斗争中，民盟实现了历史转折，开始了与中共全面合作的新时期。配合中共解放战争进程，民盟在支援人民解放战争，开展国统区反蒋爱国运动，争取国民党官兵起义等方面做了大量工作，为推翻国民党的反动统治做出了重要贡献。

三、承认中共在新民主主义革命中的领导地位，民盟与中共合作建国

（一）接受中共领导

随着人民解放战争的胜利推进，各民主党派开始承认中共在新民主主义革命中的领导地位。面对蒋介石的"和谈"要求，1949年1月22日，当时在解放区的沈钧儒、章伯钧与其他党派、民主人士50余人联名发表《对时局意见》的宣言，盛赞解放区"充满着民主自由的空气，蓬勃向上的精神"，揭露蒋介石的和谈攻势是"企图以政治阴谋苟延残喘"，"完全是出于欺骗，不能苟安纵敌，使革命大业功

① 中央档案馆编：《中共中央文件选集》（第十七册），中共中央党校出版社1992年版，第273页。
② 俞云波编：《中国民主党派史述略》，上海人民出版社1989年版，第98页。

亏一篑”；表示“在人民解放战争中愿在中共领导下，献其绵薄，共策进行，以期中国人民民主革命之迅速成功，独立、自由、和平、幸福的新中国之早日实现”①。这表示民盟开始接受中国共产党的领导。

3月，民盟中央临时工作委员会在北平成立后，致书毛泽东主席，表示“愿以至诚接受贵党领导，在新民主主义建设的伟大事业中，并愿与贵党密切配合，尽其应尽之责”。毛泽东回复表示“无任欢迎”②。5月28日，在沪的张澜等人在上海解放后发表声明，承认中共在新民主主义革命中的领导地位，表示要切实遵守新民主主义，实现以工农为基础的人民民主的联合政府。

（二）积极参加新政协

随着江南各大城市相继解放，各民主党派和无党派人士与中共在重大政治问题上达成一致，召开新的政治协商会议，成立民主联合政府的时机已经成熟。1949年6月15日，新政协筹备会第一次全体会议在北平召开。民盟代表张澜、沈钧儒、章伯钧等7人参与了新政协会议参加单位、名额及各项草案的拟定工作。

9月21日，中国人民政治协商会议第一次全体会议在北京开幕。会议代表662人，在党派代表中，民盟代表18人，与中共代表数量相同。民盟主席张澜在开幕式上讲话，他说，革命的胜利“是中国共产党和毛泽东主席英明领导的结果，是中国人民解放军的英勇战斗，和全国各民主党派，各民主阶级的民主分子奋斗牺牲的结果”，认为“我们要把握住这个千载一时的建国机会。我们要在毛主席领导之下，精诚团结，共相勉励，以完成这个建设新中国新社会的历史使命”③。会议选举产生了以毛泽东为主席的中央人民政府。张澜被选为中央人民政府副主席、全国政协委员，沈钧儒被选为全国政协副主席、中央人民政府委员，章伯钧被选为全国政协委员、中央人民政府委员，罗隆基等三人被选为全国政协委员。

---

① 中国民主同盟中央文史资料委员会编：《中国民主同盟历史文献（1941—1949）》，文史资料出版社1983年版，第505—508页。

② 中国民主同盟中央文史资料委员会编：《中国民主同盟历史文献（1941—1949）》，文史资料出版社1983年版，第516—517页。

③ 中国民主同盟中央文史资料委员会编：《中国民主同盟历史文献（1941—1949）》，文史资料出版社1983年版，第582—584页。

（三）投身新中国建设事业

10月1日，中华人民共和国宣告成立。民盟热烈电贺，表示“今后当竭诚地以全力拥护政府，坚决执行中国人民政治协商会议共同纲领，以完成新民主主义新中国的建设！”①在中央人民政府委员会第一次会议上，周恩来被任命为政务院总理兼外交部长。一些民盟领导人也先后被任命担任国家要职，例如沈钧儒任最高法院院长，黄炎培任政务院副总理兼轻工业部部长，章伯钧任交通部部长，罗隆基任政务院政务委员，史良任司法部部长，胡愈之任出版总署署长，曾昭抡任教育部副部长。从此，民盟在中共领导下，为巩固新政权，为社会主义革命和建设继续做出新贡献。

这一时期，民盟在中共领导下，积极参加新政协，参与缔造中华人民共和国，为新中国的诞生做出了重要贡献。同时，民盟众多成员先后担任国家要职，继续积极投身于社会主义革命和建设事业中去。

四、历史的启示

（一）要以人民的根本利益为重

抗战胜利后，国家百废待兴，中国人民迫切需要一个和平安定的环境，休养生息，重建家园。当时，争取国内和平，建设独立、自由、民主、统一、富强的新国家，是符合人民根本利益的头等大事。

中共作为无产阶级政党，代表的是广大无产阶级的利益。民盟作为阶级联盟性质的政党，它所联系和代表的不是单一阶级，而是包括民族资产阶级、城市小资产阶级及其知识分子，其主体是一大批爱国的知识分子。从性质来看，两党所代表的阶级是不同的。但是，在关系国家前途命运的关键时期，中共与民盟均把维护人民根本利益放在了首位。

中共从人民根本利益出发，为实现和平、民主，接受国民党谈判邀请，并作出很大让步，表现出很大的诚意。正如毛泽东在《抗战胜利后的时局和我们的方针》中指出的，“我们的责任，是向人民负责。每句话，每个行动，每项政策，都要

① 中国民主同盟中央文史资料委员会编：《中国民主同盟历史文献（1941—1949）》，文史资料出版社1983年版，第590页。

适合人民的利益。”他在《关于重庆谈判》的讲话中进一步指出，“我们的方针是保护人民的基本利益。在不损害人民基本利益的原则下，容许作一些让步，用这些让步去换得全国人民需要的和平和民主。”①民盟提出建设民主国家的方案，在国共两党间居中调停时，多次强调要以人民利益为重。1945 年 10 月，民盟临时全国代表大会政治报告中指出，“政治会议的谈判与解决问题，应以国家人民的利害为目标，不能以党派的利害为目标。”1946 年 1 月，张澜在政治协商会议开幕式上的讲话中提到，“我相信各位代表都承认这次会议的目的，不是党派的利益，而是国家全体人民的共同利益。”②

在和平、民主成为人民迫切要求的情况下，民盟与中共的方针、政策始终坚持以国家、人民利益为重，这也成为双方进行政治合作的根本前提。在此基础上，民盟与中共在之后的共同奋斗中逐步走到了一起，取得了新民主主义革命的胜利。而国民党企图维护一党专制，出卖国家利益，抛弃人民群众，只能被人民所抛弃。历史告诉我们，只有为维护人民的根本利益而努力奋斗的政党，才能经受住历史的考验，才能得到人民的支持和信任。

（二）要顺应历史发展的潮流

抗战胜利后，民盟第一次全国代表大会《中国民主同盟纲领》提出了政治、经济等方面的纲领，其实质是要在中国建立资产阶级共和国，发展资本主义。而中共领导的新民主主义革命并不消灭一般的资本主义和资产阶级，客观上有利于资本主义的发展，其性质仍然是资产阶级民主革命。新民主主义纲领代表了广大工人、农民、城市小资产阶级和民族资产阶级的共同利益和愿望，这成为民盟与中共合作的政治基础。

人民解放战争转入全国规模的战略进攻后，1947 年 12 月，中共提出了“打倒蒋介石，解放全中国”的口号，阐明了党的军事、经济、政治纲领。这标志着全面实现新民主主义纲领的条件已经具备，新民主主义革命胜利的大势已不可逆转。与此同时，面对国民党法西斯手段的残酷镇压和迫害，被迫解散的民盟开始认识到，在国民党独裁统治下，仅仅依靠和平、合法斗争，要在中国实现民主政治

---

① 《毛泽东选集》(第四卷)，人民出版社 1991 年版，第 1128 页、第 1160 页。

② 中国民主同盟中央文史资料委员会编：《中国民主同盟历史文献(1941—1949)》，文史资料出版社 1983 年版，第 79 页、第 117 页。

是不可能的。只有与中共一起，彻底打倒独裁统治，才能把我国建设成为独立、民主、富强的国家。

于是，在中国革命伟大历史转折影响下，在血的教训下，民盟一届三中全会基本上接受了中共新民主主义革命纲领，重新确立了政治路线和行动纲领，提出了政治、经济、外交等各项主张，实现了历史的转变。这就使民盟与中共团结一致，同心同德，去争取新民主主义革命的胜利。斗争中，民盟与中共全面合作，支援解放战场，参与政治协商，为推翻国民党反动统治、缔造新中国作出了重要贡献。

在领导新民主主义革命的过程中，中共引领历史潮流发展，代表最广大人民的利益，带领广大人民为革命的胜利不懈努力。民盟顺应历史发展，积极转变，投身新民主主义革命之中。国民党逆历史潮流而为，只能走向灭亡。这一过程告诉我们，一个政党必须顺应历史发展大趋势，与时俱进，才能在历史大潮中立于不败之地。

（三）要坚持中共领导，继续加强民盟与中共的合作

抗战胜利之初，中共根据七大制定的政治路线，继续领导人民为新民主主义革命的胜利而努力奋斗。虽然这一时期被民盟认为是在中国实现民主“千载一时的机会”，但是，民盟在中国发展民主、建设资产阶级国家的梦想还是被国民党打得粉碎。

与之相反，中共领导的新民主主义革命则在稳步前进，表现出强大的生命力。在与中共的党外政治合作中，民盟逐步认识到中共路线、方针、政策的正确性、先进性，开始接受中共路线、方针和政策的影响。正是在中共的影响下，民盟在坚持和平民主、反对内战独裁的斗争中，抵制和批判了以青年党、国社党为代表的投靠国民党的反动倾向，保持了正确的政治方向；正是在中共的帮助下，民盟在被解散的危急关头实现了历史的转变，与中共实现全面合作，投身到人民解放战争的洪流中去；正是在中共的感召下，民盟以至诚表示接受中共的领导，参与缔造了新中国。这一历史过程表明，在中国革命所处的历史条件下，只有坚持中共的领导，才能领导中国革命走向胜利。

在与民盟等民主党派合作奋斗的过程中，中共巩固和发展了人民民主统一战线，丰富和发展了统一战线理论，取得了新民主主义革命的胜利。毛泽东在总

结中国革命胜利的历史经验时，将统一战线称作夺取革命胜利的三大法宝之一。对民主党派在新中国建设中的地位、作用问题，毛泽东在七届二中全会的报告中强调："我党同党外民主人士长期合作的政策，必须在全党思想上和工作上确定下来。"[①]这说明，中共认识到，统一战线不仅是夺取革命胜利的一个法宝，也必将是社会主义改造和社会主义建设的一个法宝。

在新民主主义革命过程中，民盟与中共风雨同舟，亲密合作，体现了肝胆相照、荣辱与共的兄弟情谊。中华人民共和国成立后，实行了中共领导的多党合作和政治协商制度。作为与中共通力合作的参政党，民盟以其"知识密集"和"多学科的人才库"，为社会主义建设事业和祖国统一事业作出了重要贡献。新时期，面临复杂多变的国际国内形势，民盟要继续坚持在中共领导下，积极参政议政，不断提高履行职能的能力和水平，继续加强与中共合作，共同为谱写中华民族伟大复兴的新篇章而努力奋斗。

（作者简介：王云飞，文章发表时任职于中共上海市委党史研究室。）

① 《毛泽东选集》(第四卷)，人民出版社 1991 年版，第 1437 页。

从“初心”走向“使命”：民盟与中共的合作建国之路(1946—1949)

王同彤

历史上，中国的知识分子最高尚的境界便是“以天下为己任”“先天下之忧而忧”，每当国家危难，总会涌现出一大批爱国知识分子，而中国民主同盟就是由大批教育界、科技界的爱国知识分子所组成，具有爱国主义的优良传统，在从抗战到中华人民共和国成立的过程中发挥重要作用的民主政党。在民主革命时期尤其是抗战胜利之后，民盟不忘其组建“初心”，积极呼吁和平与民主，呼应中共的提议，在“旧政协”中奔走呼吁，支持建立民主联合政府，为寻求和平民主救国做出了重大贡献，亦与中共展开了亲密友好的合作。在“旧政协”失败后，民盟也历经了被迫害到解散的重大打击，但在中共的紧密支持下，民盟最终浴火重生，并在召开“新政协”，组建新中国的重大历史关键点上担当了独一无二的重要“使命”。本文拟全面回顾民盟自 1946—1949 年期间在与中共合作的风雨同舟、共建新中国之路，也是从民盟的“初心”转向“使命”的光荣道路。

一、共同参与“旧政协”：挫败国民党阴谋

1927 年南京国民政府的成立，标志着蒋介石独裁专制的开始，其间，民众积贫积弱、怨声载道。这引起了国内和平民主势力的反对，其中就包括中共和民盟前身的中国民主政团同盟等各民主党派。

1944 年，为加强组织工作，民盟改组，随即成立中央组织委员会，有计划有领导地在中国西南、西北等地区发展组织，并在广东、四川、重庆、云南等地正式建立地方支部。随着各地组织的陆续建立和大量吸收无党派人士，到 1945 年 10 月，民盟盟员达到 3 000 余人，包括了许多其他党派的领袖人物、社会活动

家、著名教授、专家、学者等。这一过程中，民盟从一个相对松弛的政团联盟成长为独立于国共两党之外、代表广泛中间势力的第三大政党，而如此的政治与社会基础使得民盟具有一定条件与中共展开系列合作，双方的合作也逐渐从无到有、由小变大、由远及近。

1945 年 10 月，重庆谈判举行，中共与国民党签署了停止内战的和平协定，但一纸协议并不能限制蒋介石假和平、真内战的政治野心。重庆谈判之后，民盟尽力筹划，以期通过政治协商的方式召开党派会议，实现中国的和平与民主。

1945 年 11 月，民盟与中共进行谈判，决定相互合作，相互支持，双方同意遵守以下约定：双方不得单独与国民党妥协合作；凡中共主张，且不违背民主同盟原则的情况下，民盟有支持的义务；民盟在各解放区可设立支部，中共承认协助，并与中共地方支部交换情报。[①] 张申府在解释民盟与中共靠近的原因时表示：“第一，都是在野党；第二，都是主张民主的；第三，都是被压迫的。”[②]这表明民盟所做的一切，都是为了中国和平民主的实现。在各方舆论压力之下，国民党方面被迫同意召开政治协商会议。

1946 年 1 月 10 日，政治协商会议在重庆召开，民盟共 9 位代表参加(表 1)。在宪法草案、国民大会、政府组织、施政纲领、军事等五方面议题上，民盟与中共商定：各民主党派提出的宪法修正原则限制了蒋介石的独裁统治，有利于政治民主化的实现；民盟与中共双方共同的代表席位应占国民大会代表总数的 1/4，以防蒋介石将其变为自己的表决机器；为打破国民党的提案骗局，同时避免谈判陷入僵局，可以接受国民党“扩大国民政府委员会”的建议，但必须用委员制的集体政府来取代蒋介石个人独裁的总统制；民盟反对国民党的主张，支持中共的《和平建国纲领》等。

表 1　旧政协会议民盟代表名单

姓　名	身　　份
张　澜	民盟主席，参政会员
罗隆基	宣传部长，西南联大教授
张君劢	参政会员，国社党代表

① 张忆军编：《风雨同舟七十年·中国共产党与民主党派关系史》，学林出版社 2001 版，第 297 页。

② 曹建坤：《1945—1949 年间中国共产党与自由主义势力的关系研究》，中央党校博士论文，2007 年。

续表

姓　名	身　　份
张东荪	国社党
沈钧儒	救国会代表
张申府	救国会
黄炎培	职业教育社
梁漱溟	乡村建设派
章伯钧	第三党委员长

在政协会议上，各方的争执非常激烈，黄炎培曾表示："在政治协商会议中，我代表民盟作为第三方面人士之一，更有较多的参加机会。斗争是尖锐的，第三方面人士的情况是复杂的。"[①]民盟希望通过政治协商，脱离国民党的统治，追求政治民主化。而民盟支持中共的原因在于，"各中间党派在争取民主的时候，旁边站着一个在野的大政党，且拥有相当大的力量，也要向在朝的国民党争取民主。过去同受压迫，今日目标相同，那么大家联合起来，自是一件很自然的事。并且因为它的力量大，它说的话使人更为注意和重视，以至于共产党以外的呼声和口号被淹没了。殊不知，军队国家化、政治民主化和举国一致的联合政府，最先是由民主同盟提出的……"[②]由此可见，民盟自开始的主张便是"军队国家化、政治民主化和举国一致的联合政府"，并希望借由政协会议的形式加以实现。

此外，民盟代表及重庆常委张澜、梁漱溟、沈钧儒、张东荪等为增进与中共的交流合作，接受了中共政协代表团的宴请，就政协会议问题互相交换意见，双方决定邀请马寅初、邓初民、杜斌丞等国内有一定声望的专家、学者等组成政协代表团顾问团，为政协代表制定提案提供咨询，其中民盟代表团顾问至少有 34 位(表 2)，涵盖政治、经济、文化、法律等多个领域。

可以看出，民盟除了有主要代表外，还有庞大的专家顾问团，他们具有宽广的视野，更是各领域的精英，专业知识相当丰富。这表明，民盟对政协会议寄予厚望，希望通过政治协商的方式，最终实现中国的和平统一。

---

① 黄炎培：《八十年来——黄炎培自述》，文汇出版社 2000 年版，第 147 页。
② 陈仪深：《国共斗争下的自由主义》，《近代史集刊》，1994 年第 23 期，第 255 页。

表 2　旧政协召开期间民盟代表团顾问成员表(部分)

姓　名	生卒时间	籍　贯	学历或专长	身　　份	顾问类型
邓初民	1889—1981	湖北石首	日本东京法政大学政治学	民盟中央委员	政治
杜斌丞	1888—1947	陕西米脂	北京高等师范	民盟中央委员	政治
马哲民	1899—1980	湖北黄冈	柏林大学社会学	民盟中央常委	政治
潘大逵	1901—1991	四川开县	威斯康星大学法学硕士	民盟中央委员	政治
马寅初	1882—1982	浙江嵊县	美国哥伦比亚大学经济学博士	重庆大学教授	经济
史　良	1900—1985	江苏常州	上海政法大学	民盟中央常委	法律
鲜　英	1885—1968	四川南充	熟谙军事	民盟中央职位	军事
张志和	1894—1978	四川邛崃	长期在川军任职	民盟成员	军事
陶行知	1891—1946	安徽歙县	美国伊利诺伊大学政治学硕士	民盟中央常委	教育文化
闻一多	1899—1946	湖北黄冈	清华大学	民盟云南省支部领导，西南联大教授	文化
潘光旦	1899—1967	江苏宝山	留学美国	民盟中央常委	教育文化
董时进	1900—1984	重庆垫江	康奈尔大学农业经济学博士	民盟中央委员	农业
何公敢	1889—1977	福建福州	留学日本	民盟中央委员	地方自治
周鲸文	1908—1985	辽宁锦县	美国密歇根大学政治学	民盟中央常委	东北问题

政协会议最终取得了一些成果，通过了政协五大方案。国民党同意实行国会制、责任内阁制和省自治的政治制度，各方均同意遵奉三民主义为建国之最高指导原则，并以政治民主化、军队国家化及党派平等合法为达到和平建国必由之途径。民盟的和平民主建国诉求似乎得以实现，罗隆基与马歇尔谈话时总结道：“共产党的让步多，蒋介石的苦恼大，民盟的前途好。”“总之，政治协商会议透过五大协议确实已为战后中国的重建勾勒出军队国家化及政治民主化的远大蓝

图。”“然而后来却因国共双方对军队国家化和政治民主化孰先孰后的问题互不妥协，而使政协决议的落实，遭遇到很大困难。”[①]

二、拒绝参加“伪国大”：维护旧政协决议

旧政协会议之后，国民党内部对政协决议大多表示不满，执行政协会议决议困难重重。1946 年 3 月，国民党召开六届二中全会，目的是要通过政协五大决议而使政协会议所议定的结果得到落实，但国民党内部各派系争论激烈，蒋介石也出现政治动摇，而这次会议也通过了反政协决议的五项决议。[②] 这引起了民盟及中共的强烈不满与反对。

3 月 20 日，张澜就国民党六届二中全会决议发表谈话：“‘战事业已结束，国防最高委员会应即撤销，恢复成立中央政治委员会，为本党对于政治最高指导机关’，其行文明明以国民党的中央政治委员会以代国防最高委员会，任何人读其原文，只能有此解释……其目的无非在维持其国民党一党专政的实质与形式，把各党派参加政府变成请客。所以国民党二中全会违反政协的决议，我们不能不加以重视。如果这些问题不弄清楚，我们同盟为对国民负责计，不愿贸然参加政府。”[③]

国民党的二中全会名为落实政协决议，实为政策转向，政治争议扩大，国共军事冲突则更加全面。1946 年 6 月，内战爆发。7 月，国民党单方面决定召开国民大会，意图为其专制披上“民主”的外衣，这必然遭到民盟及中共的反对。对此，沈钧儒表示：“政治民主了，什么问题都好谈，国内自然就会和平。”章伯钧也提出：“开国民大会，制定宪法，结束训政，我们是欢迎的，而且盼望愈早实现愈好，但这个国民大会和宪法一定要根据政协的决议才行。”

1946 年 11 月 14 日，民盟主席张澜号召民盟拒绝参加“国大”，“民盟立场是要调和国共关系，争取和平、民主，达到统一……不管内战再怎么打下去，中国终究必走和平、民主、统一的道路。民盟就是要保留第三方面调人态度，实现和平、

---

① 王球云：《抗战胜利后民盟与政治协商研究(1945—1949)》，湖南科技大学硕士论文，2011 年。

② 邓野：《国民党六届二中全会研究》，《历史研究》2000 年第 1 期。

③ 中国民主同盟中央文史资料委员会编：《中国民主同盟历史文献》，文史资料出版社 1983 年版，第 153 页。

民主、统一。所以民盟绝不参加一党国大。”11 月 25 日，民盟在南京发表书面声明：“中国民主同盟的目的是实现中国民主。但团结、统一、和平是国家实现民主的先决条件……一个分裂的国家，一个继续不断从事内战的国家，是不会有民主的……民盟始终坚守两个原则：第一，民盟拥护政协……第二，民盟反对内战……民盟拒绝参加国民大会理由很简单：这次召集的国大违背了政协决议的整个精神，破坏了政协决议的程序，并且这次国大不是全国团结统一的制宪会议。”这表明了民盟坚持拥护政协决议与反对内战的原则。12 月 24 日，民盟中央常务会第十一次会议议决，参加“国大”的民社党党员，一律开除出盟。[①] 这一做法，将原加入民盟的青年党、民社党全部开除出盟，民盟的队伍得到了纯洁，战斗力也进一步增强。

对于民盟没有参加“国大”，中共是很感激的，周恩来在 1946 年 12 月 18 日针对一年多的谈判所做的报告中表示，“青年党、民社党一定要参加‘国大’，只要把民盟拉住不参加，‘国大’开了就很臭。这个目的达到了。”[②]足以看出民盟与中共的合作精神以及对民主理念的相同认同感。

1947 年 1 月，民盟一届二中全会在上海召开，全会认为民盟今后的工作重点仍是反对内战、恢复和平，实现国家民主化，重开政协会议，践行政协决议，成立联合政府。[③]

民盟与中共携手拒绝参加“伪国大”后，公然站到了国民党的对立面，1947 年 3 月，国民党开始打击迫害民盟及其他民主党派。4 月，民盟发布对时局宣言，“民主同盟确守一贯主张，认定民主和平团结统一为挽救中国当前危局的唯一途径。”宣言同时发表了对改组政府之态度。5 月 3 日，国民党公然声称“民盟组织已为中共所实际控制，行动亦均系循中共意旨……民盟及各民主政团，目前倡组中之民主统一战线，亦为受中共之命，而准备甘为中共之新的暴乱工具。”[④]民盟及中共均发表声明，强烈谴责国民党的无理言论。10 月份，国

---

① 中国民主同盟中央文史资料委员会编：《中国民主同盟历史文献》，文史资料出版社 1983 年版，第 247—255 页。

② 中共中央文献研究室、中共南京市委员会编：《周恩来一九四六年谈判文选》，中央文献出版社 1996 年版，第 710 页。

③ 中国民主同盟中央文史资料委员会编：《中国民主同盟历史文献》，文史资料出版社 1983 年版，第 264—289 页。

④ 中国民主同盟中央文史资料委员会编：《中国民主同盟历史文献》，文史资料出版社 1983 年版，第 320—324 页、第 326 页。

民党迫害民盟达到了高潮。10月7日,民盟中央常委兼西北总支部主委杜斌丞遭到枪杀,13日,国民党污蔑民盟参加"叛乱","应以乱党视之,明令解散",27日,国民党声称"查民主同盟勾结共匪,参加叛乱……政府对此不承认国家宪法企图颠覆政府之非法团体,不能坐视不理……兹政府已将该'民主同盟'宣布为非法团体,今后各地治安机关,对于该盟及其分子一切活动,自应……严加取缔,以遏乱萌。"[①]随后,张澜发表声明表示,"余迫不得已,忍痛于十一月六日通告全体同盟盟员,停止政治活动,并宣布民盟总部解散,但我个人对国家之和平民主统一团结之信念,及为此而努力之决心,绝不变更"。[②]由此,民盟被迫解散,但民盟全体盟员继续为和平、民主、团结及统一而奋斗的理想信念,从未改变。

1947年底,秘密到达香港的沈钧儒等人开始筹划民盟一届三中全会。在各方的帮助与努力之下,1948年1月5日,民盟一届三中全会在香港开幕,会议认为,民盟的被迫解散意味着中间路线的失败,今后民盟要坚决反对一切形式的中立态度和中间路线,并积极主动地配合中共的革命武装斗争,全力参与到反蒋抵美的爱国民主活动中去。会议后,民盟恢复总部。

面临政治环境的改变,民盟不忘"初心",尽力维护政协决议,加大了与国民党斗争的力度,也与中共增强了合作的力度,为之后参加新政协奠定了基础。

三、携手筹备"新政协":担当建设新中国的使命

1948年2月2日,沈钧儒等在民盟一届三中全会闭幕后招待记者谈话中表示,"民盟是一个独立的,站在人民立场的民主政团,为了全中国人民的解放,为了中国民族的独立与富强早日实现,民盟曾经坦白地说出:必须与目前政见相同的政党及一切民主人士真诚地携手合作。"[③]3月6日,中共表示"我们欢迎民

---

① 张军民:《中国民主党派史(新民主主义时期)(修订版)》,黑龙江人民出版社2006年版,第468—469页。

② 谢增寿、何尊沛、张广华:《张澜文集》(下),群言出版社2014年版,第345页。

③ 中国民主同盟中央文史资料委员会编:《中国民主同盟历史文献》,文史资料出版社1983年版,第403页。

主同盟重建其领导机关……愿意在新民主主义的革命事业中和所有一切反帝反封建的民主团体，一道为着共同目的而携手前进。”①

1948 年 4 月 30 日，中共发布“五一”口号，号召各民主党派，各人民团体，各社会贤达迅速召开政治协商会议，讨论并实现召集人民代表大会，成立民主联合政府。5 月 1 日，毛泽东致信李济深、沈钧儒，表示召集人民代表大会、成立民主联合政府“业已成为必要，时机亦已成熟……但欲实现这一步骤，必须先邀集各民主党派、各人民团体的代表开一个会议……此项会议的决定，必须求得到会各主要民主党派及各人民团体的共同一致，并尽可能求得全体一致……提议由中国国民党革命委员会、中国民主同盟中央执行委员会、中国共产党中央委员会于本月内发表三党联合声明，以为号召”②。

5 月 2 日，沈钧儒及民盟总部同仁等出席在李济深寓所的集会，讨论新政协会议相关问题，并表示召开新政协、建立民主联合政府是我国“政治上的必经的途径，民主人士自应起来响应”。当天，中共中央电示中共上海局，拟定邀请张澜、黄炎培、沈钧儒、史良、罗隆基、李济深、冯玉祥等人到解放区协商新政协会议召开及民主联合政府成立事项。5 日，沈钧儒、章伯钧代表民盟在《响应中共五一号召致中共毛主席电》上签字。8 日，沈钧儒在《华商报》“目前新形势与新政协”座谈会上发表书面谈话：指出中共的“五一”号召是“一个和平的民主的具有建设性的号召”。认为：一、必须建立一个真正为人民服务的新政权来代替旧政权；二、任何政府的建立必须建筑在人民的共同意旨上，必须能真正代表人民的利益；三、“五一”号召证明中共不要实行一党专政，中共绝无包办国是的意思。5 月 14 日，沈钧儒主持召开民盟中央执行委员会扩大会议，讨论新政协的性质、意义，并确定响应召开新政协的步骤及办法。③

一个月后，民盟发表《告全国同胞书》，响应开展新政协，表示“发动新政协运动，其意义不只在于准备新政协会议本身，而尤其在于通过这一运动来加速独裁政权的覆灭，以为新民主主义中国之诞生造成前提……必须把它跟反美扶日、反拍卖国家主权的爱国运动密切结合起来。新政协运动必须同时是反美日帝国主

---

① 沈谱、沈大骅编：《沈钧儒年谱》，中国文史出版社 1992 年版，第 316—317 页。
② 中共中央文献研究室编：《毛泽东书信选集》，中央文献出版社 2003 年版，第 277—278 页。
③ 沈谱、沈大骅编：《沈钧儒年谱》，中国文史出版社 1992 年版，第 320—321 页。

义，反卖国政府的爱国救国运动”[①]。从这一刻起，民盟已经放弃了过去对“一纸议决安天下”的知识分子幻想，转变成为浴火重生的成熟政党，并勇敢地挑起了共同建设新中国这一时代和形势赋予的光荣使命。

1948年9月，民盟中央常委沈钧儒、章伯钧等经中共地下组织安排，秘密离开香港，与其他民主党派领导人一起抵达哈尔滨，与中共中央代表就政协性质、任务、参加单位等问题进行协商。10月21日，中共东北局负责人高岗、李富春邀请先期抵哈的章伯钧、黄炎培等人，就毛泽东提出的、周恩来起草的《关于召开新的政治协商会议诸问题(草案)》举行了第一次座谈，基于协商民主，该草案很快达成一致意见。此外，民盟领导人楚图南、吴晗、胡愈之等也抵达中共中央统战部所在地，共同参与新政协的筹备工作。(表3)。

表3　新政协会议筹备会民盟代表名单(部分)

姓　名	职　　务	备　　注
张　澜	民盟中央常务委员兼主席	未到北平前由刘王立明代
沈钧儒	民盟中央常务委员	
章伯钧	民盟中央常务委员	
张东荪	民盟中央常务委员	
罗隆基	民盟中央常务委员	未到北平前由辛志超代
周新民	民盟中央执行委员	
楚图南	民盟中央执行委员	

毛泽东在1949年新年献词中号召“将革命进行到底”，民盟对此表示了支持和拥护。1949年1月20日、21日，民盟相继发表《响应毛泽东主席八项和谈主张》和《对和平的态度》，支持中共主张，号召“彻底的和平、民主的和平，具体地说，就是以今天毛先生的八项条件为基础的和平”[②]。

从心中拥护，从行动支持。1949年的民盟，可谓是为了自己在民主建国中

---

① 中国民主同盟中央文史资料委员会编：《中国民主同盟历史文献》，文史资料出版社1983年版，第430页。

② 中国民主同盟中央文史资料委员会编：《中国民主同盟历史文献》，文史资料出版社1983年版，第520页。

的使命而全力以赴。1949 年 3 月，民盟总部迁至北平。6 月 16 日，民盟总部机关报《光明日报》在北平创刊，毛泽东、朱德、周恩来题词，章伯钧任社长，胡愈之任总编，《光明日报》创刊发刊辞中说，“‘民主、和平、独立、统一’是中国民主同盟奋斗的目标，也就是光明日报的奋斗目标。但是要达到民主、和平、独立、统一的目标，并且建设自由幸福富强的新中国，首先要依靠工农大众的力量和中国共产党的领导，同时也必须团结全国各革命阶级、各民主党派和各界爱国人士，共同来努力。”①

1949 年 9 月 21 日晚 7 时，中国人民政治协商会议第一届全体会议在北平中南海怀仁堂举行，毛泽东致开幕词，李济深、张澜、黄炎培等先后致辞，与会的民盟代表共 16 位(另有 2 位候补代表)②。在致辞中，民盟主席张澜指出：“中国今天这个新民主主义的局面，是中国共产党和毛泽东主席英明领导的结果……今天我站在中国民主同盟负责人的地位，我特别要唤起我全体盟员一致团结起来，拥护将来的新政府，以完成革命建国的任务。中国政治协商会议本来是各民主党派、各民主阶级的统一阵线。将来的新政府，又是一个各民主党派、各民主阶级的联合政府。统一联合，才是真正的团结。”③

会议选举产生了以毛泽东为主席的中央人民政府委员会，民盟中央主席张澜被选为中央人民政府副主席。56 位委员中，民盟成员主要有沈钧儒、黄炎培、李烛尘、章伯钧、张东荪等人，其中沈钧儒任政协副主席兼最高人民法院院长，黄炎培任政务院副总理，章伯钧任交通部部长，史良任司法部部长，罗隆基任森林工业部部长，胡愈之任出版署署长，楚图南任扫盲工作委员会主任等。1949 年 11 月，民盟一届四中全会决定以政协通过的《共同纲领》作为自己的政治纲领，积极参加人民政权工作和国家事务管理。民盟的主要领导人大都成了新政府的主要组成人员，这意味着，民盟及各民主党派完成了与中共在人事方面的结合，“成立民主联合政府”这一目标得以实现，而民盟也因在这一过程中的正确政治使命担当，而得到了人民和中共的认同。

---

① 中国民主同盟中央文史资料委员会编：《中国民主同盟历史文献》，文史资料出版社 1983 年版，第 547—548 页。

② 新政协会议民盟代表有：张澜、沈钧儒、章伯钧、张东荪、罗隆基、史良、周新民、楚图南、丘哲、周鲸文、费孝通、李相符、李文宜、胡愈之、辛志超、刘王立明。候补代表是叶笃义和罗子为。

③ 谢增寿、何尊沛、张广华：《张澜文集》(下)，群言出版社 2014 年版，第 435—437 页。

四、结　　语

抗日战争胜利后，中国民主同盟以民主和平为信念，积极主动调停国共关系，以实现中国独立、和平、民主、统一之目标。从参加由国民党主导的旧政协，到中共领导的新政协的召开，面临政治环境的不断变化，民盟能够应时而动，以人民的利益为根本出发点，不断调整自身的政治路线，坚定地同人民和先进势力同行。这体现在当国民党破坏旧政协决议，片面召开“伪国大”，民盟追求民主化的进程遭受了挫折，甚至一度面临生存危机，为了实现民主诉求，民盟前辈们放弃不切实际的幻想，转而与中共展开合作，接受中共的领导地位，担当起民主建国的使命。从尽心尽力筹备、参与新政协的召开，到积极参加人民政权工作和国家事务管理，可以说，在 1949 年，民盟的姿态是“真心拥护，全力支持”中共的民主建国方略，这也最终奠定了中国共产党领导的多党合作和政治协商制度的坚实基础。

进入新时代的民盟，积极参加人民政权，在全国人大、人民政协及各级国家政权机关和部门中担当有为，为中国特色社会主义事业的发展发挥着重要作用。可以说，在革命、建设与改革的宏伟历史进程中，民盟与中共共克时艰，共担风雨，共襄伟业。和平民主、独立统一、民族富强，这是民盟一直在坚守的初心，在新时代的历史起点上，民盟更应不忘初心，勇担使命，努力加强自身建设，提升参政议政能力和水平，继续与中国共产党肝胆相照，风雨同舟，携手共进，为实现中华民族的伟大复兴作出更卓越的贡献。

（作者简介：王同彤，华东师范大学重点建设办公室副主任。）

再谈“合作初心，政治同心，领导核心”

——重温民盟领袖张澜在中华人民共和国成立前后的若干事迹

齐　越

张澜先生是民盟的“旗帜”，是一位举足轻重的爱国民主人士，他的一生波澜壮阔，在各个时期都发挥了重要作用，产生了巨大影响。他不但是辛亥革命的启蒙者之一，还是中国近代民主革命的重要代表人物之一。他在辛亥革命时就是四川保路运动的代表，“五四运动”期间他办报赞扬社会主义；他的儿子1926年就加入了共产党。张澜在四川担任高官时暗中掩护过革命。他领导民盟始终坚持和平、民主、统一的主张，他带领民盟走上了与中国共产党肝胆相照、真诚合作的政治道路。1949年9月他出席中国人民政治协商会议，当选为中央人民政府副主席，1954年当选全国人大常委会副委员长、全国政协副主席。

“积功累德火候至，一切无求自满足”。张澜先生表里如一，言行一致，生活艰苦朴素，一生极为注意自我修养，始终保持着无私的品质。这种宝贵品质，他自己叫作“无欲”，用毛泽东的话，就是毫无自私自利之心的精神。毛泽东曾评价张澜“老成谋国”，称他是“一面旗帜”。1980年民盟中央举行迎春茶会，中共中央总书记胡耀邦特别提到张澜，他说：“我感到这位先生有两条很值得佩服的：第一条，他有很高尚的精神，这就是他的顽强的民主精神、民主思想；第二条，他有一个很优良的气质，就是他有强烈的正义感……这两大优点，对许多人，对我自己，印象是很深的，勉励是很大的。”①

本文以张澜在中华人民共和国成立前后的若干事迹为例，借鉴张澜的爱国情怀以及中国共产党合作的远见卓识，再谈对“不忘合作初心，共筑政治同心，坚

---

①　《辽沈晚报》2009年12月10日。

持领导核心”的认识。

一、坚持正义，携手中共，廉洁奉公，“以民为本”的合作初心

全心全意地为人民服务——这是中共的政治理想，也是张澜一生的追求。能否全心全意为人民服务，是“不忘初心”的标准，也是民主党派自身建设的努力方向。

张澜有很强烈的民本思想，这表现在他爱民如子的行为中。他深邃思考、执着探索、亲身践行的“以民为本”的“初心”，与中国共产党“为中国人民谋幸福，为中华民族谋复兴”的初心是一致的。

“以人民为中心”是民盟与中国共产党的共同愿望和自觉选择，是张澜领导的民盟在中华人民共和国成立前坚决站在中国共产党这边的“合作初心”。

得人民者得天下，毛泽东与张澜，经历虽不同，但在争取民族独立和解放的历程中，在建设新中国的历史中，两人“初心”相同，相知相交，创造了共产党领导者和民主党派领导者肝胆相照的佳话。

1937年抗日战争爆发后，张澜受聘为国民参政员，积极参加抗日民主运动。1939年11月他与黄炎培、章伯钧等在重庆成立统一建国同志会，其宗旨是促进团结，共同抗日，实施宪政。1941年3月中国民主政团同盟成立，张澜任主席。1944年中国民主政团同盟改为中国民主同盟，继续担任主席。他积极支持中国共产党领导的爱国民主运动，为民主、团结、抗战的事业，作出了重大贡献。1943年他发表了《中国需要真正民主政治》一文①，揭露国民党政府实行假民主、真独裁的实质。抗战胜利后，民盟的政治路线实现了由旧民主主义向新民主主义的根本转变，其政治角色也由最初国共双方的“调停者”逐步向与中共合作，反对国民党反动派独裁的转变，直到与中共携手共建新中国。

在重庆谈判期间，民盟为第三方势力。中国共产党为争取民盟站在自己一边，毛泽东多次找张澜谈话，几次长谈后，张澜完全拥护共产党的主张。在召开

① 《国民参政会纪实续编》，重庆出版社1987年版，第499页。

旧政协会议前，周恩来与张澜商定，中共与民盟在重大问题上，事先交换意见，一致行动。

当蒋介石撕毁政协决议，准备单方面召开伪国民大会时，张澜坚决站在共产党一边，拒绝参加伪国大。

1947 年 10 月，国民党宣布民盟为“非法团体”。11 月，又强迫民盟发表了《中国民主同盟总部解散公告》。但张澜并未被吓倒，他发表了《呼吁书》，严正声明：“本人对于中国和平、统一、民主前途之信念，本人为此目标之努力，并未稍更。”①

1948 年 1 月，民盟中央常委沈钧儒等在香港召开了民盟一届三中全会，建立起临时总部，恢复了民盟的工作。张澜在上海虽处于国民党特务的严密监视下，但仍积极支持香港民盟总部的活动。

1949 年元旦，蒋介石发表“文告”，宣布下野，制造“和谈”假象，妄图争取时间以利再战。张澜当时在上海虹桥疗养院（现为徐汇区中心医院）治病，他在医院针锋相对地发表谈话，揭穿蒋介石欺骗伎俩是想利用和谈保存旧法统，“不仅中共不同意，人民也不答应”。代总统李宗仁派张群、邵力子、甘介侯到上海，请张澜出面调停，他断然予以拒绝，说：“现在是革命与反革命之争，而我们站在革命的一边，所以不再做调解人了。”②

因为这次拒绝，蒋介石想杀害张澜，但又考虑到其他原因，下令先不要动手。

1949 年 3 月 5 日，民盟总部迁至北平，3 月 6 日致函张澜：“本盟总部临时工作委员会已于 5 日在北平宣告成立，盼早日来平，参加领导。”③接着，进驻北平的毛泽东又邀张澜等赴京参会。

1949 年 5 月上旬，解放前夕的上海风雨飘摇，准备逃往台湾的蒋介石给特务头子毛人凤下了一道密令：“像张澜、罗隆基这样的民主人士，要随国民党一同前往台湾。凡是拒绝去台湾的，一律就地处决。”但张澜仍留在上海继续坚持斗争，置生命于度外。

远在北平的毛泽东和周恩来早已知晓他的处境，毛泽东当即对此作出指示：

---

① 常荣军：《大道同行　肝胆相照——中共与各民主党派同舟共济史实回顾》，《人民政协报》2019 年 8 月 22 日。

② 王晓莉：《张澜：从“川北圣人”到共和国副主席》，人民网，http://dangshi.people.com.cn/n/2013/0205/c85037-20441201.html。

③ 方然：《张澜》，群言出版社 2012 年版，第 204 页。

"张澜、罗隆基是民盟的领袖、新政治协商会议的代表,告诉上海的同志们,一定保证他们的安全。"

在中共地下党大力营救下,最终张澜等人在沪安全脱险。张澜称之为"再造之恩"。张澜获救后的第三天,上海解放。

1949年6月1日,毛泽东等代表中共中央致电邀请张澜北上参加新政协会议,共商建国大计,1949年6月24日,张澜和罗隆基以新政协代表的身份,乘坐火车来到了北平。他乘坐的火车刚在北平前门车站停下,周恩来、朱德等和民盟的几位负责人,便出现在车厢门前。周恩来迎上前,紧紧握住张澜的手,深情地说:"表老,你为我们担了风险,吃苦了!"

朱德曾经是张澜昔日在四川南充办学时的学生,40多年后见到老师,朱德当即举手致军礼,表示敬意。

毛泽东得知张澜已到,马上安排次日去看望这位老朋友。毛泽东赴重庆谈判时,就与张澜交往密切,两人不约而同地认为彼此"神交已久"。对待这次拜访,毛泽东觉得应该穿件像样的衣服以示尊重,但一件好衣服都没有,现做衣服也来不及了,就这样,毛泽东穿着补丁衣服来到北京饭店看望张澜。

老朋友相见,格外亲切。张澜感慨地说:"共产党真有本领,取得了如此伟大的胜利。"毛泽东笑着说:"我们共产党人,其实也无过人的本领,我们只不过做到了谦虚、谨慎、勤劳、节俭,全心全意为人民服务,全国人民拥护我们,这才办成了一些事情。"

张澜深有感触地说:"主席讲的前八个字,是中国人的传统美德,少数人能够做到,但要做到这后一句话就很难啦!恐怕这也是历来为政者的病根之所在吧?"①

见面后的第二天,毛泽东在中南海自己的住地,为张澜洗尘。藤藤菜、苦瓜、豆腐、豆芽,一碗汤,外加一小碟辣椒,便是"宴席"的全部。这令张澜十分感慨,他回家后对子女说:"毛泽东请我吃饭,好俭朴,这让我看到未来的中国大有希望!共产党真是为国为民的党!"

张澜到北平后,毛泽东请他出任国家副主席,张澜以年老推辞,毛泽东却说:"你有德嘛,无论如何请你出来。"

---

① 徐庆全:《张澜:从立宪救国转向民主救国　两大理想成就一生》,2009年9月2日。

新中国首任的六位副主席中有三位是党外人士，民盟主席张澜便是其中之一。开国大典前，按照周恩来的亲自指示，有关方面拨了一笔服装费，希望张澜先生能一身簇新地出现在天安门城楼。张澜婉言谢绝说：“国家的钱，即人民的钱，我怎么可以用来做了长袍穿在自己身上?”[①]

毛主席曾给张澜送去一身呢制中山装和大衣，张澜却始终放在箱子里，他去世后家人还给了国家。他在居住过的成都、重庆等地都无房产，他的薪俸大都捐助公益事业或资助困难的朋友。被选为共和国副主席后，国家分给他的房子他也不住，他的公车也不许子女私用……按他的级别，每月享有 200 元“特别津贴”，他至死不受。有关部门照发，他命人月月存入银行，死后，由家人按其遗嘱全部退给了国家……正因他志行高洁，所以他始终为人民所敬重。

张澜以上的事迹让我们看到：全心全意为人民服务，艰苦朴素，廉洁奉公，是中国共产党的“初心”，也是当初张澜领导的民盟的“初心”。

民心是最大的政治，坚持“以人民为中心”是中国共产党领导的多党合作和政治协商制度的“初心”。

二、与日俱进，倡导学习，思想引领，凝聚共识的政治同心

张澜是民主战士、爱国者，又是教育家，他是我国“教育救国”的倡导者和践行者。“海内盟员皆后辈，蜀中学子半门生”。他于 1902 年进入四川大学源头之一的尊经书院受教，并于 1926—1931 年出任四川大学前身之一的国立成都大学校长。他提出，人才培养模式应该是学术自由、思想自由、兼容并包。

前中共中央政治局委员丁关根曾说：“张澜是我国伟大的爱国主义者，著名的民主主义革命家、教育家，我国德高望重的领导人之一，中国民主同盟的创建者和领导者，中国共产党的亲密朋友。是中国民主同盟的光荣，是中国知识分子的光荣。”

张澜主张发扬优良传统文化精神，塑造合乎时代要求的新人格。他曾写成

① 王晓莉：《张澜：从“川北圣人”到共和国副主席》，人民网，http://dangshi.people.com.cn/n/2013/0205/c85037-20441201.html。

《四勉一戒》的短文，提出“人不可以不自爱，不可以不自修，不可以不自尊，不可以不自强，而断不可以自欺”①。

这“三位一体”的实践与观点在今天仍然具有重要的现实意义。

张澜先生在中华人民共和国成立时已是近 80 岁的老人，并且担任国家副主席等职务，但他仍然严格要求自己，身体力行坚持学习，与日俱进，保持思想的先进性。他不仅以自己的行动树立起了一个资产阶级开明进步人士的形象和风范，而且留下了一系列极富价值的民主主义思想遗产，尚墨思想即是他思想体系中的有机组成部分。在他于 1948 年所写的《墨子贵义》一文中，集中反映了他的尚墨思想，代表了他人生后期的思想水平，其中既有他对社会的深沉思考，也有他一生经历的凝聚，更有对新事物的努力适应。

张澜先生不但自己努力学习，也倡导学习，他希望家乡的父老乡亲们能够跟上时代的步伐，积极推进故乡人民的学习和思想进步。中华人民共和国成立以后，他多次给家乡人民赠送书籍，并数次表达了希望家乡父老“悉心研读”的愿望。

西华师范大学图书馆发现张澜赠送的《毛泽东选集》（第一卷）3 册，这三册《毛泽东选集》的扉页上均有用毛笔字题写的“川北大学惠存　张澜赠　一九五二年三月”字样。

在《张澜文集》里，发现了张澜在 1952 年 1 月 3 日致他侄子张默生的信，信中说到：“烈侄：前月曾邮寄毛泽东选集二十册交你，收到后展开学习为要。”

据当年留存的资料和信件，分析其时间先后顺序和相互关系，获得赠书的过程应该是：张澜主席在《毛泽东选集》第一卷 1951 年首次发行后，即将购得的《毛泽东选集》20 册邮往南充，寄给张默生。张默生将其中的 10 册，通过民盟川北支部兼南充市分部临时工作委员会转赠给了当时的川北大学。

1952 年 4 月 15 日，张澜在致南充贾子群的信中再一次地表达了对家乡南充的关注：“苏联名哲学家尤金博士所作的《社会主义与共产主义》一书，体现着马列主义理论，生动地、翔实地提供了新中国建设的蓝图。兹寄上三十册，即希分赠南充各级学校及有关方面，悉心研读，使其了解新中国的建设前途，能更好

① 王晓莉：《张澜：从“川北圣人”到共和国副主席》，人民网，http://dangshi.people.com.cn/n/2013/0205/c85037-20441201.html。

的为革命事业而斗争”。

秉承他一贯清廉的作风，他寄给家乡的《毛泽东选集》《社会主义和共产主义》等书籍，都是用他自己的薪水“购买寄上”的。[①]

张澜希望家乡人民组成“毛泽东思想学习委员会”，认真学习《毛泽东选集》，学习社会主义先驱苏联的革命理论和先进经验，用科学的思想武装群众的头脑，切实展开当地的思想改造运动，并致力于为家乡建设培养合格人才，为新中国和家乡的建设添砖加瓦。

张澜还要求民盟的领导带头学习毛主席的著作，如：他劝罗隆基认真研读《论人民民主专政》，并让其与《论联合政府》比较阅读，以跟进形势。

1952年，中央人民政府为张澜举行八旬祝寿会。张澜在答谢词中说，今天中国在毛主席为首的共产党领导之下，国家的进步确是很快，不过国家进步愈快，年老人愈感到赶不上，需要好好学习。“18岁的青年应该说学到老，我这个80岁的老人今天是老要学”。

毛主席当众称赞他，说：“表老啊，你的人好、德好，你是与日俱进啊!”

终身学习，凝聚共识，重视思想教育，这就是张澜以上故事给我们的启示。联想到如今十三届全国政协提出的坚持建言资政和凝聚共识“双向发力”，其实“双向发力”是新中国建立后人民政协制度设计的初衷。

凝聚共识是建言资政的前提和基础，凝聚共识需要不断地终身学习，与日俱进!

只有人心齐了、方向准了，一致性才有保障，多样性才会彰显。政协履职强调“双向发力”，即建言献策也是学习教育和凝聚共识的过程，通过积极有效的建言资政，才能凝聚更大范围的共识，增进更为广泛的团结。在建言资政和凝聚共识上“双向发力”，就要学深学透习近平新时代中国特色社会主义思想，这是我们分析当代中国社会的利器。没有思想武器，搞不清中国经济社会发展规律，就做不到建诤言、献良策、出实招，也谈不上凝聚共识了。

在全面建成小康社会、“两个一百年”和中华民族伟大复兴中国梦的共同目标下寻求最广泛的政治共识和文化共识。民主党派成员只有不断学习，终身学习，才能与中国共产党永结思想的政治同心。

---

① 汤骅：《张澜赠书发现始末》，《文史月刊》2017年第11期。

三、表里如一，敢于直言，服从大局，维护中共的领导核心

张澜一贯表里如一，言行一致，不仅表现在生活中的细节，也体现在政治上的大节。作为中国民主党派与中国共产党亲密合作的先驱者之一，他以卓越的胆识把握历史，在大关节处与共产党互通声气，加强合作，对形成有利形势起到了关键作用，可以说是为我们民盟与中国共产党自觉保持一致做出了榜样。

张澜先生曾说："在长期的革命斗争中，我终于发现，只有中国共产党才是真正为祖国、为人民谋福利的唯一政党。"①

因此，他坚持在大关节处与共产党互通声气、互相支持，用他的"直"和"拙"，领导民盟在无数次重大历史事件中发挥作用，维护中共的领导核心，经受住了一次次严峻的政治考验。

在威压面前刚正不阿、坚守信仰，在政治生活中直言敢谏、为人民福祉的抗争和努力，体现着中国知识分子的良知，尽现民盟赖以薪火相传的精神。

1949年后，张澜对土改工作曾提出过不少建议，他认为。"东北土改的经验不一定适用于全国，因为那时全国没有解放，过火可以理解。现在中国共产党、人民解放军这么强大，是不是不杀、少杀？能不划成地主就不划成地主？"当时他在会上讲这个话，有人当场就站起来喊："打倒地主阶级！"毛泽东、周恩来马上就制止了那些人，并让张澜出去休息……后来中央人民政府给他回了一封信，告诉他，政府接受了他的一些意见。②

在抗美援朝前，张澜曾提议，中国刚结束多年战乱，应该休养生息，不要介入外战。但是中央经过反复研究，决定出兵。后来朱德来给张澜做工作，动员他要服从大局。张澜就说，"要是中央定了，那我就带领民盟坚决抗美援朝"。

张澜从那时起就不吃肉了，儿子给他孙女买了一件新衣服，也被他严厉批评，他说：要把所有攒下来的钱都用来买捐飞机大炮。

在一次会议上，毛泽东与梁漱溟发生了争执，毛泽东当面斥梁漱溟"反动透

---

① 《人民日报》2012年3月23日。

② 王晓莉：《张澜：从"川北圣人"到共和国副主席》，人民网，http://dangshi.people.com.cn/n/2013/0205/c85037-20441201.html。

顶",在场的张澜神情庄默,未发一言。若在以前张澜是会站起来当面提意见的,但当时由于气氛紧张他没说。第二天,他给毛泽东写了封信,历数梁漱溟的贡献,坦言为梁申辩:"反动透顶,一贯反动,其言重矣,其论失公正矣。"①

张澜希望毛泽东网开一面,保留梁漱溟政协常委的待遇。毛泽东则接受了张澜的建议。

以上故事给我们的启示是:知识分子要把握自我、坚守良知、表里如一。而作为参政党和中国共产党的诤友,民盟在继承先辈同中国共产党休戚与共的优良传统的同时,尤应树立起精神品格和道德操守的更高目标,要言行一致,实事求是,不做政治上的"两面人",要敢于直言,服从大局,维护中共的领导核心。

历史上不乏政治上"两面人"的身影,那些"人前一套背后一套"的为官"秘诀","说得做不得""做得说不得"等潜规则,形成了官场上的歪风,影响深远,导致政治生态遭到破坏。

张澜先生曾写道:"盖人能自强,大之足以为圣贤,为豪杰,耀古今而盖天下,小之足以为一乡一国之有德有为之人。"②

我们不求"为圣贤,为豪杰",但我们有义务有责任把民盟先辈精神节操传承下去,站在更高的境界上,通过自爱、自修、自尊、自强,成为对国家和人民有用的"有德有为之人"。

参政党要有大视野、全局观,登高而望远,要服从大局。维护党中央权威是一个根本大局问题和重大原则问题,而维护党中央权威、维护党的领导核心的一个重要思想基础就是"四个意识"。"四个意识"是紧密联系、相辅相成的有机整体。其中,政治意识是根本,就是要始终坚定政治立场、政治方向、政治信仰,确保在思想上政治上行动上与党中央保持高度一致;大局意识是前提,就是要始终站在全局和战略高度,识大体、顾大局、谋大事,确保一切工作服从服务于党和国家大局;核心意识是关键,就是要维护党中央权威,确保党的团结和集中统一领导;看齐意识是保证,就是经常主动向党中央看齐,保持步调一致,确保党中央决策部署的贯彻落实。"四个意识"集中体现为核心意识、看齐意识,统一于核心意识这个关键环节,统一于坚决维护党中央权威的实际行动。

---

① 《海南日报》2010年3月22日。

② 蒋树声:《德之大者》,《人民日报》2012年3月23日。

沧海横流显砥柱，万山磅礴看主峰。“伟大的事业必须有坚强的党来领导”，越是在民族复兴的关键历史时期，越离不开坚强有力的领导核心，离不开“主心骨”。正如习近平同志指出，“只要我们把政治底线这个圆心固守住，包容的多样性半径越长，画出的同心圆就越大。”

（作者简介：齐越，上海市长宁区终身教育指导服务中心主管。）

风雨如晦　鸡鸣不已

——记1949年前上海民盟的战斗

尚　丁

维护政协决议，反对内战，呼吁和平

抗战胜利后，重庆、昆明、成都等地的盟员陆续来到上海。1945年11月15日，民盟中央执行委员会全体会议决议设置西南、东南、西北、南方、东北、华北及海外等7个总支部。12月初，中央委员沈志远和中央组织委员会委员黄竞武来上海筹建民盟上海市组织。他们通过盟员肖秉钺、谢仿林，在南京西路南海花园饭店3层顶楼设立临时筹备处，开展盟的活动，并开始吸收新盟员。

民盟中央常委黄炎培、沈钧儒和梁漱溟分别于1946年2月4日和12日来到上海。他们受民盟中央委托，来上海开展民盟活动。2月8日，民盟中央常委黄炎培代表民盟，联系了民主促进会、中国民主建国会和救国会等，会商组织上海的联系机构，以协同斗争步调。

2月10日，国民党在重庆较场口破坏陪都各界庆祝政治协商会议成功大会，制造了"较场口血案"。这是国民党当局公开撕毁政协决议的重要信号。2月11日晚上8时，黄炎培、沙千里、王绍鏊、沈志远等40多人紧急集会，声讨国民党制造"较场口血案"、破坏政协决议的暴行，并决定发动上海文化界组织保障人民自由委员会上海分会。

2月13日，沈钧儒在沪举行记者招待会，阐明民盟坚决拥护政协决议；16日又假天蟾舞台作公开演讲；17日，民主促进会等32个团体集会欢迎沈钧儒，会上沈老严厉遣责国民党破坏政协决议的行径。2月20日，民盟留沪中委和部分盟员在愚园路749弄31号楼下举行茶会，出席盟员30余人，宣布成立民盟上海

市支部筹备委员会，茶会由黄炎培主持，沈钧儒和梁漱溟讲了话，并推定沈志远、黄竞武、王绍鏊、沙千里、彭文应为筹备委员，沈志远、黄竞武为召集人。

2月26日，上海民盟和民进、民建等12个人民团体在中国科学社集会，宣布成立上海人民团体联合会，发表宣言维护政协决议，要求保障人民自由，要求国民党政府撤销戒严令，停止警管区保甲编制制度，撤销邮电新闻检查。

5月8日，民盟负责人黄炎培、陶行知、沈志远、马叙伦、沙千里、张云川与中共代表陆定一，联名在静安寺路来喜饭店欢宴美洲华侨领袖司徒美堂，开展海外爱国华侨的团结和联络工作。

当时民盟总部名义上迁到南京，而原在后方的民盟领导人纷纷来到上海，实际上总部负责人已集中在上海，因而上海成了民盟中枢的所在地。

面对全国内战迫在眉睫的形势，5月6日，上海民盟和各民主党派共53个人民团体组成的"上海人民团体联合会"举行会议，沈钧儒、黄炎培、章伯钧等出席了会议，商讨对时局意见，发表了宣言，呼吁"立即停止内战、实行政协决议"；31日，民盟负责人罗隆基等100余人，联名发表宣言，呼吁立刻停止内战：6月9日，章伯钧、罗隆基代表民盟发表谈话说，"人民要求永久停止内战，一切问题，应谈判解决"；6月12日，民盟负责人举行紧急会议，决定邀集各方人士，联名致书蒋介石，反对内战，呼吁和平。在致蒋介石的公开信上签名的有王绍鏊、陶行知、沙千里、沈志远、罗叔章、马叙伦、阎宝航、闵刚侯、徐铸成、彭文应、许杰、曹鸿翥、周予同、陈翰伯等164人。6月23日，上海工人、学生和各界人士，举行反内战要求和平的游行示威，并推马叙伦、阎宝航、盛丕华、雷洁琼、蒉延芳等10人为代表赴南京请愿。上海10万群众游行到上海北站去送行，并在北站举行了盛大的欢送大会。上海民盟筹委会负责人王绍鏊同志担任了欢送大会的主席，民盟中央常委陶行知同志在大会上发表了激动人心的演说。会后举行了声势浩大的示威游行。请愿团于当天下午7时到达南京下关，就遭到国民党特务的包围殴辱达四五个小时。马叙伦、阎宝航等同志被殴重伤，民盟总部派赴下关迎接的代表、民盟中央委员叶笃义和《新民报》记者、盟员浦熙修亦同遭毒打身受重伤，这就是震动全国的"下关事件"。民盟中央立即向国民党政府提出强烈抗议，要求国民党政府对所有与下关惨案有关之各官员"迅予以应得之处分，并取消特务机关"，"切实保障人民之各项自由"。上海民盟也以各种方式向社会揭露事实真相，控诉国民党当局破坏政协决议、发动全面内战的罪行。

国民党终于铤而走险，发动了全面内战的同时，加强了国统区的法西斯统治，血腥镇压民主运动。它在全国各地逮捕了1.3万多名反对内战、争取民主的工人、学生和知识分子，封闭了进步文化团体和言论机关100余处，制造严重的白色恐怖。7月11日，国民党特务在昆明暗杀了坚持民主、反对内战的卓越的民主战士、民盟中央委员李公朴，举国为之震惊。7月15日，在抗议暴行、声讨凶手的大会上，著名诗人、民盟中央委员闻一多以必死的决心，义正词严地痛斥国民党反动派。会后，闻一多又遭国民党特务暗杀。他们的死难，悲壮凛然，震动山河，这就是震惊中外的“李闻事件”。消息传来，上海民盟同志义愤满腔，悲痛欲绝。伟大的人民教育家、民盟中央常委陶行知由于这个悲愤刺激，于7月25日突发脑溢血逝世。

为了表明民盟的严正立场，7月28日，民盟总部发言人罗隆基正式发表谈话，声明“这是有计划地对民盟之进攻”。民盟中央还派梁漱溟和周新民赴昆明调查，随后在上海举行中外记者招待会，发表了调查报告书。

悼念人民英烈，揭露敌人，教育群众

上海民盟半年来为维护政协决议，反对内战，争取和平和民主的斗争，赢得了上海人民的赞许。在这一系列的激烈战斗中，民盟上海市支部于当年8月正式成立，选出了王绍鏊、沙千里、沈志远、施复亮、黄竞武、祝公健、彭文应等为市支部执行委员，王绍鏊为主任委员。

民盟上海市支部为民盟中央的直属支部，受民盟中央直接领导。

每当民盟处于艰难困苦的境地，中国共产党总给我们大力支援，鼓励我们一起前进。李、闻被杀害后，毛主席和朱总司令立即发来唁电，表示深切哀悼，表彰李、闻“为民主而奋斗，不屈不挠，可歌可佩”的精神，并期望民盟同志继承先烈遗志，再接再厉，“务使民主事业克底于成”。中共政协代表团向国民党政府提出严重抗议，要求严惩凶手，保护各民主党派和民主人士的安全，并要求通令全国追悼。周恩来同志还在上海举行记者招待会，发表声明，严正指斥国民党采用最卑鄙的手段来镇压和平民主运动，呼吁全国人民“应更警觉、应更团结、应更争斗”。当周恩来获悉陶行知同志的噩耗时，顿足捶胸，悲痛到极点。他立刻赶去料理陶行知的后事，并给党中央发出“对进步朋友应多加关照”的电报。电文说：

一、我及小超(邓颖超)等今日下午飞回南京。

二、在离沪前,陶行知于今晨忽得脑出血,我们赶到时已断气,痛心至极,惟握手时体温、气色未动。据沈钧儒子(系医生)云,确系脑出血,尚无其他中毒症候。为慎重计,我们已商定将尸体在殡仪馆放过十二时,看有无变化,然后入殓。

三、如无其他原因,陶先生确是死于劳累过度,健康过亏,刺激过深,这是中国人民又一次不可补偿的损失。十年来,陶先生一直跟着毛泽东同志为代表的党的正确路线走,是一个无保留追随党的党外布尔什维克。我这次去沪,曾意识到陶先生的安全,提出要上海工委劝他休养一时期,话未传到,人已不在,假使陶先生临终能说话,我相信他必继韬奋之后请求入党。

四、今后,对进步朋友的安全、健康,我们必须负责保护。已告上海潘汉年及伍云甫,在救济方面多给以经济和物资的帮助,在政治方面也须时时关照。

五、请中央将南京新华社关于陶先生逝世的报道广播全国。

民盟首先在震旦大学礼堂举行了追悼陶行知同志的群众大会,随后又在陶行知同志灵柩运往南京安葬时在上海北站举行了公祭大会。分别由沈钧儒、黄炎培主祭,史良和上海民盟主任委员王绍鏊,以及中共代表团的发言人陈家康和王炳南等百余人陪祭。1946 年 12 月 1 日,陶行知的遗体安葬于南京。当时董必武带着毛泽东、朱德、周恩来等具名的 3 个大花圈放在灵前,董老并亲自题五言律诗一首《哭陶行知先生》贴在灵柩上:敬爱陶夫子,当今一圣人,方圆中规矩,教育愈陶钧。栋折吾将压,山催道无申。此生安仰止,无后可归仁。

9 月 29 日,经各方协商组成了李闻追悼大会的主席团,共 45 人,有周恩来、李济深、郭沫若、华岗、陈铭枢、谭平山、司徒美堂、叶圣陶、田汉、胡政之和民盟负责人沈钧儒、黄炎培、章伯钧、罗隆基等,并迫使国民党政府的上海市长吴国桢以及潘公展、吴开先、宣铁吾等参加,使国民党当局处于受审判的地位。

李闻追悼会于 10 月 4 日在天蟾大舞台举行,各界人士大约 5 000 人参加,邓颖超、李维汉、李济深、蔡廷锴、马叙伦、马寅初等都参加了大会。天蟾大舞台 3 层连扶梯过道都挤满了人,四壁挂满了各界送致的挽联,中共代表团和解放军高级将领朱德、彭德怀、陈毅等也都送了挽联,周恩来亲撰悼词。追悼大会由沈钧儒主祭,洪深司仪,史良、楚图南分别报告李公朴、闻一多生平,赵丹读祭文。邓颖超同志在追悼大会上宣读了周恩来同志的悼词。悼词说:"今天在此追悼李公朴、闻一多两先生,时局极端险恶,人心异常悲愤。但此时此地,有何话可说?

我谨以最虔诚的信念，向殉道者默誓：心不死，志不绝，和平可期，民主有望，杀人者终必覆灭。”参加大会的千百群众，听了邓颖超宣读的悼词，无不痛哭失声。郭沫若、潘公展、罗隆基在大会上讲了话。国民党代表潘公展竟利用大会讲坛对中共进行无耻攻击，民盟代表罗隆基立刻给予义正词严的驳斥。李公朴夫人张曼筠同志致了谢词。6 日至 8 日，上海各界又在静安寺举行了为时三天的群众公祭，由黄炎培主祭，中共代表团周恩来、邓颖超、陈家康、潘梓年和郭沫若、高士其等都参加了公祭。

李闻追悼大会上的挽联，绝大多数都是声讨国民党反动当局反人民罪行的檄文。

以上这些悼念英烈的活动，在社会上引起强烈的反响，形成了一个控诉国民党反动派坚持内战、专制独裁的群众运动。

拒绝参加伪国大和国民党政府，拒不承认伪宪法

当年的 10 月 11 日，国民党军攻占张家口，达到它向解放区全面进攻的顶点。蒋介石为他表面的“胜利”冲昏了头脑，不顾全国人民的反对，竟悍然下令召开其一党包办的国民大会。民盟先于 10 月 4 日假红棉酒家举行记者招待会，由罗隆基代表民盟说明对时局的态度，坚决反对目前召开伪国大。10 月 7 日，民盟负责人应周恩来同志之邀，同赴马斯南路 107 号“周公馆”，共进便餐，共商国是。民盟于 11 月 11 日召开留京中委第十一次谈话会，郑重决议，宣布拒绝参加国民党一党召开的国民大会。此时民盟主席张澜从重庆来电，强调：“我们民盟必须在政协决议程序全部完成后，才能参加国大，否则就失去了同盟的政治立场。希望大家要万分慎重，绝不可稍有变动。”在此形势下，国民党一面将伪国大延期三日开幕，一面派出许多大员来上海游说，妄图拉拢民盟成员参加其伪国大。于是，民盟又在 11 月 14 日发出《紧急通告》，再次声明民盟各级组织坚决贯彻民盟中央于 11 日所作的重要政治决定。上海民盟按照盟中央指示，广泛宣传中央的决定，宣布与中共同进退，以坚决反对国民党召开分裂的国民大会。伪国大于 11 月 15 日至 12 月 25 日举行，制定了伪宪法。12 月 24 日，民盟中央常务委员会决议，将参加伪国大的民社党党员一律开除出盟。并致函民社党说：“民

主社会党违反政协，参加‘国大’，与本盟主张显有出入”“已碍难在本盟内继续合作”“应予退盟”。

12月18日，民盟主席张澜由川抵沪，上海广大盟员到大达码头热烈欢迎。当天，上海民盟在青年会九楼举行了盛大的欢迎会。

翌日，又在红棉酒家设宴欢迎张澜主席。23日，上海11个民主团体也假青年会举行了欢迎张澜主席的大会，到会者500余人。张澜主席在会上阐明民盟不参加分裂的国大的理由，强调反对国民党一党专政，号召扩大和平民主运动。

这时候，国民党政府对外签订了一系列丧权辱国的条约，使国民党统治区进一步殖民地化。在中国共产党正确政策指引之下，为了生存自救，各阶层人民团结起来与国民党反动派进行英勇斗争。11月、12月间，上海发生摊贩斗争，旋即成为全市性的反蒋群众运动。接着，爆发了学生抗议美军奸污北大女生暴行、工人抗议美军殴毙臧大咬子暴行的运动，广大学生、工人掀起了抗暴爱国运动。解放战争时期国民党统治区波澜壮阔的人民民主运动兴起了，这就是毛泽东说的："中国境内已有了两条战线。蒋介石进犯军和人民解放军的战争，这是一条战线。现在又出现了第二条战线，这就是伟大的正义的学生运动和蒋介石反动政府之间的尖锐斗争。"上海民盟积极地参加了这些波澜壮阔的群众斗争。民盟领袖沈钧儒与李济深、郭沫若、马叙伦等发表抗议声明，上海民盟成员沈志远、沙千里、刘王立明、王绍鏊等都列名参加。同时，上海大学教授联名发表文告抗议美军暴行，民盟成员楚图南等100多人参加了签名。

在这些重大的政治斗争中，广大民盟成员都积极参加各种进步团体、各级学校和进步报刊，联系了广大的知识分子，发表宣言，作演讲，写文章，积极参加了第二条战线的斗争。如民盟的大学教授盟员，全部参加了中国共产党领导的“上海大学民主教授联谊会”(以下简称为“大教联”)。沈体兰任“大教联”副主席，孙大雨、彭文应、许杰、陈仁炳、董每戡、林穆光等7人担任了“大教联”干事，参加“大教联”的盟员还有楚图南、夏康农、张文郁、程应镠、杨村彬、王元美、赵书文、顾执中、勾适生、赵铭彝等，他们都成了“大教联”的骨干。上海各大学学生盟员，在上海交大、复旦、同济等大学，都建立了盟员小组，并在民盟上海市支部领导下，由复旦民盟小组成员童飞、李槐奎负责，创办了《学生新报》，在学生的抗暴斗争运动中，发挥了一定的作用。当时上海的重要报刊，如《文汇报》《大公报》《联合晚报》《时代日报》《商报》《侨声报》《新闻报》《新民报》《民主》《周报》《国讯》《时与文》《观察》《世界知识》《文萃》《展望》《人世间》《中国工人周刊》《中华论坛》《经济周报》《青年知识》《中国建设》《天风》以及西文报刊，都有盟员和中共党员一起配合工作，写文章，宣传进步的政治主张，维护政协路线，反对内战，争取民主，进行了很有声势的斗争。1946 年冬，民盟上海市支部还创办了油印刊物《沪盟通讯》，加强对盟员的政治思想工作。在这些斗争中，都得到中共多渠道、多层次的领导。

这一时期，上海民盟的活动，上层是公开的，以进行合法斗争为主，但还没有建立严密的基层组织，只在市支部直接领导下，建立了经济组、法律组、妇女工作组等专业组，着重于各界活动的调查研究和联系工作。同时建立了一个秘密办事处，是民盟的秘密机关，由沈钧儒同志亲自领导，对外称“华孚申庄”。罗叔章同志化名“张太太”，作为“华孚申庄”的女老板，由祝公健同志协助她主持机关工作，祝正富为交通员，开始设立在石门二路 41 弄 80 号，因发现被特务注意，即迁到北京西路 1300 弄罗叔章住处。

扩大组织，积极投入人民革命斗争

从 1946 年 7 月至 1947 年 2 月，中国人民解放军平均每个月歼灭国民党 8 个旅，共歼敌 71 万人，国民党发动的全面进攻被迫停止。在国民党统治区，人民陷于水深火热之中，在党的正确政策指引之下，各阶层人民团结起来，进行了英勇的斗争。上海的抗暴反蒋爱国群众运动，彼伏此起，声势浩大。这时候，中共中央发出了“迎接中国革命新高潮”的指示，指出：人民解放军作战的胜利和蒋管区人民运动的发展，预示着中国革命新高潮即将到来。

在这个中国革命新高潮即将到来的时刻，1947 年 1 月 6 日—10 日，中国民主同盟在上海召开了第一届中央委员会第二次全体会议。会议全面评价了政治协商会议的 5 项决议，高度评价这次会议中的协商精神，指出国民党片面召开伪国大，通过伪宪法，是最后彻底撕毁政协决议。全会根据政协会议精神，明确解释了“政治民主化、军队国家化”的含义。会议通过了《目前应采取的政治主张及行动的决议案》。为了适应客观形势发展的需要，决定了四项组织原则：1. 上层争取公开合法，下层争取秘密活动；2. 宣传争取公开合法，组织保持秘密方式；3. 简化总部，侧重地方，深入群众，扩大政治影响，推进民主运动；4. 在国民党严重迫害下，应严密组织，不暴露工作。这些组织原则，实际上是为而后来到的困难局面，作了及时的组织准备。总而言之，二中全会在民盟走向进步的历程中起了积极的作用。

1月20日，民盟总部在上海举行记者招待会，宣布了民盟二中全会的政治报告。2月1日，又在上海举行了盛大茶会，招待各界人士200余人，由张澜主席亲自主持，宣布扩大组织，以知识分子为主要对象，大量吸收盟员。董必武同志应邀出席并在会上讲了话，沈钧儒、黄炎培、章伯钧、罗隆基等也都出席了茶会。

上海民盟一方面积极贯彻二中全会决议，着手建立秘密的基层组织，同时，执行宣传争取公开合法的原则，积极投入了当时蓬勃高涨的人民革命斗争。

二月初，民盟推动和起草的“上海人民团体联合会”对时局宣言发表，同时，上海民盟发言人施复亮对国民党的《经济紧急上海民盟措施方案》发表谈话，严厉抨击这个所谓《经济紧急措施方案》的四大特点是：1. 内战第一，军费第一；2. 豪门资本，竭力保护；3. 加紧搜括，人民遭殃；4. 讨好美国，献媚乞援。谈话有力地揭露了国民党的反动措施。

与此同时，上海民盟负责人为配合上海三区百货业职工会发起的“爱用国货，抵制美货”运动，于2月9日在南京路劝工大楼举行讲演会。民盟中央常委沈钧儒、民盟中央委员邓初民和郭沫若、马叙伦等应邀出席讲演。国民党特务捣乱会场，打死永安公司职工梁仁达，打伤10余人，制造了“二九惨案”。2月10日，民盟立即发表声明，呼吁制止国民党当局之恐怖压迫，要求严惩凶手。上海民盟负责人参加了“梁仁达治丧委员会”，并捐助款项，沈钧儒、邓初民等都参加了上海各界人民团体组织的“二九惨案后援会”，发表《二九惨案后援宣言》。上海民盟负责人王绍鏊主持举行了各界人士及新闻记者招待会，沈钧儒、章伯钧、邓初民等在会上发表了讲话，抨击国民党的法西斯暴行，宣布要联合日益扩大的民主力量，用行动来制止暴行，制裁反动。同时，民盟成员沈钧儒、沙千里、周新民、闵刚侯、林亨元等10位名律师，组织了“二九惨案律师团”，为上海工人斗争伸张正义。

5月，上海爆发了“反饥饿、反内战、反迫害”大规模的学生运动。5月20日，上海专科以上学校数万学生联合游行、示威，发生了震动全国的“五二〇事件”。上海民盟当即发表宣言，声明坚决支持学生的爱国斗争，并强烈要求国民党政府撤销一切蹂躏民权的法令，立即释放被捕学生，赔偿损失，接受学生合理要求，并立即恢复因忠实报道学运而被查禁的《文汇报》《联合晚报》《新民报》，切实保障人民之言论自由，立刻停止内战。

沈钧儒等还立刻向上海市国民党政府提出抗议，并要求立刻释放上海全体被捕同学，受伤学生得到免费诊治；严惩凶手，学生在校开会，军警不得干涉。民盟上海市支部并连续召开会议，发动广大盟员，参加和支持学生的斗争。同时，和各民主党派一起筹建了“中国国际人权保障会”，负责人是民盟中央委员刘王立明，民盟成员石啸冲、张文郁同志等任委员和干事，大力进行人权保障活动，发表声明，声援被迫害、被捕的各界人士，慰问他们的家属。

这时，大学生中的盟员已经在各大学建立起 11 个民盟小组，大学生盟员全部参加了“反饥饿、反内战、反迫害运动”，并站在斗争的前列，成为上海学联和学生会的骨干。民盟学生组织编印出版的《学生新报》，也在运动中积极发挥了宣传鼓动作用。大学教授盟员参加的“大教联”，也公开积极支持波澜壮阔的学生运动。孙大雨同志等还起草了大学教授支持学生运动的宣言，征集了 76 位大学教授签了名，盟员孙大雨、顾执中、张文郁、张定夫、张光业、彭文应、楚图南、郑太朴、郭绍虞、许杰、陈仁炳等都签了名。宣言的中文本在《大公报》《文汇报》发表，英文本在《字林西报》《密勒氏评论报》、美国的《民族周刊》和《新共和》上发表，塔斯社向全世界作了广播。

这是中国共产党领导的人民大革命的一个组成部分。上海民盟在这一系列斗争中，与中共密切配合，协同作战，并在斗争中发展壮大。这时候，上海民盟成员已达五百多人。

形势在不断变化，白色恐怖愈益严重。2 月 27 日、28 日，国民党政府先后通知中共驻南京、上海、重庆等地担任谈判联络工作的代表全部撤离，并宣布国共谈判完全破裂。中共随即宣布代表团在南京、上海、重庆的房屋、物资、器材，全部委托民盟代管。民盟同志依依送别了长期来肝胆相照、患难与共的周恩来副主席和代表团同志。3 月 17 日，民盟在上海清华同学会举行中外记者招待会，发表书面谈话，宣布代为保管中共在南京、上海、重庆等地财产情况，并宣布绝不参加国民党政府，更要求保障人权。出席招待会的民盟负责人有沈钧儒、黄炎培、章伯钧、罗隆基、鲜英、刘王立明等。3 月 20 日，民盟由周新民同志代表，点收了中共在沪的马斯南路的 107 号“周公馆”房产物资和朱葆三路新华日报社房屋。

上海民盟认真贯彻了二中全会的组织原则，为了应付尔后的困难局面，于 5 月 2 日进行了改组。改组后的民盟上海市支部，由章伯钧、沙千里、王绍鏊、施复亮、郑太朴、沈志远、黄竞武、何思贤、张曼筠、祝公健、彭文应等 11 人担任执行委员。民盟中央常委、中央组织委员会主任委员章伯钧任主任委员，沙千里为组织委员会主任，施复亮为宣传委员会主任兼市支部发言人，何思贤为秘书。为了加强基层组织，逐步转入秘密工作，先后建立了 7 个区分部，区分部下面再分小组，并发动盟员进入职业界，深入群众，扩大政治影响，在各行各业中建立了各种外围组织。如在各大学中建立各种文艺团体、壁报乃至团契等。教育界盟员参加“上海市中等教育研究会”(简称“中教研究会”)，张文郁同志担任理事长。小教同志参加了“上海市小学教师联合进修会”(简称“小教联”)，在职业青年中建立各种读书会、歌咏会、联谊会、俱乐部，在民主人士和工商业人士中组织各种聚餐会等。

民盟组织被迫转入地下斗争

1947 年 5 月，国民党发出了有计划打击和迫害民盟的信号。5 月 3 日，国民党公布了一个捏造的所谓《中共地下斗争路线纲领》和所谓某政治观察家的谈话，叫嚣什么“素以独立、和平、合法自诩之民主同盟及其化身民主建国会等团体，其组织已为中共所实际控制，其行动也均系循中共意志而行，甘为中共之新的暴民工具”，公开诬蔑中国民主同盟“发动全面武装暴动”。5 月 14 日，国民党政府新闻局局长董显光在记招待会上发表谈话说：“民盟与中共曾公开否认宪法及国民大会之合法性，该与反叛政府之中共既有密切关系，虽仍称系一和平之政党，然政府对该盟之态度将视其政策及行动而定。”5 月底，国民党特务在重庆、成都、西安、桂林等地破坏民盟地方组织，逮捕民盟中央委员和盟员群众达数十人之多，使民盟蒙受了重大损失。

上海民盟面对这一严峻的政治形势，立即公布了《宣传大纲》，号召全市盟员在各种场合和机会中，利用一切可能方式，揭露国民党当局的诬蔑和阴谋，并发布了《为五四运动告青年书》，号召全市盟员和广大青年为民主作百折不挠的斗争。民盟发言人罗隆基在上海发表谈话，驳斥中央社伪造的所谓《中共地下斗争路线纲领》。上海民盟负责人还在5月12日照常举行公开的招待会。由章伯钧、黄炎培、罗隆基报告民盟上海市支部的改组情况。同时,把已经暴露的盟员有步骤地安排撤退和隐蔽,为应付以后发生的形势变化作了一定的组织上的准备。

10月13日,国民党的御用团体"中国文化界戡乱救国总动员会"发出了"民盟参加共匪叛乱,自绝于人民,自绝于政府,应与共匪同在讨伐明令之列""政府不宜承认民盟为合法之政党,而应以乱党视之,明令解散"的叫嚣。10月23日,国民党大批特务包围和监视南京民盟总部。10月27日,国民党政府内政部发言人宣布民盟为"非法团体"。10月28日,国民党中央社发表《政府宣布民盟非法》的声明,声称:"民主同盟勾结共匪,参加叛乱","煽动五月学潮及上海工潮","作叛乱宣传掩护共匪之间谍活动",并"企图颠覆政府",着令"各地治安机关对于该盟及其分子一切活动自应依据《妨害国家总动员惩罚暂行条例》及《后方共产党处置办法》,严加取缔"。

在国民党政府的强暴胁迫下,民盟总部解散。但是,就在国民党政府宣布民盟为"非法团体"的10月27日当天,民盟中央组织委员会作出了"组织工作绝不停止"的决定,指出中央组织委员会在任何情况下,必须有负责人留在国内,继续工作,无论总部是否遭到迫害,各地方组织一定要继续活动,并指示地方组织采取有效措施,迅速转入地下,在自愿的原则下,把盟员重新组织起来,一切横的联系"完全切断,领导机构对内对外决不公开,以适应地下斗争的环境"。随后又决定:"国民党统治区盟的各级组织应尽量缩小机构,省、市(特别市)执行委员会不得超过五人","县、市分部执行委员会不得超过三人"。张澜主席也在发表《总部解散公告》的次日——11月7日,以个人名义发表声明:"我个人对国家之和平、民主、统一、团结之信念及为此而努力之决心绝不变更。"并呼吁全体盟员"继续为国家之和平、民主、统一、团结而努力"。同时,中国共产党通过新华社发表了《蒋介石解散民盟》的时评,强烈抗议国民党当局解散民盟,并热情鼓励民盟继续奋斗。

早在1947年7月,民盟上海市组织的负责同志和工作人员,已受到国民党特务的跟踪和监视,民盟上海市支部负责人中已经暴露的同志,按照二中全会的决定,作了有步骤的撤离和隐蔽,沙千里、沈志远、施复亮、祝公健等先后离沪去港或就地隐蔽。10月初,民盟上海市支部主任委员章伯钧约见尚丁,通知他准备接替上海民盟组织工作。他意味深长地把自己戴的一顶深咖啡色呢制礼帽赠送给尚丁说:“更艰苦的斗争要由你们来接过去了。”10 月 17 日,民盟中央组织委员会副主任辛志超把祝公健移交下来的上海全市盟员名册(这是用米粒大的小字写在一个小本子上,有姓名地址)亲自交付给尚丁,授命尚丁着手把民盟上海市组织转入地下。民盟被迫解散后,原民盟上海市组织奉命停止活动,主任委员章伯钧等相继离沪,民盟上海市组织迅速有条不紊地转入地下。11 月 5 日,辛志超代表民盟中央组织委员会,亲自秘密召集原民盟上海各区分部负责人,研究筹组民盟上海市组织转入地下的问题。到会的有辛志超、尚丁、申葆文(代表第一区分部)、杨维骏(第二区分部)、张绍帧(第三区分部)、何惧(第四区分部)、彭文应(第五区分部)、黄竞武(第六区分部)、黄静汶(第七区分部)。会上,辛志超传达了中央组织委员会的指示,具体研究了民盟上海市地下组织工作设想。随后,根据民盟中央组织委员会指示,建立民盟上海市支部组织,执行委员会由彭文应、冯亦代、罗涵先、尚丁、黄静汶等 5 人组成。12 月 2 日,地下的民盟上海市支部正式成立。成立会在外滩的朱高融律师事务所举行,辛志超代表民盟中央宣布了民盟上海市支部执行委员名单,任命彭文应为市支部主任委员,冯亦代为主任秘书、尚丁为组织部部长、罗涵先为宣传部部长、黄静汶为组织部副部长。并请申葆文、张绍桢二同志协助工作。成立会上作出的第一项决议是:抗议国民党政府对民盟的迫害,宣布不接受本总部在国民党强暴威胁下,未经合法会议而作出的解散总部和停止盟员活动的声明。这次会上还确定了几项原则:一、为适应地下斗争需要,会议不作记录,所有决议都用口头传达通知,不得遗留痕迹;二、每周开会一次,汇报一周工作情况,交换情报。

民盟上海市地下组织的成立,立刻得到民盟总部留沪负责人张澜、黄炎培、罗隆基等人的支持、帮助和指导,张澜主席还每月拨给上海市支部以固定的经费。

民盟上海市地下组织于 12 月初成立以后,立刻拟订了计划,展开紧张的恢复组织工作。

首先是先干部后盟员,进行一次全面的审查。对于每个盟员在民盟被迫解散后的思想动态、斗争情绪和他的社会关系,作深入细致的了解。对思想坚定、斗志旺盛的同志,即编入新的组织,参加组织活动,并从中选拔出各级干部,对思想动摇、态度暧昧的,先予以暂行隔离,继续考察。这是一项工作量很大而又十分艰巨和严肃的工作，对每一位盟员都要用极其迂回的方法，非常谨慎细心地进行接触。在当时严酷的环境下，两三个同志的会面晤谈，时间、地点和会面方式等，都要事先做十分妥善的布置和准备，对组织负责，对盟员同志的安全负责。记得有位张慰慈，曾经是北京大学的政治学教授，年已七旬，为人十分谨慎，与他约会了8次，他都拒不接触。我们以为一定是他因为民盟被迫解散而消极动摇，故而拒不与盟组织联系。但我们仍不愿贸然对他作出"暂行隔离"的决定，而决定再试一次。这第九次由尚丁单独去登门拜访，他住在成都路一座石库门房子2楼的厢房中，平时足不出户，闭门读书。一个黄昏，前去叩门，经过门内门外一刻钟的低声恳谈，他才开门接待，深谈后知道他态度十分坚定，终于把他编入区组，恢复组织活动。可见，不光是盟组织在审查盟员同志，盟员同志同时也在审查盟组织呐！

从1947年12月至1948年2月，经过3个月夜以继日的辛勤工作，终于对民盟上海市500多位盟员全部进行了审查，把他们编入新的区分部和小组。十分值得自豪的是，事实证明，在民盟遭受被迫解散的严重挫折和打击下，广大盟员同志革命意志坚定，斗志高昂，没有一个被决定"暂行隔离"和继续考察的。

1949年前，民盟上海市成员共542人(其中有100余人陆续离开上海，有100余人是新入盟的)，审查完毕后，决定全市盟员按职业分别建立了12个区分部，在区分部下面再按地区、单位建立小组，另外，建立了嘉定、崇明等3个直属小组。这12个区分部的先后负责人是：第一区分部是市一级的干部及总部留沪成员，区分部主任曹仙苏、申葆文；第二区分部是各大学在校学生，主任杨维骏、何孝尧、委员赵寿先、毛引、徐承烈、马永明等；第三区分部是职业青年及小学教师，主任张绍桢，委员袁之远、顾孟武、江波等；第四区分部是工商业者，主任及委员有吴甲原、文先俊、勾适生等；第五区分部是大学教授，主任孙大雨，委员有董每戡、张光业、许杰等；第六区分部是妇女，主任季洪，委员有左诵芬、孙文芝、黄静汶、田蕙菁等；第七区分部是文化界，主任及委员有董每戡、刺鸣、林岚、林穆光等；第八区分部是职业青年，主任何济翔，委员有龙镇中、许洪涛、梅士新、孙征羽等；第九区分部是公教人员，主任赵文璧，委员有薛葆康、刘轶群、万鸿开、刘九峰、赵望等；第十区分部是中学教师，主任钱天起，委员有文超、宋安、李家祥、黄菱舟等；第十一区分部是工商业者，主任周永德，委员有宗惟惠、沈天灵、王若水、梅颂平等；第十二区分部是自由职业者，主任罗家衡、韩学章，委员有朱绍文、王丽明、吴冠人、沈永泉等。

到1948年3月,区分部的干部基本上配备就绪,小组也基本上分好,大部分盟员已经在地下组织的区分部和小组中开展组织活动。

以上建制,一直到1949年以后都未变动。

民盟上海市支部成立后,中央委员罗涵先于12月下旬前去香港参加三中全会,并代表民盟上海市支部汇报了上海市的盟务。

贯彻三中全会决议,与中共全面合作

1947年11月下旬,沈钧儒、章伯钧、周新民等先后秘密离开上海到香港,与原来在港的中央委员邓初民、柳亚子、沈志远、李伯球、何公敢、刘王立明、李文宜、李相符、罗子为、杨子恒、冯素陶、陈此生、朱蕴山等会合。1948年1月5日—12日,民盟在香港召开了三中全会。

三中全会是民盟历史上的转折点。全会分析了国际国内形势,高度赞扬中国共产党为中国人民事业所作的英勇斗争,严肃批判了第三条道路的错误思想,宣布今后要与中共携手合作,号召全体盟员"为彻底摧毁南京反动独裁政府,为彻底实现民主、和平、独立、统一的新中国而奋斗到底"。从此,民盟走上与中国共产党全面合作的光明大道,在实际上接受了中国共产党的领导。

上海市支部依据三中全会的决议,确定了上海市民盟的工作方针和任务。并从1948年3月起,进行了为时3个月的组织整顿和思想教育。

首先,逐级向全盟传达了三中全会的决议和文件,广大盟员群情振奋,坚决支持三中全会的决议,接受中国共产党的领导,更加坚定了革命斗争意志。为了配合组织整顿和思想教育,市支部编印了《上海市盟员手册》,其中包括民盟三中全会的文件,并规定了地下组织生活的纪律和须知,制定了《暂行组织纪律》,规定盟员不得进行横的联系,以及干部与普通盟员的双重纪律原则。同时,翻印了毛泽东的著作《新民主主义论》《论联合政府》《中国土地法大纲》等(以后还翻印了毛泽东的《目前形势和我们的任务》《将革命进行到底》等文章,以及中国共产党的城市政策和工商业政策文件),组织广大盟员认真学习,着重进行了形势教育和前途教育。

经过这一阶段的整顿和学习,在组织上把革命意志坚定、积极肯干的同志选拔到区级组织中，充实了基层干部的队伍，并加强了市一级的组织机构。经民盟上海市支部决定，上海区执行部批准，建立了组织委员会和宣传委员会。任命尚丁、黄静汶、何济翔、傅于琛、沈鹤如、张绍桢、左诵芬为组织委员会委员（1949 年初，储一石入盟，由周新民同志提名为组织委员），组织部正副部长尚丁、黄静汶为正副主任委员，任命罗涵先、冯亦代、陈新桂、孙大雨、陈仁炳、董每戡、石啸冲为宣传委员会委员，宣传部部长罗涵先为主任委员（1949 年初任命陈仁炳为宣传部副部长兼宣传委员会副主任委员）。

组织委员会建立了集体领导、分工负责的制度，沈鹤如分工领导学生区分部，何济翔、张绍桢领导青年区分部，黄静汶领导妇女区分部。宣传部也大力开展盟的对外政治宣传，宣传委员罗涵先、冯亦代、陈新桂、陈仁炳、石啸冲等，都以个人身份参加当时的进步报刊：如《联合晚报》《展望》《时与文》《观察》《世界知识》《人世间》《新建》《天风》以及西文报刊的编辑、撰稿工作，还多次发动签名运动。当时在《文汇报》《新民报》《大公报》工作的盟员如孟秋江、林岚等，也做了许多工作，积极推动各界舆论斗争。

重新建立区分部中，有两个区分部事实上是保持原来建制的，一个是大学教授区分部；另一个是大学生区分部。这两个区分部分别在孙大雨和杨维骏（后来由何孝尧接任）领导下，工作从未间断，对革命作出了可贵的贡献。第五区分部大学教授的成员，全部参加了“大教联”并成为“大教联”的骨干。他们与文化界、工商界也建立了密切的联系，1948 年 5 月 22 日，上海学联在上海交通大学举行万人大会，陈仁炳在大会上发表演说。他们还通过各种办法和关系保护和营救进步同学，如潘世兹就曾在一位学联主席（中共党员）被国民党特务追捕时保护并设法帮助他逃脱特务的魔掌。

第二区分部（大学生）按照地下组织原则，重新建立了总的领导系统，并在上海交大、复旦、大夏、同济、沪江、东吴、上海法学院、中华工商、民治新专、纺织专校、师专等建立了 11 个盟员小组，1948 年 2 月，他们和中共党员一起创刊了《学生通讯》刊物，由沈鹤如、郭步洲（中共党员）等同志负责编辑，开始为油印，后改铅印，4 开一张，每期印数从 2 000 多份增加至 5 000 多份，并在各校建立了秘密的通讯网和发行网。由于遭受国民党的严重迫害和破坏，它曾两度被迫停刊，直到 1949 年为止，共出版 12 期，在广大学生中起了重要的宣传作用。

各大学的盟员小组，有计划地发展和组织了各种外围组织，通过外围组织开展工作，在斗争中考察进步同学，争取积极分子入盟。到解放前，这个区分部的大学生成员有100余人之多。他们在中国共产党领导的学联的统一领导下，在历次的学生运动中，如抗暴，反饥饿、反内战、反迫害，抗议九龙事件，助学运动和救饥救寒等运动中都站在前列，起了带头和骨干作用。1948年6月的反美扶日运动的战斗高潮中，盟的同志受到严重迫害，毕之杰、毛引等人被捕，部分同学被迫离校。一部分被迫害盟员和盟所联系的进步同学，通过组织与中共常州联络站王仙洲取得联系，由常州转赴苏北解放区。杨维骏、徐承烈、毛引、贺轶欧等人则分别去杭州、南昌、桂林、南京、金坛等地开展活动。这个区分部是民盟上海市组织中最活跃、最有战斗力、斗争最坚决而卓有贡献的一个基层组织。

1948年5月，复刊和秘密发行了上海市支部主办的内刊物《沪盟通讯》，先后由赵寿先、华丁夷担任编辑，用64开的极薄的纸张油印后卷入纸烟中，分发到各区分部和小组，指导盟的工作和斗争，阅后随时销毁。它一直出版到上海解放为止。

经过这一阶段的组织整顿和思想教育，盟的地下组织机构健全了，成员的政治觉悟有了很大提高，增强了胜利信心，战斗力大大加强，战斗情绪也大大高涨，它已成为一支有组织的战斗队，为进一步的战斗打下了良好的基础。

支持人民解放战争，掀起新的斗争高潮

1948年的夏天，中国人民解放军转入战略进攻以后，迅速解放了广大的地区和许多城市。5月1日，中共中央在“五一”劳动节的口号中，建议召开没有反动分子参加的新的政治协商会议，讨论成立民主联合政府。中国民主同盟热烈拥护中国共产党的号召。上海民盟组织广大盟员认真学习了中共中央的号召，激发了高昂的斗志。

上海区执行部主任委员辛志超在7月间离沪北上，史良接任主任委员，加强了对民盟上海市支部的领导。她派了田蕙菁担任与上海市支部的联络员，建立了强有力的领导体制，并在经济上给民盟上海市支部以经常的补助。

民盟上海市支部发表宣言，大力支持以学生运动为主力的反美扶日斗争。

宣言无法在报上发表，就铅印成传单，在上海和沪宁、沪杭、浙赣沿线的许多城市散发。

全盟的同志都主动积极地投入了战斗。当年6月初，上海工人、学生举行了反美扶日大游行。6月4日，民盟同志楚图南、沈体兰、顾执中、彭文应、周予同、孙大雨、陈仁炳、石啸冲、寿进文等320人签名的抗议美国扶日复兴的宣言发表。6月17日，上海文艺界正告美国大使司徒雷登，反对美国重新武装日本的宣言发表，冯亦代、熊佛西、孙大雨、董每戡、许杰、杨村彬、陈秋草、应云卫等100余人参加签名。6月20日，上海妇女界发表声明，史良、许广平、胡子婴、韩学章、王元美、朱立波、胡毓秀、左诵芬、田蕙菁等300多人参加签名。7月2日，上海文化界发表维护祖国安全和独立的声明，费孝通、吴晗、史良、沈体兰、孙大雨、陈仁炳、程应镠、顾执中、董每戡、张文郁、胡毓秀、孙晓村、勾适生等397人参加签名。特别是当国民党政府逮捕了参加抗议美国扶助日本示威游行的学生，上海市市长吴国桢扬言要传讯上海学联负责人，上海学联为了抗议这种无理迫害，于6月26日在上海交通大学体育馆举行1 000多人的公断大会，邀请史良、马寅初、张志让、张䌹伯等著名法学家和民主人士出席公断。史良在大会上即席发表演讲说："诸位同学，你们是爱国者，爱国是无罪的。政府传讯你们是非法的。我查遍了世界各国的法典，行政官员是无权传讯公民的。吴国桢市长说要传讯你们，他首先犯了恐吓罪，他如果真的传讯你们，他就犯了渎职罪。所以，你们不是被告，你们是原告。诸位不要害怕，我愿意作你们的义务律师，如果抓你们坐牢，我和你们一起去坐牢。我们要为爱国和伸张正义而斗争。"她那大义凛然、气壮山河的讲话，不但对上海的学生，也是对上海广大爱国人民的极大鼓舞。当国民党召开所谓"行宪国大"，选举总统时，上海民盟成员立刻在各报纸、杂志上撰文加以声讨。后来国民党当局一再发动和平攻势，策划"划江而治"，上海民盟成员也在各报刊上不断撰文予以揭露和抨击。事实说明，在中国共产党所领导的人民民主革命中，民盟同志纷纷走上了斗争第一线。

与此同时，盟的基层组织展开了极为活跃的组织活动，各区分部的同志分别组织了各种读书会、俱乐部，动员进步青年参加革命斗争。工商业者区分部组织了星四聚餐会、星五聚餐会等。这些工作做得很扎实，并在斗争中把积极分子吸收入盟，壮大了盟的组织。

1948年10月，根据斗争需要，经上海区执行部批准，民盟上海市支部建立了直属情报站和民运委员会两个组织。直属情报站的负责人为曹仙荪(鸿翥),成员有杨柳村、江波等,下分两个独立小组。一个小组负责收集敌特方面有关迫害民主运动的情报,以保护盟组织,并为市支部参谋决策;另一个小组以一个无线电商店为掩护,收录新华社的广播,翻印供应各级组织学习。曹仙荪在现在的淮海中路常熟路开设一家古玩店为掩护,江波在建国西路开设一家无线电商店为掩护,他们在极端危险和困难的环境中,作出了卓越的贡献,工作一直坚持到 1949 年。这个情报站的情报准确,几次使上海区执行部负责人和上海市负责人避免了几乎遭到一网打尽的危险,这在后面再谈。民运委员会任务是协助推动民主运动的发展,以加速国民党反动统治的崩溃,成员有彭文应、罗涵先、周永德、赵文璧、陈仁炳等。

这期间,解放区迅速发展,要求城市输送知识青年和干部,民盟上海市组织先后输送了 3 批盟内外青年,由浙东部队某副政委亲自前来上海接运,第一批有顾孟武等 20 余人,第二批有胡塞等 30 余人,第三批有汤圣贤等 30 余人(汤圣贤烈士在解放天台县时牺牲)。这些同志到达解放区后经受了教育和锻炼,为解放战争作出了一定的贡献。

这一时期的斗争是极其尖锐和艰苦的,广大盟员是坚定而勇敢的,斗争锻炼了盟组织,盟组织也在斗争中发展壮大了。

迎接解放,将革命进行到底

1949 年年初,国民党特务头子毛森,咬牙切齿地下令限时限刻要摧毁民盟的上海的地下组织,民盟上海市负责人都被列入了特务捕杀的黑名单,中共地下党同志多次通知尚丁,告诉他被列在黑名单的前五名之中,他们如果抓不到活的,可以就地枪杀。1949 年 3 月初,上海区执行部负责人和上海市支部负责人应罗隆基的要求,决定开一次联席会议,会议定于下午 8 时在霞飞路(淮海路)嵩山路的申江医院单间病房中举行。但在当天下午 3 时,直属情报站送来情报说,我们的会议已被国民党特务知道,布置特务,要在当晚包围、逮捕盟的负责同志。组织部立刻分头通知与会人员停止会议,尚丁并亲自在申江医院边门远处阻止前去参加会议的同志。但彭文应麻痹大意,不离开申江医院,结果,晚上 9 时,申江医院被国民党特务包围,彭文应翻天窗从屋顶逃脱,申江医院院长、盟员刘子纲同志被捕，差一点被活埋，直到上海解放才出狱，解放后任江西省卫生厅厅长。国民党特务未能抓到彭文应，就把他家里和他经营的中外贸易公司洗劫一空，并把彭文应的汽车司机抓去，由几名特务押了那位司机开了彭文应的汽车在上海全市兜捕尚丁、冯亦代、罗涵先等达一个月之久。上海市支部严肃检讨了这一事件，对彭文应作了批评，并对各级组织进行了革命警惕性教育。由于彭文应同志已经暴露，市支部决定暂停他的主任委员职务，由市支部主任秘书冯亦代代理主任委员。

1949 年 5 月初，应罗隆基的要求，又一次决定召开上海区执行部负责人和上海市支部负责人联席会议。这次会议订在下午 2 时在福开森路（现武康路）20 号的一个大花园洋房中召开，房主已去香港，房子空着，有人代管，我们曾经借这地方碰过头，是很隐蔽而不被人注意的地方。上午 10 点得到情报，我们的会已被特务知道，国民党警备司令部已决定围捕我们。于是，组织部立刻分头通知停止集会，并派人去弄口阻止。下午 2 时左右，国民党特务包围了那所花园洋房，我们派去监视的同志立刻撤离，但史良同志的联络员田蕙菁同志迟至下午二时半前去，跨进花园大门，立刻被特务逮捕，受尽苦刑。特务占领了那所大花园洋房，在里面守候了 20 多天。田蕙菁也几乎被活埋，直到上海解放才出狱。

曹仙荪同志领导的直属情报站利用旧社会的特殊社会关系，在中共地下党的帮助下，搜集敌特方面的情报，以保护盟的组织和干部，有些情报还送给地下党参考。由于他们的努力，使民盟组织能及时应付国民党特务的袭击，免受重大损失。以上只是突出的两次事件。

这两次事件发生后，民盟上海市组织表彰直属情报站的功绩；同时，下达了地下组织生活的纪律和规定，严格规定集会用过的地点不得作第二次利用。

这里再讲一点第二区分部（大学生）的斗争。1948 年 10 月，国民党特务在各大学搞了一次大逮捕，一部分已暴露的同学必须撤出，区分部主任杨维骏与蒋国荣同志经组织同意，乘机飞往云南，组织武装斗争：毛引和杨椿、王秉殿等 20 多人，赴江西浙赣路沿线组织农民武装斗争：贺轶欧去金坛参加太湖地区的游击战争。区分部改组，由何孝尧（方生）担任区分部主任，徐承烈、龚忠祥、马永明等为委员，同时整顿健全 10 个大学的民盟小组，建立了严密的通讯网，积极与学联配合，进行工作和斗争，并利用寒假，发动盟员深入各阶层做调查研究工作，搜集了许多重要的资料。回校后，全部参加了中共所领导的护校组织，监视特务活动，其中大夏大学的徐承烈、马永明等，担任学校保卫工作，夜以继日地不离开岗位，配合工人斗争，成绩颇著。区分部除出版发行《学生通讯》外，还安排专人收录新华社广播，油印分发，组织进步同学学习。如毛泽东的《将革命进行到底》，从广播中收录以后，立刻油印，于 1949 年 1 月 2 日送 300 份给市支部，分发各区盟组织进行学习。

1949 年 4 月 26 日深夜，国民党又一次对各大学进行大逮捕，民盟成员大都列在黑名单上。当天下午 2 时，中共地下党把这个情报通知民盟，组织部下令各大学盟员立刻全部撤出学校。各校盟员得到紧急命令，都准时撤离学校，只有复旦大学的龚忠祥和谢开志两同志，因白天到市区来了，未能得到通知，晚上又回到学校去，于深夜被特务捕去。对此，组织进行了营救，史良曾亲自找施剑翘的弟弟国民党七十四军军长施中诚等设法营救。何孝尧、徐承烈等同志，撤到南市的一个亭子间里，领导和指挥盟员同志坚持学校斗争，直到上海解放。

1949 年 3 月，为了适应斗争需要，经上海区执行部批准，组织了解放工作委员会，成员有冯亦代、尚丁、罗涵先、黄静汶、申葆文、张绍桢、陈仁炳、孙大雨、程应鏐、林穆光等 20 人，领导迎接上海解放的各项工作；并组织了一个政策研究会，成员为申葆文、尚丁、储一石、陈新桂等 7 人，翻印了中国共产党的城市工作政策和工商业政策文件，组织学习和研究。

全市各级盟组织，在中共地下党领导下，都积极参加和组织了护厂护校组织，展开了搜集各种情报资料的工作，搜集了大量有关上海解放和城市接管的军事、政治、经济材料，如黄竞武烈士和吴藻溪同志调查了四行两局的组织、业务和人事，监视国民党把中央银行库存黄金、白银、美元、英镑偷运台湾的活动，并通过组织发动上海各界要求制止金银外运，又和银行职工联系发动罢工拒运，为特务侦悉，黄竞武同志被捕后惨遭活埋牺牲。其他还有重要材料 50 多件，如吴淞地区国民党军队的战斗序列和部署，中纺公司及所属工厂的原始物资材料清册，此等清册连中纺公司自己也没有底本。再如薛葆康动员招商局总经理胡治渊留沪，并设法截留 1 000 多吨运台湾的紫铜。这些材料都及时送交中共地下党组织和军管会。

有些基层组织还通过特殊关系，进行策反工作，如直属嘉定小组策反国民党军一个团，功败垂成，小组负责人杨拙夫逃脱，浦泳同志遭枪杀而未死。盟员林绍禹烈士参加策反“重庆号”巡洋舰起义，不幸被捕，在上海江湾被杀害。

1949 年 4 月，保卫世界和平大会在巴黎、布拉格两地举行，盟员孙大雨、张光业、董每戡等草拟了拥护和平的宣言，在严重的白色恐怖下，冒着极大危险，发动大学教授、文化界、工商界著名人士 229 人签名，《大公报》发表了这个宣言，《密勒士评论报》发表了宣言的英文本，塔斯社发往莫斯科转往巴黎和布拉格中国代表团的许广平在大会上宣读了这个宣言。

上海解放前夕，史良是国民党特务黑名单上的主要对象之一。她家里经常接到来路不明的警告电话：“小心、小心，今夜捕人。”中共地下组织多次通知她，国民党将对她下毒手。于是史良同志不得不和陆昭华同志一起弃家出走，先匿住忻康花园 19 号亲友家里。1949 年 5 月 10 日深夜 2 时，伪警备司令部开去 3 辆吉普车，20 多名武装人员和便衣特务，团团包围了史良开纳路（现武定西路）的住宅，搜捕史良，洗劫了她的家，并留下 5 名特务把守住宅，还逮捕了她的亲友鲁莽等 7 人，进行严刑拷打和凌辱，同时在全市搜捕史良。她迅速离开忻康花园，潜往平日少去的浦东和南市，还设法营救亲友，再一步步向沪西解放军先头部队阵地前进，其困难艰险，一言难尽。

民盟上海地下组织在战斗中度过了黎明前的黑暗，虽然国民党特务头子发誓要摧毁民盟地下组织，民盟组织终能岿然不动，这要归功于中共地下党的正确领导和广大盟员的英勇善战。民盟地下组织虽未被破坏，但还是有不少盟员先后被捕，壮烈牺牲。被捕的盟员有张澜主席和罗隆基、曾伟、黄竞武、丘哲、陈维稷、苏延宾、浦熙修、赵寿先、刘子纲、田蕙青、鲁莽、杨须知、浦泳、毛引、毕之杰、林绍禹、孟士衡、龚忠祥、谢开志等。其中曾伟、黄竞武、赵寿先、林绍禹、汤圣贤、孟士衡诸烈士被活埋或杀害，为祖国的革命事业英勇献身。而值得自豪的，民盟上海市地下组织没有一个出卖同志和组织的叛徒。

1949 年 5 月 25 日，上海苏州河以南地区解放了，26 日的《大公报》上就登出了民盟上海市支部《热烈欢呼上海解放》的宣言和《为上海解放告同胞书》，并给毛主席和朱总司令拍发了致敬电。26 日—28 日这三天，苏州河以北地区的一些盟员，还在张绍桢的领导下，勇敢地参加了搜缴国民党散兵武装的斗争。

上海解放，上海民盟的广大盟员欢欣若狂，全体参加了欢庆上海解放的群众大游行。在认真学习了党的《将革命进行到底》的号召后，在近 100 人的大学生盟员中，立刻掀起了参加中国人民解放军的热潮。经盟组织批准，参加中国人民解放军南下服务团、西南服务团的盟员有区分部主任何孝尧（何方生），委员林佑民、龚忠祥、林承璋和盟市委机要交通员杨柳村等80余人，闵刚侯同志代表华东区执行部和上海市支部主持了盛大的欢送会。

［作者简介：尚丁（1921—2009），民盟上海市委原副主委。］

追忆民盟华东区执行部的工作

苏延宾　申葆文　时宜新

民盟华东区执行部是1949年后用的名称，1949年前的名称是上海区执行部，是民盟总部的派出机构。上海区执行部是1948年3月经民盟总部决定建立的，华东区执行部是它的继续和发展，于1949年5月30日建立，至1951年1月30日，因华东军政委员会撤销建制，民盟华东区执行部也相应撤销。

一、上海区执行部时期（1948年3月—1949年5月）

1947年10月27日，国民党悍然宣布民盟为"非法团体"，强迫解散，并在各大城市加紧迫害共产党人和爱国民主人士，妄图摧残民主运动。当时新华社发表了《蒋介石解散民盟》的时评，指出："民主同盟在若干历史关节中，实行了与中共在部分民主纲领上的政治合作，从而推进了中国民主事业，乃是民主同盟的光荣。"对民盟的被迫解散，时评说："民盟方面现在应该得到教训，任何对美国侵略者及蒋介石统治集团，或其中某些派别的幻想，都是无益于自己与人民的，应当消除这种幻想，而坚决地站到真正的人民民主革命的方面来，中间的道路是没有的。"

当时盟内确实存在两条道路的斗争，一部分人看清了蒋介石的反动本质，认为应该联共反蒋，民盟应该转入地下活动，配合解放军进攻，彻底打垮国民党统治。还有一部分人持中立态度，认为"国民党消灭不了共产党，共产党消灭不了国民党"，妄想搞一个"三分天下"的政治局面，中间党派可以在"联合政府"中处于举足轻重的地位。这种中立态度和中间路线思想，在民盟三中全会上受到严肃的批判。

1947年11月下旬，民盟总部的一些领导同志沈钧儒、章伯钧、周新民等和主要干部因无法留在南京、上海进行工作，先后秘密转移到香港，与原来在香港的中央委员于1948年1月在香港召开了一届三中全会。一部分领导同志留在上海，其中有张澜、罗隆基、史良、辛志超、叶笃义等，有时以民盟留沪中委座谈会的形式，讨论协商盟的工作。辛志超同志当时担任民盟总部组织委员会副主任，为坚持斗争，在三中全会召开前，就向香港民盟总部提出，另在上海成立地下组织，以便就近指导与香港联系比较困难的各地盟的工作，主要是华东六省三市的盟务，得到民盟总部批准，于1948年3月在上海秘密成立民盟总部上海区执行部。

根据香港民盟总部的指示，上海区执行部设委员五人，工作范围是江苏、浙江、安徽、江西、山东、河南六省和上海、南京、青岛三市(后来江苏改由香港总部直接联系)。事实上，辛志超以民盟总部组织委员会负责人的身份，还联系照顾华北、华中、西北、西南各地区的盟务。

关于人选方面，总部指定辛志超为主任委员，并授权提选其他同志参加工作。当时为保持秘密起见，这个组织不对外公开，盟内一些同志也不完全知道，在当时形势下这样做是必要的。在人选方面考虑的原则是：一、要能掌握斗争原则，坚持反蒋反帝的立场；二、有职业岗位为掩护，民盟关系不十分暴露。后来确定由史良、苏延宾、申葆文三位同志为执行部委员。1948年7月，辛志超秘密去华北工作，执行部主任委员由史良代理，并提选闵刚侯为委员。至11月间，苏延宾因杨须知被捕，受到牵连，被淞沪警备司令部逮捕，同时被捕的有陈维稷。当时苏延宾的公开身份是上海交通大学教授和中国纺织建设公司工程师，经过各方面营救，并利用国民党内部矛盾，后由上海交大和中纺两单位负责人出面保释。苏延宾出狱后于1949年2月秘密去香港，经民盟总部同意，由时宜新接替担任上海区执行部委员。杨须知和他的爱人钱玲娟原在北平参加民盟北平市临时工作委员会的领导工作，须知在中共地下党领导下，打入国民党北平行营，参加策反工作，并建立电台和延安直接发报联系。后因电码被特务侦查出来，电台被国民党破坏，他们俩连夜抱着刚满周岁的孩子秘密来上海，曾在苏延宾家里住过一星期。须知后去皖南新四军解放区，钱玲娟留在上海。有次须知来上海采购药品，途中被国民党逮捕，被关在安徽休宁，后因叛徒出卖，被汤恩伯杀害于浙江衢县。

辛志超在"一二・九"学生运动中，参加过由薄一波、黄华等领导的民族解放先锋队。抗日战争时期，他在中共地下党领导下，在武汉、西南等地参加抗日救亡运动。1940年代初期，他又在昆明参加民盟，并积极参加盟的各项工作，并和西南联大要求进步的学生有密切联系。抗战胜利后，1946年5月他被派往南京民盟总部工作。国民党反动派强令解散民盟时，志超立场坚定，旗帜鲜明，坚决主张民盟不能解散，应该奋斗到底，得到许多留下的人同意和支持。当时国民党特务对民盟负责人监视严密，不能长期住在一个地方，经常要搬家，志超生活非常困难，风险很大。民盟复旦大学支部委员孙桂梧回忆这一时期的情况时说："在衡老(沈钧儒)去香港前二天，在一个夜晚，志超要我陪同去静安别墅衡老家，向衡老汇报工作。两人都化了装，避开了一层层突击检查哨，从闸北青云路暨大宿舍，通过迂回曲折的路径，花了3小时才到达衡老家里。"

辛志超在南京工作时期，除经常和盟内一些中共党员联系外，还经常向薄一波、张肖梅、王炳南诸同志和中共代表团同志汇报请示工作，提供情况。沈钧儒等去香港后，志超还和他们秘密联系。这段时期在上海和志超一起工作的还有徐亦安，他是民盟成员又是中共党员，原在西安铁路搞工运，1947年冬来上海，1948年7月和辛志超一起去北平。

抗战胜利后，闵刚侯积极参加盟的活动，经常和史良商量工作。那时他的中共党员身份没有公开，根据他的政治态度和政治见解，我们对他是信赖的，后来他参加了执行部工作和上海市支部临时工作委员会的领导工作。

实践证明，民盟和中共有长期密切合作的关系。民盟三中全会确定的政治路线明确宣布："为彻底摧毁南京反动独裁政府，为彻底实现民主、和平、独立、统一的新中国而奋斗到底。"民盟今后要与中共"携手合作"。三中全会确定的组织路线和原则是：以"群众性的革命性的组织路线"代替过去的"争取合法公开的组织路线"，"严密各级地方组织，建立高度的组织纪律"，"严格吸收盟员，每一盟员必须具备有坚定性与战斗性，切实严防特务分子混入，清洗动摇投机分子"。以上这些规定都是盟组织转入地下活动后提出的。

为贯彻三中全会的路线、方针，我们对有关省市盟组织明确提出，要坚决依靠中共地下党的领导和具体帮助，通过组织和私人关系，与中共地下工作人员密切配合，积极开展各项工作。

在政治活动方面：（1）和中共地下党密切配合，支援各地学生反饥饿、反迫害运动；（2）运用各种方式揭露蒋介石政府的投降卖国政策，扩大反美扶日运动，消除对蒋介石为首的国民党反动派和对美帝的幻想；（3）为了加速摧毁国民党反动统治，积极收集各项军事政治情报，转送中共地下组织，并进行策反和迎接渡江工作；（4）调查和保护一切机关、工厂的公共设备、档案材料，护校护厂，迎接解放。据不完全统计，上海盟组织推动盟员提供关于国营企业的物资调查和上海市各业情况的调查材料有50多件，送有关部门参考；（5）秘密传阅中共各项文告和《群众》《光明报》等进步报刊，学习、宣传、印发《中国土地法大纲》、城市政策、约法八章、工商业政策等文件，提高盟员和所联系的群众的思想觉悟，增进对中共的了解；（6）鼓励和介绍青年学生、知识分子、技术人员前往解放区工作或学习。

在组织工作方面，通过秘密联系，通知各地原有组织完全转入地下活动，对新成立的组织，经过严格审查后再确定。遵照民盟总部的规定，各地领导机构的领导工作人员不得超过五人。对盟员组织关系的整理，为保持盟的活动能正常开展，确定以下几项原则：（1）早已公开身份对外活动，而无其他职业掩护的，改为个别联系；（2）向来只与上层人士联系，而不能做群众工作的，作为个别联系；（3）原来社会关系比较复杂，或本人不愿再参加活动的，暂时隔离；（4）在政治上对三中全会决议有不同意表示的，暂时隔离。对申请入盟的审查原则是：（1）特别注意吸收在政治上有保证的，即接受三中全会决议的；（2）经过介绍人负责保证的；（3）因斗争需要，政治上比较可靠，可利用各种关系，从事策反及情报工作的。

当时建立和联系的地方组织有上海市，南京市，浙江省和浙江省的温州市，安徽省和安徽省的安庆地区、合肥地区，芜湖地区解放前已有联系，准备建立盟组织的有江苏省嘉定、常州、无锡、溧阳、徐州、奉贤、扬州、常熟、萧县、沛县，山东济南。未能取得联系的有青岛市和河南开封市。民盟江苏省委会一度由香港总部直接联系。

中华人民共和国成立前夕，国民党反动派垂死挣扎，严密监视当时在虹桥疗养院养病的张澜、罗隆基同志。5月10日伪警备司令部派大批军警特务到疗养院逮捕张、罗，经该院副院长郑定竹医生担保，始允以该院为临时拘留所，5月10日伪警备司令部派军警至史良住所捕人，幸而史良夫妇外出，在家的人，包括保姆在内，全被逮捕。史良的秘书、盟员田蕙菁于5月初被捕，受到严刑拷打。他们都是中华人民共和国成立后才出狱的。

二、华东区执行部时期（1949年5月30日—1951年1月30日）

上海解放，苏延宾随军南下，回到上海，带来民盟总部临时工作委员会1949年4月22日的机要信，内容如下：

“京沪解放后，上海区执行部立即公开执行组织任务。执行部主管地区除河南、山东已另有布置外，其余浙江、江苏、江西、安徽四省及京沪两市之盟务统由执行部负责整理。各该地区之组织经整理后，由执行部代向中共各地负责人取得联系。在执行部主管区域内，除执行部及执行部承认之地方组织负责人外，任何人不得以组织名义对外活动。执行部负责人为史良、苏延宾、申葆文、闵刚侯、时宜新五委员，史良为主任委员。上项决定已由总部通知中共中央转上海及各地负责组织。”

同年6月15日，我们又接到民盟总部临工会来电：“名称改用华东区执行部，地区改为苏、浙、皖三省及京沪两市，赣省归华中区。”关于民盟华东区执行部的建立，当时新华社作了报道，上海报纸也作了报道。我们据此通知了有关省市盟组织，并决定从5月30日起开始工作。5月31日执行部举行第一次会议，推定苏延宾兼任秘书处主任，闵刚侯兼任组织委员会主任委员，申葆文兼任宣传委员会主任委员，时宜新兼任财务委员会主任委员。同年8月，闵刚侯兼上海市支部临工会主任委员，由申葆文兼执行部组委会工作。

1949年后，盟组织正式公开，盟的工作进入新的阶段。遵照民盟总部的指示，解放初期以整理盟务为中心，健全地方组织，有步骤地加以整理、恢复和建立，并加强盟员的学习和改造。1949年后，广大盟员欢欣鼓舞，精神振奋，但盟内有些同志对盟的性质、作用和任务不够清楚。比较突出的有以下几种思想：一种是“取消主义”思想，认为有共产党的领导，民主党派可以取消；一种是“作客”思想，对待新的工作和新的问题，缺乏主人翁态度；一种是“分庭抗礼”思想，主张民盟应接管报纸、电台、仓库。

面对上述情况，执行部成立后，主要做了两件工作：

（一）整理各省市盟组织，办理盟员登记审查，巩固盟的组织。根据民盟总部关于整理盟务的指示，结合华东地区的具体情况，我们拟定、颁发了以下几种文件：

1.《中国民主同盟华东区各省市县支分部组织原则》，统一规定各级盟组织的名称、领导机构、组成人数和机构设置。省市县支分部设秘书处、组织委员会（后改为组织处）、宣传委员会（后改为宣教处）、财务委员会（1950年民主党派机关经费由国家拨付后，这个委员会撤销）。省市称支部，县市（省属市）称分部。支部下设区分部，区分部下设小组。在盟务整理时期，一律称临时工作委员会。还规定各省市县支分部应向执行部提供书面报告，每月一次，说明一个月内的工作情况。

2.《中国民主同盟华东区盟员总登记暂行补充办法》，这是根据民盟总部颁发的《盟员登记暂行办法》所作的补充，规定盟员要重行登记和审查，对审查标准也作了说明。

3.《为什么要整理盟务》讲了对1949年后的新形势要有足够的认识。明确指出，整理盟务的目的是要增加组织的革命性和纯洁性，健全盟的各级机构，包括整顿思想作风，经过整理，取得群众的信任。强调要肃清反动派残余，镇压反动派的捣乱、破坏。要从思想改造做起，学习掌握马列主义、毛泽东思想，作为思想和行动的指针，理论结合实践。在新的形势下，民盟处于很重要的地位，要改变散漫、松懈状况，加强组织观念和纪律观念，树立全心全意为人民服务的观点和老老实实的工作作风；在生活行动上有好的表现，站在革命的立场、人民的立场看问题、处理问题。指出今天是真正的人民时代，假使我们不改正工作作风上的毛病，将无法接近群众，更无法取得群众真诚的信赖和拥护，从而使整个组织能够巩固和坚强，跟上迅速发展的形势。关于整理盟务还有以下一些规定：(1) 工农分子应鼓励其参加工会、农会，这叫作“归队”；(2) 鼓励学生青年参加军大、革大，支援前线，参加南下工作团；(3) 国民党军警下级干部参加民盟的，鼓励他们参加受训，并脱离原组织关系；(4) 整理工作要和对盟员的学习教育工作密切结合。

4.《怎么搞好盟员审查工作》。

5.《征集各级支部盟员自传的意义和书写自传的注意事项》。

关于各地建立机构的原则，主要根据主客观条件，尤其注意领导干部的政治水平，能否掌握原则，能否接受共产党的领导，配合政府政策，开展工作。关于地方组织的人事安排是一项复杂的细致的工作，要考虑到代表性和历史关系，又要考虑到能够掌握原则，需要经过反复协商才能确定。

经过盟务整理，华东地区有关省市的盟组织先后成立。中华人民共和国成立前夕，上海民盟盟员有 542 人，中华人民共和国成立后办理登记手续的有 365 人，经过审查、通过的 340 人，未登记的 177 人，经过审查未批准的 25 人。1950 年 12 月六中全会后，开始发展新盟员，确定巩固与发展相结合、质量并重的方针，有步骤、有重点地发展盟员，并提出盟员尚未安排工作的，要帮助解决工作问题。

（二）要求各级盟组织把组织学习作为盟的工作任务，特别是领导干部要努力学习，以加强领导工作能力，并结合当时中心任务进行思想教育，鼓励在职的盟员搞好本职工作，起带头作用，使盟组织在群众中有较好的影响。

1949 年后，我们发出学习《土地改革法》《论人民民主专政》和列宁的《帝国主义论》，以及遵照中共华东局的号召，学习讨论《为粉碎敌人封锁如何执行六大任务》的通知，要求各省市盟组织推动盟员认真学习，提高思想认识，并鼓励盟的干部和盟员参加土改工作队，积极参加镇反运动和抗美援朝运动。当时宣传委员会为庆祝“七一”，发表了《中国共产党创立纪念赠言》，文章说：“民盟一开始就和中共成为密切的战友，携手同行，并肩作战，今天要统一步伐，加强团结，巩固统一战线，以中共为革命领导核心，建设民主、自由、繁荣、幸福、独立、富强的新民主主义的新中国。”8 月 1 日发表《庆祝人民解放军“八一”建军纪念》文章，号召盟员全心全力支援前线，向人民解放军致敬。还发表了《光大民盟的传统精神——学习李（公朴）闻（一多）、陶（行知）、杜（斌丞）的正气》的通知，指出要学习他们的革命精神，密切联系群众，为群众服务。由于他们在工作中深入群众，参加群众工作，变成了真正群众的一员，从工作中认识了真理，坚持真理，走向革命的战斗要发扬光大这种革命传统精神。

通过学习和政治思想教育，要求广大盟员实现共同纲领，提高接受共产党领导的思想，提高爱国主义和国际主义思想，提高思想觉悟，发扬主人翁精神。

当时华东区执行部设在史良家里。中华人民共和国成立初期，盟务繁重，来访人员较多，许多问题要求解决，外地盟组织和盟的干部来信较多，请示如何在当地中共省市委和军管会领导下进行学习和工作以及与共产党的关系等问题。史良同志对每件事情都热情细致地处理，来往信件由经办人员拟稿后，她亲自签发，工作认真、慎重，我们深受教育。

[作者简介：苏延宾(1909—1993)，民盟上海市委原副主委；
申葆文(1910—1987)，民盟上海市委原副主委；
时宜新(1914—2014)，民盟上海市委原秘书长。]

民盟一届四中全会和周恩来的谈话

章义和

如同一届三中全会一样，在民盟发展史上，一届四中全会也是一次极为重要的、具有转折意义的会议。与三中全会召开之艰难有所不同，四中全会的困顿主要体现在会议的内涵上。这次在盟史上会期漫长位列第二的全体会议任务繁重[①]，需要讨论和通过的决议和文件实在太多，如盟章需要重新修订，两年来的盟务需要总结，地方组织程序应该重新梳理等等；其次是面临着国内外错综复杂的形势，与会人员对新时代民盟的地位和应发挥的作用认识不一致，甚至产生了严重的分歧。

自从三中全会政治报告“鲜明而坚决地确定了一条人民的、民主的、革命的总政治路线”[②]之后，民盟的方方面面皆发生了根本性的转变，一方面盟内同志完全抛弃了“一切所谓中立、中间的说法和幻想”，不再期冀在共产党和国民党两种政治势力之后寻求另一种出路，另一方面则公开声明与共产党实行密切的合作，“积极的支持以人民的武装去反抗反人民的反动的武装”。在中共发布“五一口号”后，民盟革命性的体现更为明确，不仅迅速通电响应中共号召，并发表宣言，提出 7 点具体主张，呼吁全国同胞为开展新政协运动而努力。到 1949 年 11 月 15 日一届四中全会召开，中华人民共和国也已成立，打倒以蒋介石为代表的腐朽势力的目标已经达到，民盟和中共的密切关系亦进入明文确定且公开宣布接受中共领导的阶段。既公开明确接受中共的统一领导，

---

① 一届四中全会从 1949 年的 11 月 15 日一直开到 12 月 20 日，历时 35 天，而民盟三届二中全会则为 43 天(1960 年 7 月 25 日至 9 月 5 日)。见《中国民主同盟七十年》，群言出版社 2011 年版，第 88 页、第 141 页。

② 《光明报》香港 1948 年 3 月 1 日。

那么民盟今后还有没有作用、需不需要继续存在？这是与会代表，尤其是部分中央委员在四中全会上首先反映出来的一个大问题，也是一个根本性的问题。其次，民盟原是多党多派的联合，对反动势力的仇恨和对国家及民众前途的关切使其中的爱国之士走在了一起，但由于政见的不同和行为选择的差异，民盟内部的团结一直是个令人头痛的问题，纵然是民盟的领导层面，个别人之间的矛盾也常常闹到尴尬的地步。影响所及，地方组织中的不团结现象也较为严重。四中全会通过的《中国民主同盟地方盟务总结》坦陈："在团结上，我们也还存在着缺点。根据会上的反映，有少数地区，还或多或少地存在着不够团结的现象，因而分散或降低了我们的力量，妨碍了我们的工作。"①第三，关于民盟的阶级属性问题，与会代表的意见也不是统一的。新中国成立初期，在中国民主党派的性质特点上有两种颇具代表性的主张，一是想把民主党派变成单一资产阶级政党，二是想把民主党派实际上变成工人阶级政党。这两种主张在民盟内部都有支持者，致使对新形势下关于民盟阶级属性和政党性质的认识不甚明晰。凡此种种，使得四中全会交锋、争执的气氛甚浓，难以形成一致的意见，予人以会议"开不下去"的感觉。②

作为当时人数最多的一个民主党派，其中央全会的进行竟然出现这种情况，自然会引起中共领导人的高度关注和警觉。毛泽东主席在紧张准备出访苏联的日子里③，于 12 月 5 日同中共中央的其他领导同志一起在中南海颐年堂接见了参加民盟四中全会的全体代表。在询问会议进展之后，毛泽东婉言批评了那种取消思想，指出民盟任重道远，大有希望，他说："民盟过去做工作，现在做工作，将来还要做工作。而且不仅过去起作用，现在起作用，将来还要起作用。从前有句话说：'飞鸟尽，良弓藏。'现在应该改作'飞鸟尽，良弓转'？——转向更好更进步的方面去。中共和各民主党派团结一致的意义有两点：一是孤立敌人——包括过去的现在的和将来的。二是新中国的建立，如'大厦将建，独木难支'，不能只靠一个党派。一个篱笆三个桩，一个好汉三个帮。需要多党派齐心努力，共建大厦。"④针对民盟内部的团结问题，毛泽东指出一个党内总归有许多山头，但是

① 《中国民主同盟历史文献》：文物出版社 1991 年版，第 22—23 页。
② 谢泳：《清华三才子》，东方出版社 2009 年版，第 161 页。
③ 1949 年 12 月 16 日—1950 年 2 月 17 日，中央人民政府主席毛泽东对苏联进行访问。
④ 关世雄：《从民盟历史看多党合作》，《中央盟讯》，1989 年第 4 期。

要克服山头主义，都是民主人士、革命同志，没有不团结的理由，只要运用批评和自我批评的武器，就会无往而不胜。[①] 毛泽东的接见和这番讲话给全会的继续进行带来了积极的效果。

可能是由于时间因素造成某些问题还没有谈透，也可能是有些问题不便由毛主席来说，就在毛泽东接见四中全会代表的次日，周恩来招待出席民盟四中全会的代表，并发表了长篇讲话，这便是编辑在《周恩来统一战线文选》中的那个名篇：《对出席民盟四中全会扩大会议人员的讲话》[②]。在后来的历史进程中，这个讲话对民盟各方面的工作有过良好的影响，对其他民主党派也作用甚巨，既体现着周恩来高超的处理复杂问题的能力，更反映着其统一战线的理论水平达到了时人难以企及的高度。

周恩来的讲话是针对民盟内部的争论而来的，所以用语谦和且委婉。他首先表示早想和大家见面，对多少年来一起共同奋斗的民盟同志道声辛苦。并表示，到今天为止，民盟有很多值得称颂的地方，但此时此地不想在这方面多说，“只想站在战友的地位上”谈有关“大的问题”。是哪些大的问题呢？一是民盟的历史问题；二是民盟的组织成分和发展对象问题；三是民盟内部的党派关系问题；四是先进和后进的问题，即民盟经常争论的左派和右派的问题；五是关于怎样不犯错误和犯了错误怎样纠正的问题。实际上，这五个问题便是 20 多天以来与会代表反复讨论和争论不休的主要问题。

一、民盟的历史问题

民盟的建立和发展以及与各种恶势力的争斗，一直得到中共和周恩来的支持、帮助和鼓励。对于民盟 9 年来的历史，周恩来是十分清楚的。民盟的诸多领袖与他皆是十分亲密的朋友。在讲话中，周恩来全面回顾和系统总结了民盟这九年的曲折历史，将其分为 3 个时期。

第一个时期是从 1941 年建立民主政团同盟到 1946 年 1 月旧政协召开以

---

① 张小曼、周昭坎：《中国民主党派史丛书·中国民主同盟卷》，河北人民出版社 2001 年版，第 126 页。

② 中共中央统一战线工作部和中共中央文献研究室：《周恩来统一战线文选》，人民出版社 1984 年版。下列所引周恩来言语未加标注者，皆出于是篇。

前。对这一时期,周恩来给予的评价是民盟开始表现得动摇,后来逐渐好转。也就是说,这一阶段民盟是在动摇中前进。“民盟当时的宣言、纲领是好的,一些先生在重庆、成都、昆明报纸上发表的言论也是好的。这个基本的政治倾向应该加以肯定。”之所以出现动摇,周恩来认为这是同当时的历史条件有关。民盟的成分本来就很复杂,包罗万象,右的有民社党和青年党,其与国民党有着千丝万缕的联系,一直想把民盟拉到右边去,“他们是给国民党做保镖的”。但民盟的成分中更多的是进步势力:救国会一直坚持抗日民主的方针,邓演达所建立的第三党是反蒋的,“许多教授,尤其昆明、成都、重庆文化界的很多人,以闻一多先生为前驱,都举着民主反蒋的旗帜”,另外还有一些历来跟国民党反动派不对头的老先生。如此就使民盟在政治倾向上有左右前后的情况,于国共双方的对立中,有些人想走中间路线以缓和同国民党的斗争,主观上是可以理解的,而实际上则行不通。后来,民盟开除了帮助国民党破坏和平的青年党,团结了大多数人走向进步。所以,民盟“这一时期有摇摆,但结束得比较好”。

第二个时期是从 1946 年 1 月参加政治协商会议,即旧政协,到 1947 年 11 月被迫停止活动。由于中国共产党的顾全大局以及民盟同中共的默契配合,在重庆举行的旧政协会议取得成功。当时,民盟总部机关报《民主报》声言:“在今天来说,政治协商会议起码发生了这两个效用:国家有了和平,国家有了团结”,“中国民主同盟是参加这次政协会的一个政治团体,对政协会中商定各种方案的实现,有了重大的道德责任”①。可是,一月之后,国民党的六届二中全会公开撕毁政协决议,一手包办了第四届国民参政会第二次会议,企图利用这次会议的所谓“民意”,把国民党六届二中全会推翻政协决议的阴谋公开化和合法化,对此,中共参政员拒绝出席这次会议,民盟总部也发表声明,表示与中共取一致态度,拒交国大代表名单。对于这一时期民盟的诸多活动及表现,周恩来所给的评价是“民盟联共反蒋,反对蒋介石独裁和发动内战,整个时期是好的”,但是他对民盟在国民党势力的强逼之下被迫解散一事,提出了强烈批评:“民盟面对国民党的压迫,宣布解散,这虽然是形式上取消,但对民盟在人民中间的影响是有损害的。不管当时的想法是什么,一个进步的政党本来是领导人民工作的,哪能一压迫就不工作?民盟解散以后国民党还不是到处抓人吗?就是在民主运动高潮的

① 张小曼、周昭坎:《中国民主党派史丛书·中国民主同盟卷》,第 55 页。

时候，也还有闻一多、李公朴的死难。所以收回旗帜是有损失的。”周恩来的批评固然有一定的道理，且是中国共产党人革命坚定性的表现，但是民盟的被迫解散确为不得已之事。1946 年 11 月，民盟拒绝参加国民党策划召开的国民代表大会，被蒋介石视作被中共控制的工具。蒋介石在 1956 年《中国与俄共三十年经历纪要》中说：国大代表会“共匪……拒绝提国大代表名单，民主同盟也撕毁他自己独立的中立面目，跟随中共，拒不出席”。“实际上，中共所赋予这个外围政团的任务乃是掩护共匪的颠覆工作，且为共匪对内对外宣传工作的应声虫”。这样，民盟将被迫解散已是注定之事。[①] 1947 年 10 月 20 日民盟在南京的总部机关被包围，27 日国民党政府宣布民盟为非法组织，29 日中央社发表所谓民盟参加叛乱活动的报道，国统区各地军警机关陆续公布取缔民盟活动办法，限令民盟成员登记自首，情势极为紧张。月底，民盟总部派黄炎培、叶笃义去南京与在那里的罗隆基一同与国民党交涉。在解散已是不可避免的情况下，民盟当时的领导人主张可以接受政府下令解散，而不能自行解散。种种努力无效之后，11 月 4 日晚，黄、罗、叶三人由两名特务“护送”回到上海，次日民盟在沪中委召开紧急会议，最后大家勉强同意民盟总部解散[②]，并由民盟中央主席张澜发表《中国民主同盟总部解散公告》。7 日，张澜发表个人声明：“余迫不得已忍痛于 11 月 6 日通告全体同盟盟员，停止政治活动，并宣告同盟总部解散。但我个人对国家之和平民主，统一团结之信念及为此而努力之决心，绝不变更。我希望以往之全体盟员，站在忠诚国民之立场，谨守法律范围，继续为国家之和平民主统一团结而努力，以求达到其目的。”民盟的被迫解散令国内外舆论非常愤怒，皆对国民党的政治迫害行为进行强烈谴责，如《新民报》发表《我们对于政府压迫民盟的看法》，一针见血地指出：“政府此举，旨在消灭民盟。”“一不合作，遂谓之叛，稍有批评，遂谓之乱，又且从而戡之，试问人民的权利何在？人民的自由何在？”《新华社》发表《蒋介石解散民盟》时评：“民主同盟在若干历史关节时，实行了与中共在部分民主纲领上的政治合作，从而推进了中国民主事业，乃是民主同盟的光荣。”[③]不过，中共的高层对民盟之解散却另有看法：一方面其情势固有所迫，另方面却是政治行为之动摇。1948 年 3 月 20 日，毛泽东《关于情况的通报》一文中提到某

---

① 参见丙丁：《1948 年民盟三中全会始末》，《领导者》2008 年 12 月号，总第 25 期。
② 叶笃义：《虽九死其犹未悔》，北京十月文艺出版社 1999 年版，第 50—56 页。
③ 以上参见张小曼、周昭坎：《中国民主党派史丛书·中国民主同盟卷》第 89—91 页。

些怀疑中共能战胜内外敌人"认为第三条道路尚有存在可能"的民主人士一句话的注释中就说:"1947 年 10 月,国民党反动政府下令解散民主同盟。在国民党反动派的压力下,民主同盟中的一些动摇分子发表了解散民主同盟,停止活动的公告。"这虽是毛文的注释,但其注释不得到毛的同意是不可能的,甚至可以说是毛的文章不便说而有意以注释形式来说的。再看周恩来在 1948 年 1 月为中共党内所写的指示《关于民主党派工作的意见》,其中也说到民盟"被迫并由其一部分领导人接受国民党命令自行宣布解散","国民党威胁一来,民盟有的领导人就表态宣布解散,这又使民盟在人民中赢得的信任跟着丧失。"[①]这个表述与周恩来的这次讲话,意思是一致的,即民盟总部的解散实是不妥,是个"遗憾"的行为。

第三个时期是 1948 年 1 月民盟三中全会在香港召开,一直到 1949 年 11 月四中全会的举行。在讲述第二个时期的民盟历史时,周恩来批评了梁漱溟"无色透明体政府"的言论,批评了民盟高层解散总部的行为。而在叙述第三个时期时,强调了沈钧儒、章伯钧在总部解散之后"重新树起民盟旗帜,领导工作,大家一同努力奋斗"。虽然这一时期个别人发表谈话、发表文章有这样那样的错误,但从总的政治倾向看,民盟在这一时期,原则上是正确的。用一句话来表达,就是"一面倒",倒在新民主主义方面。一届三中全会确立了正确的政治路线、响应中共五一口号、开展新政协运动、盟内领导旗帜鲜明的北上、盟员的地下斗争和海外斗争等,这都是为新民主主义而奋斗,都是"一面倒"的具体表现。

周恩来说,整体而言,民盟所经历的 3 个历史时期是向前进方面发展的,它团结了知识分子走向光明,走向进步。民盟的历史就是在各位领导人和同志们共同努力之下,在全国人民拥护和中国共产党支持之下发展的历史。民盟过去的道路也是很艰苦的,民主党派在中国革命中是有贡献的,民盟"团结了知识分子走向进步","包罗各方,取得进步,这正是伟大之处","毛主席说,要过三关。打倒国民党是一关。在这方面,大家的行动是好的,是经过了考验的"。

二、关于民盟的组织成分和发展对象

在回顾历史,肯定民盟在中国革命中的贡献以后,周恩来谈起了民盟的组织

① 《周恩来选集》上卷,人民出版社 1981 年版,第 284 页。

成分和发展对象问题。

中国民主党派最大的特点是自他们从成立之时起，就不是单一阶级的政党，而是阶级联盟性质的政党。周恩来说："一个政党总是有阶级性的。但是认为一个政党只能由单一的阶级成分所组成，这在中国是不够的。"旧民主主义时期如此，新民主主义时期亦是如此。从新民主主义到社会主义是个多阶级的社会。在打倒三大敌人之后，人民政权实行了四个阶级联盟，这些阶级之间有矛盾冲突，有利益交争，但是根本利益上的一致决定了这四个阶级是能够合作的，因此必须兼顾各个阶级的利益，争取绝大多数人，共同建设新民主主义社会。

在这样的社会里，民盟所代表是哪个阶级呢？周恩来指出："民盟的成员，有很多是革命职员，也有来自封建阶级的，来自资产阶级的，而大量的是小资产阶级的知识分子。因此，民盟这个集团天生就是联合性的，它应该是以知识分子为中心的走向进步的联合性的政党。"这样的一个政党，自然与中国共产党有所不同。中国共产党是掌握了马克思列宁主义，深入乡村，组织武装斗争，发展起来的，而民盟是在地下分散地同敌人作斗争中发展起来的。民盟不是以马列主义为指导思想来建党，没有共产党那样的经过武装斗争的锻炼。民盟应该本着自己历史的发展，开展工作，在今天我们建设社会主义，民盟团结、教育知识分子的任务实际上也是艰巨的。民盟将《共同纲领》作为自己的纲领，而这个《共同纲领》也是中国共产党的最低纲领，在实行《共同纲领》这一点上民盟和中共又是彼此相同的。在组织上，民盟和共产党应该有所区别，"有些人不需要或不够加入共产党的就可以加入民盟。民盟发展的主要对象是知识分子"。

对民盟的组织成分和发展对象作出如此清晰的分析和表述，无论是民盟的高层，还是中共的领导人，都是不曾有过的，因此，这个思想对会议所进行的盟务研讨和盟章制度的指导意义是不言而喻的。在 12 月 14 日全会扩大会议通过的《中国民主同盟盟务研讨总结报告》中"民盟的性质和任务"一节，有这样的表述："我们一致认为民盟是统一战线性质的组织，而并不代表某一个阶级。更明确说，民盟是一个以知识分子，特别是小资产阶级知识分子为中心的政治联盟。它的主要任务就是团结、教育广大的知识分子，开明的工商业者，和华侨中的爱国民主分子，走向进步，实行共同纲领。"在 12 月 20 日通过的《中国民主同盟盟章》总纲首段是："中国民主同盟是人民民主统一战线的一个组成部分，是一个以知识分子，特别是小资产阶级知识分子为中心的政治联盟。本盟以中国人民政治协商会议共同纲领作为自己的纲领，以团结广大的知识分子和开明的工商业者，走向进步，扩大并巩固人民民主统一战线，彻底实现共同纲领，积极参加新中国的各项建设，完成新民主主义的革命为基本方针和任务。”不用细致琢磨便可发现，这两个文件的几个特别重要的关键词和表达方式，都是来自周恩来的这个讲话。

三、关于民盟内部的党派关系问题

在这个问题上，周恩来的讲话谈了四点。

（一）民盟本是多党派的联合，“从产生之日起就是多党派的”

在与国民党反动势力的斗争中，民社党、青年党起到了坏的作用，民盟将它们已经开除了出去，这是正确的做法。周恩来说：“现在还有第三党、救国会、中共党员等，还是多党派的联合。我们不要否认这一点，但是应该分清不同性质的矛盾，决不能用对民社党、青年党那样的办法去对待第三党、救国会。”所以，就现在民盟的情形而言，只要是愿意进步的，就应该尊重和欢迎，应该容纳各党派进来，大家团结在一起，共同进步，过分强调盟内的党派问题容易造成矛盾和纷争，这是不应该的。

（二）除了三党三派之外，盟员中还有不少是中共党员

在这些中共党员中，尽管有的人工作方式生硬，作风急躁，没有把事情办好，但是这些缺点是可以克服的，为民盟所作的努力基本上是好的。“民盟要为共同的目标奋斗，不要天天叽叽咕咕纠缠在那里。”这样的批评实则隐含着对党盟关系的把握。为此，《中国民主同盟盟务研讨总结报告》特辟“关于地方盟与中共地方党的关系”一节，其中强调各级地方组织和广大盟员一定要认识到中共在人民民主统一战线中的领导作用，任何闹独立、闹对抗的言行都会妨害党盟关系，都是错误的。在今后的工作中，健全地方组织，提高盟的革命性，诚心诚意地接受党在政治上与工作中的领导，加强党盟在日常工作中的联系，同时欢迎党团员参加盟的工作，并鼓励盟员参加党团组织。[①]

① 《中国民主同盟历史文献》，第44—45页。

（三）盟内的团结问题

一方面是由于多党派的联合；另一方面是1947年末民盟总部被迫解散后由于上下失去正常联系，有的地方组织产生多头领导，形成了“山头”和宗派，以致产生种种猜疑、误解等非谐调因素，从而影响了团结，妨碍了工作。民盟应该把能够团结的知识分子都团结起来，一道前进。

（四）民主党派在中国革命中是有贡献的，不论民盟或其他民主党派都应该继续存在下去

周恩来说：“现在，有些人感到民盟没有什么前途，怕麻烦，不想再搞了，这样下去怎么能行?”在整个中国革命中，民盟是发展的，前进的，是大有希望、大有前途的。至于将各民主党派合在一起，那也是不妥的，“如果纷纷合并，人民就不能理解，帝国主义者也会说：你看！共产党把各党派都搞光了。所以今天不能取消党派。关于民盟，我们曾两次敦劝沈老，毛主席也提出不能取消。掌舵的向东，浪向西，硬是要顶住才行”。因此，不论对内或对外，取消民盟的意见都是不好的，民盟在中共的领导之下，实现共同纲领，以从事于新民主主义的建设而为人民服务。

四、关于民盟内部的先进和后进问题

关于先进和后进的问题，周恩来说就是民盟内部经常争论的左派和右派问题，“过去民社党和青年党在盟内的时候，是有右派的，但是经过民盟内部的协商，已经把青年党和民社党清除出去。所以到了三中全会之后，民盟内部就只存在先进和后进的问题了”。

为什么要以一届三中全会为断限呢？这里就有一个如何看待三中全会的问题。1948年1月5日沈钧儒、章伯钧等在香港召开民盟一届三中全会，发表“紧急声明”：指出南京政府内政部发言人口头发表民盟为“非法团体”的声明为违法行为；对在南京政府劫持威胁下，未经民盟合法会议发表的“辞职”“解散总部”声明无效；并于同日遵照民盟组织规定程序，召开第一届三中全会，恢复领导机构，继续为民主、和平、独立、统一的任务而奋斗。三中全会批判了“中间路线”，

明确提出与中共携手合作，积极支持人民的武装，反对美国对华政策和推翻它所支持的南京政府的政治路线。会议发表了“宣言”“政治报告”，制订了“组织工作计划”。“宣言”全面肯定了中共的历史和现实表现，“中国共产党为民主事业而奋斗的历史，日寇投降以来，为实现国内和平的努力，是值得每个爱国的中国人赞佩，本盟今后要与他们携手合作。”如此，三中全会完成了中国民主同盟政治路线的转变，成为“民主同盟的历史转折”，也就是周恩来所说的政治上“一面倒”，倒在新民主主义方面。正确的政治路线确定之后，便没有了左右问题，只存在先进和落后了。民盟眼下紧要之事只是在中共的领导之下，遵守《共同纲领》，建设新中国，至于那些真正的右的思想，三中全会已经完全廓清了。

周恩来说：“人总是要觉悟的，只不过有觉悟迟早的区别。要解决这个问题，首先应该确定立场问题。只要拥护《共同纲领》，反对三大敌人，为新民主主义奋斗，就是好盟员。不是这个立场的，就很难共事。”若让落后成为先进，就必须进行思想改造，要用新思想把头脑里的旧思想挤掉。清理旧的思想影响，单靠多读几本马列主义的书是不行的，问题在于实践，理论要同实践相结合才能真正解决问题。思想改造应该首先是自我批评，第二是互相批评，只有自我批评没有互相批评是不行的，天天攻击别人、打击别人而不自我检讨，只会是混战一场，不能说服别人。批评与自我批评，是思想改造的最好方式。周恩来说，民盟团结教育知识分子，不是一下子能够成功的，要善于领导。思想斗争和思想教育是一个大工程，要长期进行。“惩前毖后，治病救人”，要想方设法帮助人们进步，从团结出发，经过批评或者斗争以达到团结。

五、关于怎样不犯错误和犯了错误怎样纠正的问题

对于这个问题，周恩来说首先要弄清楚毛主席所讲的“三分”和“七分”，即三分错误，七分成绩，也就是说，民盟盟员基本上是好的。纵使一些人有些错误认识，一时对美国抱有幻想，说话不恰当，那也是属于“三分”的问题。对错误应该批评，但必须谨慎，批评的目的是救人，不要闹得不欢而散，要把团结放在第一位。其次是无论是搞政治，还是做思想工作，都不能怕麻烦，要有足够的耐心，做细致的工作，“革命者就不能怕麻烦”。第三，民盟的组织问题，应该服从政治任

务，并要求得思想上的一致。思想上有什么问题可以交流，在实践中把错误的东西慢慢地改造过来。思想上一致了，就能很好地完成政治任务。第四，要有合适的工作方法，善于同有不同意见的人合作。一切制造矛盾、利用矛盾、扩大矛盾的做法，都是错误的。对不同的意见，应该抱着欢迎的态度。“兼听则明”，用两个耳朵、两个眼睛、两个鼻孔分析辨别，在纷乱的意见中找出正确的意见。周恩来的这些意见，全会高度重视，经过充分讨论后将其纳入盟章之中，那便是总纲中所指出的：“本盟内部必须求得政治原则上的一致，以为全盟团结的基础，对于政治路线的不正确的倾向，心须加以纠正”；“批评与自我批评，为一切革命组织用以巩固自己，联系群众，改进工作的有力武器，本盟必须学会掌握并正确地运用这一武器”①。

周恩来在民盟四中全会上的这篇讲话距今已经70多年了。他对民盟在中华人民共和国成立前的奋斗历史和有关几个关键问题的论断，可以说经受住了一个甲子之余的历史风云变幻的考验，丰富了马克思主义的统一战线理论，对中共的统一战线工作，曾经起到重要的指导作用。在致力于全国人民迈入全面小康、中华民族走向伟大复兴的今天，这些论述对于我们深刻理解和贯彻“长期共存、互相监督，肝胆相照、荣辱与共”的方针，坚持发展和完善中国共产党领导下的多党合作制度和政治协商制度，依然具有重大的现实意义。

（作者简介：章义和，华东师范大学历史系教授。）

① 《中国民主同盟历史文献》，第60—61页。

图书在版编目(CIP)数据

历史的选择 ：民盟上海市委理论研究文集 / 中国民主同盟上海市委员会编 .— 上海 ：上海社会科学院出版社，2021

ISBN 978-7-5520-3747-0

Ⅰ.①历… Ⅱ.①中… Ⅲ.①中国民主同盟—上海—文集 Ⅳ.①D665.2-53

中国版本图书馆 CIP 数据核字(2021)第 240354 号

历史的选择——民盟上海市委理论研究文集

编　　者：中国民主同盟上海市委员会
责任编辑：章斯睿
封面设计：黄婧昉
出版发行：上海社会科学院出版社
　　　　　上海顺昌路 622 号　邮编 200025
　　　　　电话总机 021-63315947　销售热线 021-53063735
　　　　　http://www.sassp.cn　E-mail:sassp@sassp.cn
排　　版：南京展望文化发展有限公司
印　　刷：上海展强印刷有限公司
开　　本：710 毫米×1010 毫米　1/16
印　　张：15
插　　页：4
字　　数：245 千
版　　次：2021 年 12 月第 1 版　　2021 年 12 月第 1 次印刷

ISBN 978-7-5520-3747-0/D・636　　定价：128.00 元